"十三五"国家重点出版物出版规划项目
平安交通与绿色交通发展研究论丛

ZHONGGUO
JIAOTONG YUNSHU
DITAN FAZHAN ZHENGCE YANJIU

中国交通运输
低碳发展政策研究

李茜 等 著

人民交通出版社股份有限公司
China Communications Press Co.,Ltd.

内 容 提 要

本书是以国家发展和改革委员会综合运输研究所承担的国家发展和改革委员会应对气候变化司委托的课题成果为基础编著。该课题研究获得清洁发展机制(CDM)基金的支持(项目编号:2013073)。本研究希望从综合交通运输体系整体角度提出政策顶层设计,提出系统性、前瞻性和战略性的低碳交通政策体系,为国我交通发展提供相关政策参考。

本书可供国内政府交通发展宏观决策部门和各大交通院校交通研究部门学习参考。

图书在版编目(CIP)数据

中国交通运输低碳发展政策研究 / 李茜等著. — 北京:人民交通出版社股份有限公司, 2017.12

(平安交通与绿色交通发展研究论丛)

ISBN 978-7-114-14386-1

Ⅰ. ①中…　Ⅱ. ①李…　Ⅲ. ①交通运输经济-低碳经济-经济政策-研究-中国　Ⅳ. ①F512.3

中国版本图书馆 CIP 数据核字(2017)第 304810 号

书　　名: 中国交通运输低碳发展政策研究
著 作 者: 李　茜　等
责任编辑: 司昌静　张　淼
责任校对: 刘　芹
责任印制: 张　凯
出版发行: 人民交通出版社股份有限公司
地　　址: (100011)北京市朝阳区安定门外外馆斜街 3 号
网　　址: http://www.ccpress.com.cn
销售电话: (010)59757973
总 经 销: 人民交通出版社股份有限公司发行部
经　　销: 各地新华书店
印　　刷: 北京市密东印刷有限公司
开　　本: 720×960　1/16
印　　张: 17.25
字　　数: 321 千
版　　次: 2018 年 4 月　第 1 版
印　　次: 2018 年 4 月　第 1 次印刷
书　　号: ISBN 978-7-114-14386-1
定　　价: 60.00 元

序
XU

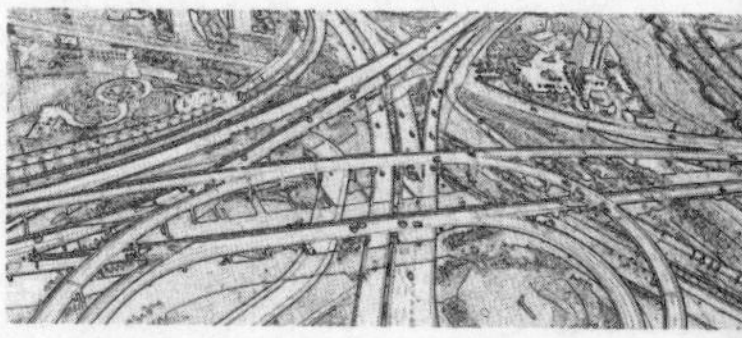

交通运输作为对国民经济发展具有全局性、先导性影响的基础产业，实现低碳发展已成为我国在可持续发展框架下应对气候变化、解决环境危机、实现国家战略、促进行业健康发展的必由之路。交通运输实现何种程度低碳发展与实施何种发展政策密切相关。

本书以综合交通运输体系的视角，回顾、总结、梳理了我国交通运输低碳发展的战略规划、技术标准、财税政策、技术政策、产业组织等方面的发展政策和已取得的成效；分析了我国综合交通运输体系控制温室气体排放面临的国际国内形势；在对我国交通运输需求进行预测分析的基础上，分别按照基准政策情景和低碳政策情景预测未来我国交通运输的能耗和碳排放量；重点分析了我国交通低碳发展的潜力和途径；在总结借鉴发达国家交通运输温室气体低碳发展政策经验的基础上，提出我国交通运输低碳发展应分阶段、分步骤地统筹布局、重点推进，并从战略规划、标准标识、财政税收、价格政策、技术政策、交易政策、组织管理、宣传教育等方面提出我国交通运输低碳发展的政策建议，供相关决策部门参考。

本书以国家发展和改革委员会综合运输研究所承担的国家发展和改革委员会应对气候变化司委托的课题成果为基础编著。该课题研究获得清洁发展机制（CDM）基金的支持（项目编号:2013073)。本研究负责人为郭文龙、李茜。本书各部分的执笔人分别是:第一章,张康敏、赵盟、李茜;第二章,李茜;第三章,张康敏、李茜;第四章,赵盟;第五章,李茜;第六章,樊桦、李茜。全书由李茜负责统稿修改。在课题研究过程中,汪鸣、吴文化、李连成、郭小碚等提供了指导意见。本书希望从综合交通运输体系整体角度提出政策顶层设计,提出系统性、前瞻性和战略性的低碳交通政策体系,为我国交通发展提供相关政策参考。由于研究水平有限,书中难免存在疏漏之处,敬请读者批评指正。

作　者

2017 年 9 月

目录

MULU

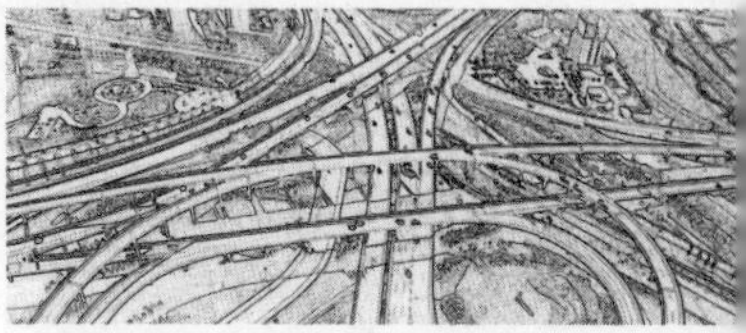

绪　论

一、研究背景

全球气候变化及其带来的不利影响是人类共同关心的问题,也是国际社会亟待解决的重大问题。交通运输作为国民经济和社会发展的基础产业和服务行业,是经济社会活动中物流和客流的载体,在国家的经济和社会发展中具有重要作用。交通运输是能源消耗的重点行业,也是温室气体排放的重要来源之一。交通低碳发展已成为我国在可持续发展框架下应对全球气候变化、履行国家发展战略和交通行业自身可持续发展的必由之路。

从国际环境看,应对气候变化要求我国交通实现低碳发展。从1990年的《联合国气候变化公约》、1997年的《京都议定书》、2008年的"巴黎路线图"、2009年的哥本哈根气候变化峰会、2015年的巴黎气候变化峰会等来看,国际社会对发展低碳经济的期望日益加深。《巴黎协定》提出全球控制温度升高不高于2℃并努力控制在1.5℃以下的目标,到21世纪下半叶(2060—2080年)要实现碳的净零排放,这意味着化石能源时代的终结。交通领域的国际海事组织和国际民航组织积极探讨制定碳排放标准和新的规则。我国积极参与国际社会应对气候变化进程。在哥本哈根气候变化峰会上,我国向国际社会承诺,到2020年单位国内生产总值(GDP)二氧化碳排放比2005年下降40%~45%的自主行动目标。在2014年北京APEC会议上我国首次正式提出"2030年左右二氧化碳排放达到峰值且将努力早日达峰,并计划非化石能源占一次能源消耗比例提高到20%左右"的目标。在2015年9月25日中美两国发表的《气候变化的联合声明》中,我国又提出了新的目标:即"到2030年单位国内生产总值二氧化碳排放将比2005年下降60%~65%,森林蓄积量比2005年增加45亿立方米左右。2017年启动全国碳排放交易体系";在交通领域承诺"推动低碳交通,大中城市公共交通占机动化出行比例达到30%。中国将于2016年制定完成下一阶段载重汽车整车燃油效率标准,并于2019年实施"等行业目标。发展低碳经济已成为我国在可持续发展框架下应对气候变化的必由之路,交通低碳发展成为必然选择。

实现国家战略要求我国交通低碳发展。党的十八大强调"节约资源能源",着力推进"低碳发展",提出"形成节约资源和保护环境的空间格局、产业结构、生产方式、生活方式"的战略部署。十八届三中全会提出:"紧紧围绕建设美丽中国,深化生态文明体制改革,加快建立生态文明制度,健全国土空间开发、资源节约利用、生态环境保护的体制机制,推动形成人与自然和谐发展现代化建设新格局”。十八届五中全会进一步确立了“创新、协调、绿色、开放、共享”的五大发展理念。我国《国民经济和社会发展第十三个五年规划纲要》明确要求“推进交通运输低碳发展,集约节约利用资源,加强标准化、现代化运输装备和节能环保运输工具推广应用”。根据党的十九大战略部署,我国到建党一百年时建成经济更加发展、民主更加健全、科教更加进步、文化更加繁荣、社会更加和谐、人民生活更加殷实的小康社会,然后再奋斗三十年,到新中国成立一百年时,基本实现现代化,把我国建成社会主义现代化国家。实现交通低碳发展是实现生态文明建设目标的有力保障,是建设与我国国情相适应的绿色交通体系的重要内容,也是实现“两个一百年”奋斗目标的必由之路。

交通低碳发展更是交通运输行业发展的内在要求。转变交通发展方式要求交通低碳发展。低碳经济不仅是一场大规模的环境革命,而且也是一场深刻的社会经济革命。从交通运输业自身的可持续发展来看,过去那种“高投入、高消耗、低产出、低效益”的外延式发展方式已难以为继,迫切需要进行发展方式的调整和转型,通过发展观念和发展方式的转变、通过优化交通运输结构、通过技术创新和管理创新,不断提高交通运输业的资源配置效率和资源使用效率,降低环境成本,走内涵式、低碳化发展道路,以尽可能低的资源消耗和环境成本支撑国民经济和社会发展,从而实现交通与资源、环境的协调发展。人类交通发展经历了薪柴时代、化石能源时代,未来还将迎来氢动力等新型能源发展时代。我国交通能耗正伴随机动化进程加快高速增长,我国石油对外依存度已由 1990 年的 6.6%提高到 2015 年的 60%以上。据国际能源署(IEA)预测,2050 年我国交通能源需求是 2007 年的 5 倍以上,我国交通能源需求占全球的比例将由 2007 年的 8%发展到 2050 年的 20%左右。随着石油等化石资源的渐趋枯竭,我国综合交通运输体系面临能源约束及能源安全的挑战。当下,我国交通部门二氧化碳排放呈较快增长趋势,占比持续增加,但已不具备沿袭发达国家走高碳排放的交通发展路径的环境和空间。只有发展低碳交通,不断提高能效、实现能源替代,才能避免发展成本升高。根据发达国家发展历程,结合我国未来的机动化、工业化、城镇化发展趋势,可以判断:我国如不实行交通低碳发展战略,交通运输部门所消耗能源和碳排放仍将以较高速度增长,影响我国向国际社会节能减碳承诺的实现。

二、研究的必要性

由于我国交通运输在大部制改革前长期实行部门分立的管理体制,加之相当长时期内交通运输能力滞后于经济社会发展需求,优先缓解能力约束成为交通建设的主基调,低碳交通发展政策基本上是各种运输方式原主管部门分别制定的。

在交通运输大部制改革后,尤其是交通运输能力从制约转为基本适应后,低碳交通发展政策也逐步由分立的政策向各种运输方式协调发展的政策方向转变。由于体制机制未彻底转变,我国低碳交通发展不仅政策存在系统性不足,而且发展理念、调控及监管方式亦不适应新形势下交通发展的需要,我国交通运输节能减排、低碳发展政策未能突破分立方式的樊篱,难以通过各种运输方式合理分工和有机衔接形成综合运输体系下的最优化低碳发展模式,尤其是低碳交通政策顶层设计不够,低碳交通政策目标单一,政策的系统性、前瞻性、战略性、创新性均待加强。

开展交通运输低碳发展政策研究,首先有助于从综合交通运输体系整体角度提出政策顶层设计,有助于创新思路,有助于以“综合运输+成本效益”为中心完善我国综合交通低碳发展的政策体系,提升政策的系统性、前瞻性、战略性、创新性,推动我国交通整体低碳发展,为我国交通发展提供相关政策参考。其次,开展交通运输低碳发展政策研究有助于我国碳排放指标在交通及各产业间的分解落实。本书将通过构筑我国交通碳排放模型,计算出我国移动源的交通排放量,为我国交通各产业分解碳排放指标提供参考。最后,开展交通运输低碳发展政策研究还有助于我国综合交通运输体系的可持续发展。“十三五”仍是交通基础设施继续大规模建设的时期,2020—2030 年我国大规模的交通基础设施建设任务将基本完成。在交通供给格局完全形成前进行综合交通运输低碳发展政策研究,有助于我国交通体系更好地遵循低碳绿色发展思路,及时调整发展规划,及时解决综合交通低碳发展中存在的体制性、机制性、结构性问题。

三、研究内容、方法和思路

(一)研究内容

本书总结了我国综合交通运输领域既有低碳发展政策,评价了已取得的温室气体减排成效。在不同力度政策情景下,未来交通运输体系将呈现不同的发展过程,同时将产生不同水平的碳排放。综合考虑交通运输低碳发展的影响因素,在交通运输需求预测时设计了高、低两种方案以及基准情景、低碳情景两种运输结构情景,并分别按照基准政策情景和低碳政策情景预测未来我国交通运输的能耗和碳排放量,在此基础上分析低碳情景的节能减碳潜力和途径,并借鉴发达国家交通运输温室气体减排政策,结合未来我国综合交通运输发展不同阶段的特点,提出综合交通运输控制温室气体排放的节能减排目标和政策建议。

本书包括以下六个方面的主要内容:

(1)我国交通运输能耗和碳排放现状;

(2)我国交通运输低碳政策的总结及评估;

(3)我国交通运输发展形势分析及需求预测;

(4)我国交通运输低碳发展潜力分析；

(5)发达国家交通运输低碳发展政策借鉴；

(6)我国交通运输体系低碳发展路径及政策建议。

(二)研究范围

根据《2006年IPCC国家温室气体清单指南》,交通的二氧化碳排放属于移动源排放。本书以移动源口径研究我国交通运输工具的能耗和排放,研究范围既包括铁路、公路、水路、航空、管道五种城际交通运输方式的能耗和排放,也包括城市交通(其中城市货运纳入公路运输范畴)和私人汽车等社会车辆运输的能耗和排放。城市交通主要指城市内的客运交通,包括轨道交通、公共电汽车以及私人小汽车等交通方式。

按照移动源的运输工具能源消耗将交通运输体系能耗分解为四层(图0-1)。

第一层,按运输对象分解为城际货运、城际客运、城市交通三类。其中,客运、货运分别指营运客运和营运货运产生的能源消耗和二氧化碳排放,即现有交通运输体系的统计范围。城市交通指营运车辆(公交车、地铁、出租车等)和非营运车辆(私家车、摩托车等)所产生的能源消耗。

第二层,按运输方式进一步分解。其中,货运分解为铁路、公路、水运、航空、管道五种运输方式,客运分解为铁路、公路、水运、航空四种运输方式。城市交通分解为公共交通和乘用车两类。

第三层,按运输工具进行分解。将铁路运输工具分解为内燃机车和电力机车;公路运输工具可以按车型、大小等多种方式分解,简化起见本书仅分解为汽油车和柴油车;水路运输工具分解为内河船舶和海洋船舶;航空运输工具仅包括民航飞机一种。公共交通工具包括公共汽车和轨道交通(轻轨);乘用车包括出租车、摩托车和小汽车。

第四层,按照能源种类进行分解,其中,汽车能源类型包括汽油、柴油、液化石油气(LPG)、液化天然气(LNG)、压缩天然气(CNG)、传统电力、混合动力等。

(三)研究方法和框架

本书采用理论分析与实践分析相结合、国外横向比较和国内历史纵向比较相结合、定性分析与定量分析相结合、经验总结与趋势外推相结合等多种方法,以运输经济学、能源经济学、环境经济学、综合交通运输等学科为理论基础,结合我国交通碳排放发展的实际情况、发展形势、发展要求,系统研究我国交通运输碳排放的政策问题。通过实地调研、访问和座谈的方式,准确把握问题,从不同层面、不同角度,全面、系统地提出促进我国交通低碳发展的政策建议。研究技术路线如图0-2所示。

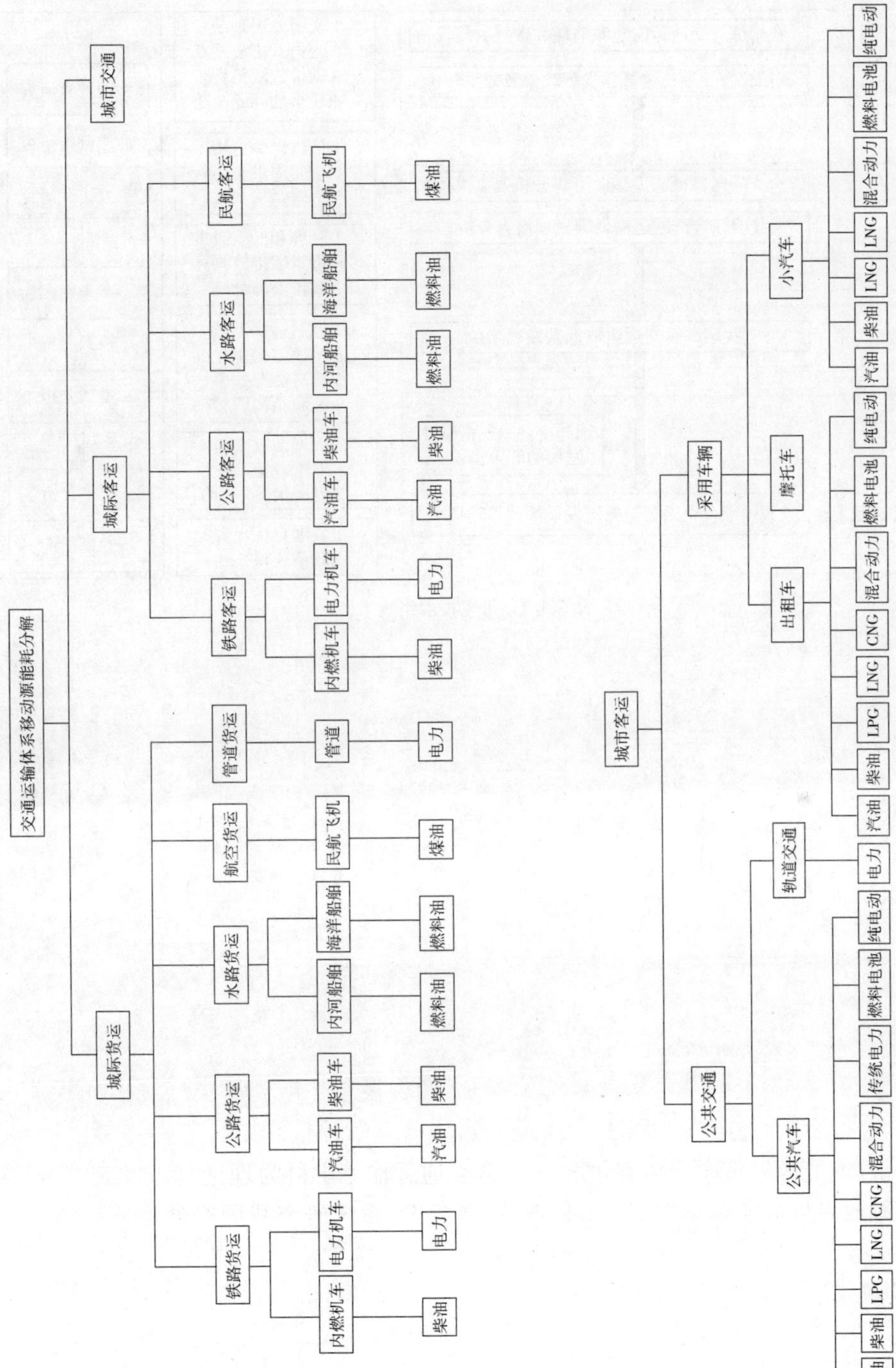

图0-1 交通运输体系移动源能耗分解

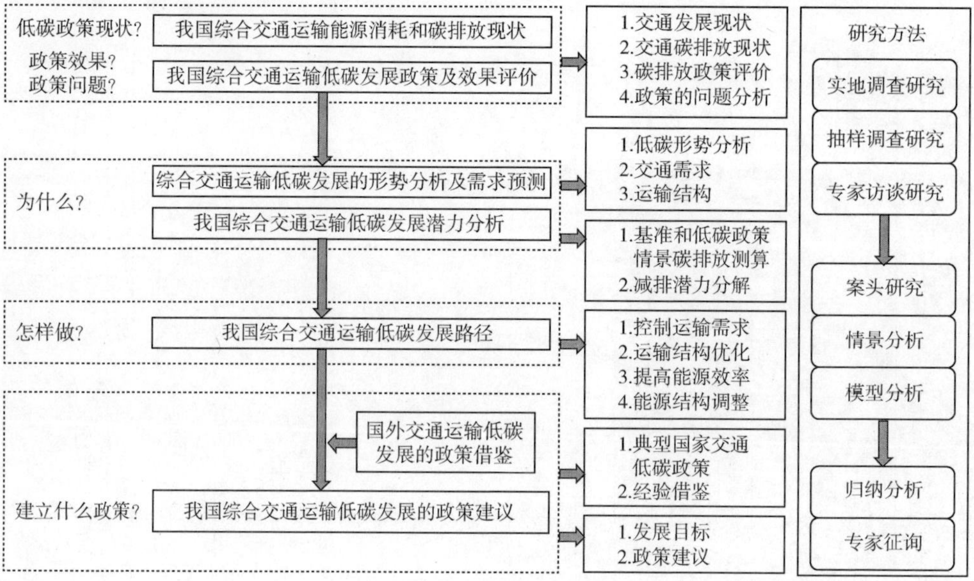
低碳政策现状？
政策效果？
政策问题？
我国综合交通运输能源消耗和碳排放现状
我国综合交通运输低碳发展政策及效果评价
1.交通发展现状
2.交通碳排放现状
3.碳排放政策评价
4.政策的问题分析
为什么？
综合交通运输低碳发展的形势分析及需求预测
我国综合交通运输低碳发展潜力分析
1.低碳形势分析
2.交通需求
3.运输结构
1.基准和低碳政策
情景碳排放测算
2.减排潜力分解
怎样做？
我国综合交通运输低碳发展路径
1.控制运输需求
2.运输结构优化
3.提高能源效率
4.能源结构调整
国外交通运输低碳
发展的政策借鉴
1.典型国家交通
低碳政策
2.经验借鉴
建立什么政策？
我国综合交通运输低碳发展的政策建议
1.发展目标
2.政策建议
研究方法
实地调查研究
抽样调查研究
专家访谈研究
案头研究
情景分析
模型分析
归纳分析
专家征询

图 0-2　研究技术路线

第一章
我国交通运输能耗和排放现状

Woguo Jiaotong Yunshu Nenghao he Paifang Xianzhuang

第一节　我国综合交通运输发展现状

一、城际交通

(一)基础设施

经过多年发展,我国城际交通运输设施已形成由铁路、公路、水路、航空、管道五种运输方式组成的以“五纵五横”大通道为主骨架的运输网,基本覆盖20万以上人口城市,连接我国主要的经济区和经济带。截至2016年年底,我国城际交通基础设施494万公里(不含民航和沿海运输),网络密度达到51.5公里/百平方公里。铁路营运里程达到12.4万公里,其中高速铁路营运里程达到2.2万公里,形成了横贯东西、沟通南北、干支结合的铁路网;公路通车总里程达到469.6万公里,形成了以“71118”高速公路网为主骨架、普通国省干线公路网和农村公路网为基础的公路网络,高速公路网里程13.1万公里;内河高等级航道12.7万公里,形成了“两横一纵两网十八线”高等级航道网;管道输油(气)里程11.3万公里,形成了“西油东运、北油南下”的格局。民航方面,2016年定期航班航线里程已经达到634.8万公里,国内通航城市214个(不含香港特别行政区、澳门特别行政区、台湾省)。我国各类交通枢纽站场数量也大幅增加,民用机场达218个,其中旅客吞吐量100万人以上的机场达77个。港口万吨级以上泊位2237个。

表1-1列出了1980年和2016年两年的综合运输基础设施发展情况。

1980年和2016年的综合运输基础设施发展情况　　表1-1

年份	1980年	2016年	2016年是1980年的倍数
铁路营业里程(万公里)	5.3	12.4	2.34
公路通车里程(万公里)	88.8	469.6	5.28
高速公路网里程(万公里)	0	13.1	—
内河高等级航道里程(万公里)	10.9	12.7	1.17
输油(气)管道里程(万公里)	0.9	11.3	—
民用运输机场(个)	79	218	2.76
民航航线里程(万公里)	19.5	634.8	32.55

资料来源:交通运输部《2016年交通运输行业发展统计公报》

(二)运输装备

随着科学技术的发展,我国交通运输领域的技术水平显著增强。目前我国已掌握了高速铁路成套技术,铁路重载运输技术达到世界先进水平;基本建成了全国高速公路联网电子不停车收费系统;超大型油轮、集装箱货船的建造水平大幅提高;大飞机的研发取得显著成果。根据《2016 年交通运输行业发展统计公报》,截至 2016 年年底,我国铁路机车拥有量为 2.1 万台,其中电力机车占 58.1%,全国铁路客车拥有量为 7.1 万辆,铁路货车拥有量为 76.4 万辆;全国拥有水上运输船舶 16.01 万艘(26623 万载重吨),拥有 100.21 万载客位;全国拥有公路营运汽车 1435.77 万辆,其中载客汽车 84 万辆、2140.26 万客位,载货汽车 1351.77 万辆、10826.78 万吨位。根据中国民航局发布的《2016 年民航行业发展统计公报》,民航全行业运输飞机期末在册架数 2950 架,通用航空企业在册航空器总数达到 2096 架。2010—2015 年我国交通运输装备情况如表 1-2 所示。

2010—2015 年我国交通运输装备情况　　表 1-2

指　标	2010 年	2011 年	2012 年	2013 年	2014 年	2015 年
民用汽车拥有量(万辆)	7802	9356	10933	12670	14598	16284
其中:私人汽车	5938	7327	8839	10502	12339	14099
民用机动船舶拥有量(万艘)	15.56	15.80	15.83	15.53	15.50	14.97
机车(台)	20721	—	20797	20835	21096	21366
内燃机车	11081	—	10602	9961	9485	9132
电力机车	9625	—	10180	10859	11596	12219
客车(辆)	54731	—	57721	58965	60629	67706
货车(辆)	651175	—	670801	721850	716578	768516
运输飞机	1597	1764	1941	2145	2370	2650
其中:大中型飞机	1453	1601	1769	1985	2218	2499

资料来源:《中国统计年鉴 2016》《2016 年交通运输行业发展统计公报》

整体上看,近年来我国运输装备技术水平和规模总量都有大幅提高,而且正保持快速发展的势头,朝着更加专业化、标准化和信息化的方向发展。

(三)运输服务

近年来我国城际客货运输需求均保持了增长态势。2016 年客运量和旅客周转量分别达到 190.02 亿人和 31239.87 亿人公里(图 1-1)。货运量和货物周转量分别达到 431.34 亿吨和 182432.29 亿吨公里(图 1-2)。

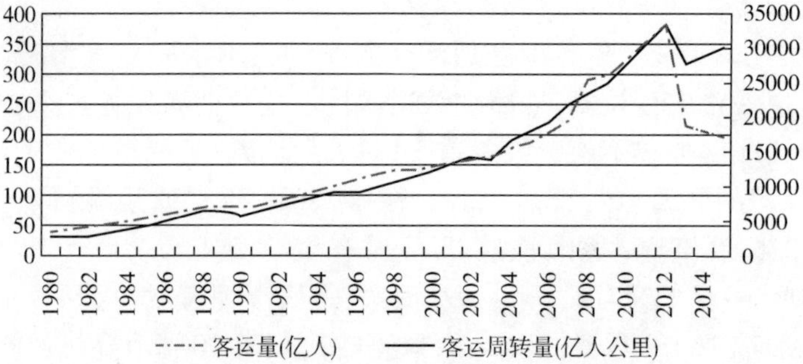

图 1-1　我国客运量和旅客周转量变化情况

数据来源:《中国统计年鉴 2016》

注:1.2008 年公路、水路运输量统计口径有调整。从 1979 年起,公路运输包括社会车辆完成数量,从 1984 年起,还包括私营运输完成的数量,从 2008 年起公路运输量统计范围原则上为营运车辆。水路运输量统计范围为在交通运输主管部门审批、备案、从事营业性旅客和货物运输生产的船舶。

2.从 2009 年起,沿海规模以上港口统计范围为年吞吐量 1000 万吨以上的沿海港口,内河规模以上港口统计范围为年吞吐量 200 万吨以上的内河港口。

3.2013 年,管道运输统计口径在原中国石油天然气集团公司、中国石油化工集团公司基础上增加中国海洋石油总公司,2012 年管道数据按同口径调整。

4.2013 年公路水路客货运输数据,源自 2013 年交通运输业经济统计专项调查,统计范围口径有所调整(以下各表同)。按可比口径计算,2013 年公路客运量、旅客周转量、货运量、货物周转量比上年分别增长 4.2%、1.0%、10.9%和 11.2%;水运客运量、旅客周转量、货运量、货物周转量比上年分别增长 3.0%、2.9%、10.4%和 4.8%。

5.2014 年、2015 年公路水路运输量统计数据根据 2015 年开展的公路水路运输量小样本抽样调查结果进行了调整。

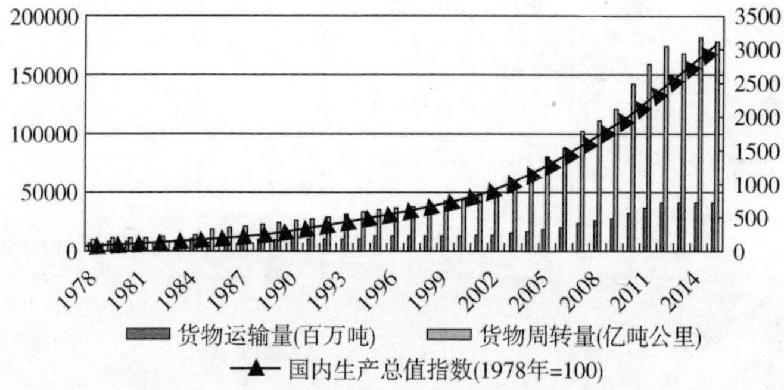

图 1-2　我国货物运输量和周转量变化情况

数据来源:《中国统计年鉴 2016》

注:1.2008 年公路、水路运输量统计口径有调整。从 1979 年起,公路运输包括社会车辆完成数量,从 1984 年起,还包括私营运输完成的数量,从 2008 年起公路运输量统计范围原则上为营运车辆。水路运输量统计范围为在交通运输主管部门审批、备案、从事营业性旅客和货物运输生产的船舶。

2.2013 年公路水路客货运输数据,源自 2013 年交通运输业经济统计专项调查,统计范围口径有所调整(以下各表同)。按可比口径计算,2013 年公路客运量、旅客周转量、货运量、货物周转量比上年分别增长 4.2%、1.0%、10.9%和 11.2%;水运客运量、旅客周转量、货运量、货物周转量比上年分别增长 3.0%、2.9%、10.4%和 4.8%。

3.2014 年、2015 年公路水路运输量统计数据根据 2015 年开展的公路水路运输量小样本抽样调查结果进行了调整。

二、城市交通

(一)交通设施

我国城市交通实施公共交通优先发展战略,通过加大城市轨道交通建设力度,加快城市道路、公共交通专用道及公共交通网络建设,提高公交线网密度和站点覆盖率。根据交通运输部发布的《中国城市客运发展报告》,截至2016年年末,我国城市公共汽电车运营线路长度达到98.12万公里,全国共有30个城市开通轨道交通运营。轨道交通运营线路长度达到3727.5公里,已有200多个城市开辟了公交专用道(路),总长度9777.8公里。公共交通线网密度、站点覆盖率不断提高。近年我国地铁和轻轨运营线路里程见表1-3。

2010—2016年全国城市轨道交通运营线路长度　表1-3

年份(年)	地铁运营线路长度(公里)	轻轨运营线路长度(公里)
2010	1217	169
2011	1403	172
2013	2050	290
2014	2361	239
2015	2723	341
2016	3270	299

数据来源:《2016年全国交通统计资料汇编》、交通运输部《中国城市客运发展报告》

(二)运输装备

我国城市交通主要涉及三类车辆,即公共电汽车、出租车和轨道交通车辆。

1.公共电汽车

公共电汽车是目前我国城市客运中最主要的方式,在城市客运中的作用远远大于出租车和轨道交通。我国公共电车数量相对较少,公共汽车以汽油车、柴油车和天然气车为主。2016年三类车占公共电汽车总量的比例为69%。从2010—2016年的公共电汽车保有量看,除天然气车处,其他两类车的比例均有所下降。与此同时,纯电动车和混合动力车则呈现较快增长势头。近几年我国公共电汽车保有量发展水平见表1-4。

2.出租车

随着城区面积的扩大,出租车在我国城市客运中的作用越来越大。出租车点多面广,运行灵活,可以弥补公共电汽车线路的空白之处,因而近年增长较快。出租车主要由汽油车、乙醇汽油车和双燃料车组成,其中2010—2016年汽油车和乙醇汽油车比例逐年下降,而双燃料车的比例则不断提高。近年我国出租车保有量发展水平见表1-5。

我国城市公共电汽车保有量发展水平 表 1-4

指标	年份（年）	公共电汽车数	汽油	乙醇汽油	柴油	液化石油气	天然气	双燃料	无轨电车	纯电动	混合动力
保有量（辆）	2010	420520	33917	13920	290271	7535	54867	15076	1967	957	1970
	2011	453266	27959	12549	304315	9500	69023	20409	1651	1218	6613
	2012	474891	23778	9735	306465	8884	86379	24528	1696	1722	11704
	2013	509629	17183	7978	302428	8385	123778	25753	1879	3050	19186
	2014	528803	13294	4600	279927	8408	159785	24168	1995	7297	29320
	2015	561756	9657	4127	253458	6032	182396	17477	1934	36262	50397
	2016	608636	8304	2236	226219	5300	185512	14033	2241	94904	69725
比例（%）	2010	100	8.1	3.3	69.0	1.8	13.0	3.6	0.5	0.2	0.5
	2011	100	6.2	2.8	67.1	2.1	15.2	4.5	0.4	0.3	1.5
	2012	100	5.0	2.0	64.5	1.9	18.2	5.2	0.4	0.4	2.5
	2013	100	3.4	1.6	59.3	1.6	24.3	5.1	0.4	0.6	3.8
	2014	100	2.5	0.9	52.9	1.6	30.2	4.6	0.4	1.4	5.5
	2015	100	1.7	0.7	45.1	1.1	32.5	3.1	0.3	6.5	9.0
	2016	100	1.4	0.4	37.2	0.9	30.5	2.3	0.4	15.6	11.5

数据来源：《2016 年全国交通统计资料汇编》

我国出租车保有量发展水平 表 1-5

指标	年份（年）	出租车数	汽油	乙醇汽油	柴油	液化石油气	天然气	双燃料	纯电动
保有量（辆）	2010	1225740	643228	212711	88020	30657	90107	160835	50
	2011	1263779	624542	217375	83679	8494	73528	255713	448
	2012	1299682	614161	211611	72385	7523	57180	335396	1426
	2013	1340012	548851	210986	59266	7919	46035	463252	1801
	2014	1370108	505342	204321	48902	19123	44886	540779	3980
	2015	1392520	492217	200511	36312	8768	44169	600695	6854
	2016	1404013	464276	184848	26869	10488	48832	645993	18614
比例（%）	2010	100	52.5	17.4	7.2	2.5	7.4	13.1	0.0
	2011	100	49.4	17.2	6.6	0.7	5.8	20.2	0.0
	2012	100	47.3	16.3	5.6	0.6	4.4	25.8	0.1
	2013	100	41.0	15.7	4.4	0.6	3.4	34.6	0.1
	2014	100	36.9	14.9	3.6	1.4	3.3	39.5	0.3
	2015	100	35.3	14.4	2.6	0.6	3.2	43.1	0.5
	2016	100	33.1	13.2	1.9	0.7	3.5	46.0	1.3

数据来源：《2016 年全国交通统计资料汇编》

3.轨道交通

近年来我国城市客运装备中发展最快的是轨道交通。2010—2016 年我国轨道交通车辆年均增长速度为 19.2%，而同期公共电汽车和出租车分别为 8.9% 和 2.3%。另外，轨道交通车辆中绝大部分是地铁，其次是轻轨，两类车辆数相加的比例超过了 98%，但两类车相比较，地铁的增长速度又高于轻轨。近年我国轨道交通车辆保有量发展水平见表 1-6。

我国轨道交通车辆保有量发展水平 表 1-6

指标	年份(年)	轨道交通车数	地铁	轻轨	单轨	有轨电车	磁浮
保有量（辆）	2010	8285	7437	601	108	125	14
	2011	9945	8947	647	212	125	14
	2012	12611	11225	1247	—	125	14
	2013	14366	12971	1253	—	125	17
	2014	17300	15696	1372	—	215	17
	2015	19941	18098	1434	—	392	17
	2016	23791	22072	1275	—	412	32
比例（%）	2010	100	89.8	7.3	1.3	1.5	0.2
	2011	100	90.0	6.5	2.1	1.3	0.1
	2012	100	89.0	9.9	—	1.0	0.1
	2013	100	90.3	8.7	—	0.9	0.1
	2014	100	90.7	7.9	—	1.2	0.1
	2015	100	90.8	7.2	—	2.0	0.1
	2016	100	92.8	5.4	—	1.7	0.1

数据来源：《2016 年全国交通统计资料汇编》

（三）运输服务

依据《国务院办公厅转发建设部等部门关于优先发展城市公共交通意见的通知》（国办发〔2005〕46 号），各地不断加大对城市公共交通发展的支持力度，建立了低票价补贴机制和补偿机制，公共交通发展取得明显成效。公共交通线网密度、站点覆盖率不断提高。城市公交也向智能化方向进一步发展。很多城市公共交通的线路逐渐加密，服务品质不断提升，运输的便捷性、舒适性、安全性等进一步增强。

据《2016 年全国交通统计资料汇编》统计，2016 年我国城市交通客运量为 1284.26 亿人，人均出行次数约为 95 次。表 1-7 是近年我国城市交通客运量及其比例。

2016 年我国公共电汽车完成的客运量达到 745.4 亿人次，与 2010 年相比，年均增长速度为 1.79%。2016 年我国出租车完成的客运量达到 377.3 亿人次，与 2010 年相比，年均增长速度为 1.4%。2016 年我国轨道交通完成的客运量达到 161.51 亿人次，与 2010 年相比，年均增长速度为 19.4%。虽然公共电汽车客运量最大，但增长速度低于出租车和轨道交通，而且在三类车辆完成的合计客运量中的比例逐年降低。与之相反，2016 年轨道交通客运量比例是 2010 年的 2.42 倍，说明轨道交通的影响在不断增加，将成为未来城市的主要骨干客运方式。2016 年轨道交通全年客运量超过 20 亿人次的有北京、上海、广州三个城市，客运量占全国客运总量的 60%以上，位居世界前列。

我国城市交通客运量及其比例 表 1-7

指标	年份(年)	合计	公共电汽车	出租车	轨道交通
客运量（亿人）	2010	1072.08	670.13	346.28	55.68
	2011	1163.84	715.79	376.71	71.34
	2012	1227.1	749.80	390.03	87.29
	2013	1282.29	771.17	401.94	109.19
	2014	1314.59	781.88	406.06	126.66
	2015	1302.16	765.40	3967.40	140.01
	2016	1284.26	745.40	377.35	161.51
比例（%）	2010	100	62.5	32.3	5.2
	2011	100	61.5	32.4	6.1
	2012	100	61.1	31.8	7.1
	2013	100	60.1	31.3	8.5
	2014	100	59.5	30.9	9.6
	2015	100	58.8	30.5	10.8
	2016	100	58.0	29.4	12.6

数据来源：《2016 年全国交通统计资料汇编》

随着我国进入城市化与机动化同时加速发展的时期，大中城市交通拥堵十分普遍，我国城市公共交通发展仍然比较滞后，大城市公共交通的出行分担率平均仅约为 20%，与日本等城市 40%～70%的出行比例相比还有很大差距，对缓解城市交通拥堵的作用还十分有限。

三、社会车辆运输

(一)民用汽车

截至 2016 年，我国民用汽车保有量达到 18575 万辆，其中载客汽车 16278 万辆，载货汽车 2172 万辆(表 1-8)。近年来，受经济发展、人口增加和居民收入提高的影响，我国民用汽车保有量呈现迅猛发展的趋势。2006—2016年，民用汽车保有量增长了4.02倍，年均增速17.5%。2016年在民用汽车保有量中，载客汽车比例为87.6%，载货汽车的比例为11.7%。另外，在载客汽车中小型客车和微型客车比例达到了98.6%。

我国民用汽车保有量发展水平（单位：万辆）　　表1-8

年份（年）	总计	载客汽车			载货汽车
		合计	小型	微型	
2005	3160	2132	1618	300	956
2006	3697	2620	2083	312	986
2007	4358	3196	2646	315	1054
2008	5100	3839	3271	324	1126
2009	6281	4845	4247	344	1369
2010	7802	6124	5498	363	1598
2011	9356	7478	6828	377	1788
2012	10933	8943	8303	380	1895
2013	12670	10562	9951	362	2011
2014	14598	12327	11748	327	2125
2015	16284	14096	13580	286	2066
2016	18575	16278	15814	235	2172

数据来源：《中国统计年鉴2016》

（二）民用汽车出行

根据《2015年中国高速公路运输量统计调查分析报告》，2015年高速公路客运量为181.89亿人次，同比增长8.71%。旅客周转量14608.66亿人公里，同比下降0.59%。旅客平均运程80.32公里，同比下降8.45%，其中省内旅客平均运程59.7公里，跨省的旅客平均运距327.42公里。

第二节　我国交通运输能源消耗和碳排放

一、能源消耗和二氧化碳排放计算方法

（一）能源消耗量计算方法

根据《2006年IPCC国家温室气体清单指南》，交通运输的二氧化碳排放属于

移动源排放。由于我国交通运输业能源消耗统计是部门能源消耗量,既包括交通运输工具的消耗量,也包括使用交通基础设施等产生的能源消耗量,且能耗统计仅包括从事社会运营车辆的能源消耗,大量私人汽车、政府、企业、事业单位自用车的燃料消耗没有纳入统计。

按照《中国统计年鉴》,2005—2014 年我国交通部门能源消耗占全国总能耗的比例保持在 8%~11%之间,而发达国家平均水平为 18%~30%。我国交通部门能耗比例远低于发达国家水平,主要原因有如下两个。

一是发展阶段不同。我国正处于工业化中后期和城镇化加速阶段,而发达国家普遍完成了工业化和城市化发展。按照发达国家发展经验,工业化、城市化中后期是交通能耗显著增长的阶段,工业化完成后交通能耗将与工业、建筑部门能耗大致相当。因此,我国当前阶段交通能耗比例总体偏低,但在未来将会显著增长。

二是统计范围口径不同。我国的统计体系中,交通运输业仅包括对从事社会运营的交通运输企业的统计,能源消耗统计也只是对上述企业运输工具的燃料消耗的统计,大量的社会非运营交通工具(如私家车)的燃油消耗尚未纳入,同时也未纳入部分小型道路或水运企业的交通能源消耗。另外,在工业、建筑、生活民用等部门,同时又加入了这些部门使用交通工具运输所消耗的能源。

为了更准确地计算交通运输部门的能源消耗和二氧化碳排放,本书中采用自上而下和自下而上两种方式对我国 2014 年交通运输能耗进行校核。

1.自上而下法

自上而下法是将能源平衡表中工业、建筑、生活民用等部门的终端能耗进行拆解和重新组合,将交通运输相关的油品、电力能源消耗划分至交通运输部门,同时将交通运输部门的部分能源消耗划分至工业、建筑、民用部门。具体做法如下。

第一步,交通用油除交通运输部门用油外,建筑部门中商用汽油的 95%、柴油的 35%,以及民用汽油的 100%、柴油的 95%用于交通工具,划归到交通运输部门。

第二步,交通运输部门的煤炭、焦炭、其他煤气及热力主要用于铁路车站等建筑采暖和辅助生产供热,因此全部划归到建筑部门。

第三步,交通运输部门的部分电力用于车站的照明、空调,因此将 40%的电力划归到建筑部门。

2.自下而上法

自下而上法是利用交通运输部门的运输服务量和运输效率计算交通运输能源消耗量,具体方法如下。

首先,将交通能源消耗按运输对象,分为城市交通、客运和货运三部分。

$$E^{t}=E^{t}_{城市运输}+E^{t}_{运输}+E^{t}_{货运} \tag{1-1}$$

其次,分别计算城市交通、客运和货运的能源消耗和二氧化碳排放,其中城市交通的能耗计算方法为：

$$E^{t}_{城市交通}=\sum_{i}E^{t}_{i}=\sum_{i}V^{t}_{i}\times M^{t}_{i}\times F^{t}_{i} \tag{1-2}$$

其中，t 为时间；i 为各种运输方式：$i=1$ 为公交车，$i=2$ 为出租车，$i=3$ 为轨道交通，$i=4$ 为小汽车，$i=5$ 为摩托车。

式中：$E^{t}_{城市交通}$——t 年能源消耗量；

V^{t}_{i}——i 种运输子方式 t 年车辆保有量；

M^{t}_{i}——i 种运输子方式 t 年全年行驶里程数；

F^{t}_{i}——i 种运输子方式 t 年百公里能耗。

公式(1-2)中 M^{t}_{i} 为年行驶里程数，主要受日均出行次数、平均出行距离以及全年行驶天数等因素的影响，计算公式为：

$$M^{t}_{i}=P^{t}_{i}\times Dis^{t}_{i}\times D^{t}_{i} \tag{1-3}$$

其中，t 为时间；i 为各种运输方式：$i=1$ 为公交车，$i=2$ 为出租车，$i=3$ 为轨道交通，$i=4$ 为小汽车，$i=5$ 为摩托车。

式中：P^{t}_{i}——i 种运输子方式 t 年日均出行次数；

Dis^{t}_{i}——i 种运输子方式 t 年平均出行距离；

D^{t}_{i}——i 种运输子方式 t 年全年行驶天数。

客运、货运的能耗计算方法类似：

$$E^{t}_{j}=\sum_{i}E^{t}_{ij}=\sum_{i,j,k}V^{t}_{ij}\times S^{t}_{ijk}\times X^{t}_{ijk} \tag{1-4}$$

其中，t 为时间；j 为客/货运输类型：$j=1$ 为客运，$j=2$ 为货运；i 为五种运输方式：$i=1$ 为铁路，$i=2$ 为公路，$i=3$ 为水运，$i=4$ 为民航，$i=5$ 为管道；k 为不同燃料类型的运输工具，例如火车分为电力机车和内燃机车，汽车分为汽油车和柴油车等。

式中：E^{t}_{j}——j 种运输对象 t 年能源消耗量；

E^{t}_{ij}——i 种运输方式 j 种运输类型 t 年能源消耗量；

V^{t}_{ij}——i 种运输方式 j 种运输类型 t 年周转量；

S^{t}_{ijk}——i 种运输方式 j 种运输类型 k 种运输工具 t 年周转量占 i 种运输方式 j 种运输类型 t 年周转量的比例；

X^{t}_{ijk}——i 种运输方式 j 种运输类型 k 种运输工具 t 年单位周转量能源消耗。

（二）二氧化碳排放量计算方法

交通运输二氧化碳排放量由交通运输分品种能源消耗及相应的排放因子决定，计算公式如下：

$$C^{t}=\sum_{i,j,k}C^{t}_{ijk}=\sum_{i,j,k}E^{t}_{ijk}\times EF_{k} \tag{1-5}$$

其中，t 为时间；i 为五种运输方式：$i=1$ 为铁路，$i=2$ 为公路，$i=3$ 为水运，$i=4$ 为民航，$i=5$ 为管道；j 为客/货运输类型：$j=1$ 为客运，$j=2$ 为货运；k 为不同燃料类型的运输工具，例如火车分为电力机车和内燃机车，汽车分为汽油车和柴油车等；C^t 为交通运输部门碳排放总量。

式中：E_{ijk}^t、C_{ijk}^t——第 i 种运输方式、j 种运输类型、k 种运输工具（能源品种）的能源消耗量和二氧化碳排放量；

EF_k——第 k 种化石能源排放因子。

二、交通运输能源消耗和二氧化碳排放总体特征

（一）总量变化特征

交通运输业是国民经济中能耗与排放的重点行业。不包括远洋运输和国际空运，2005 年交通运输能源消耗为 2.2 亿吨，占全国能源消耗总量的 8.7%。交通需求的快速增长和交通工具的飞速增加导致交通运输能源消耗快速增加。2014 年，交通能源消耗上升至 5.11 亿吨，是 2005 年的 1.3 倍，占全国能源消耗总量的比例上升至 11.9%（图 1-3）。

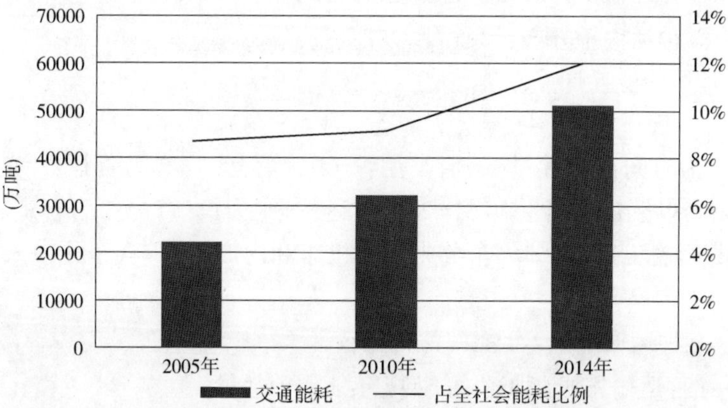

图 1-3　2005—2014 年交通运输能源消耗增长情况

2005—2014 年，交通运输二氧化碳排放量与能源消耗呈现相似的增长趋势，由 4.1 亿吨上升至 9.3 亿吨，累计增长 1.3 倍。交通运输二氧化碳排放占全国能源二氧化碳排放比例同样呈增长趋势，由 2005 年的 6.8%上升至 2014 年的 10.2%，年均增长 0.43%（图 1-4）。

按增速来看，从 2005 年到 2014 年，交通能源消耗和二氧化碳排放分别年均增长 11.0%和 10.9%，这两个数值不仅高于同期国内生产总值增长，也显著高于同期能源消耗总量年均增速和同期二氧化碳排放总量年均增速（图 1-5）。

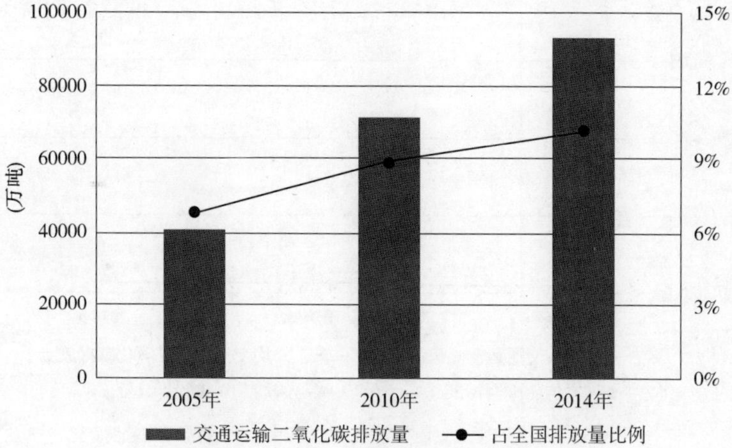

图 1-4　交通运输二氧化碳排放量变化趋势

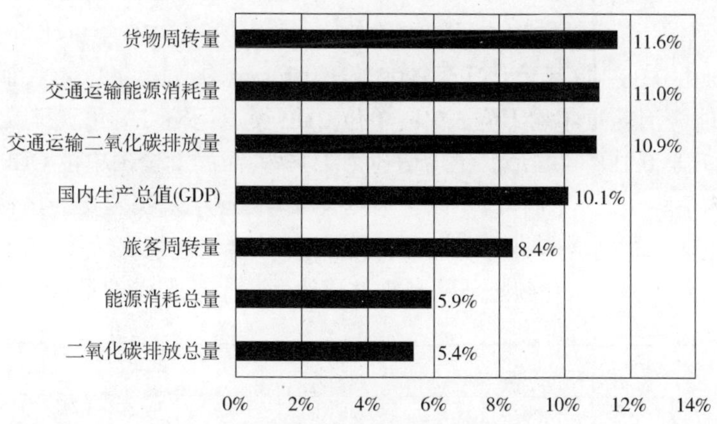

图 1-5　2005—2014 年重要指标年均增速对比

(二)强度变化特征

1.客运特征

按人均来看,从 2005 年到 2014 年,人均交通运输能源消耗和人均交通运输二氧化碳排放都不断增加。人均交通运输能源消耗从 0.148 吨标准煤上升至 0.329 吨标准煤,年均增长率达 10.5%;人均交通运输二氧化碳排放量从 0.310 吨上升至 0.685 吨,年均增长率达 10.5%。而同期全国人均能源消耗量和人均二氧化碳排放量年均增速仅为 5.3%和 4.9%,明显低于人均交通运输能源消耗和人均二氧化碳排放增速(图 1-6)。

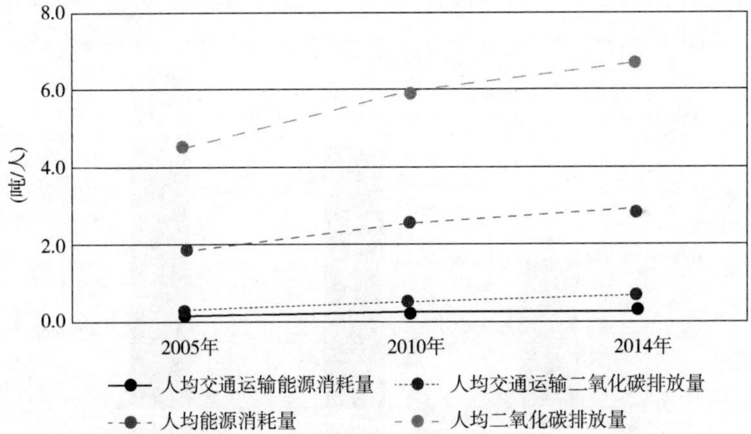

图 1-6 人均交通运输能源消耗和二氧化碳排放量变化趋势

2.货运特征

按照强度来看,从 2005 年到 2014 年,单位 GDP 交通运输能源消耗和单位 GDP 交通运输二氧化碳排放均呈增加趋势。单位 GDP(2010 年可比价)交通运输能源消耗量由 0.08 吨/万元上升至 0.09 吨/万元,年均增速为 1.34%,而同期全国单位 GDP 能源消耗量年均下降 3.9%;单位 GDP 交通运输二氧化碳排放量由 0.169 吨/万元上升至 0.188 吨/万元,年均增速为 1.16%,而同期全国单位 GDP 二氧化碳排放量年均下降 4.2%(图 1-7)。以上数据均表明,近年来我国交通运输能源消耗量和二氧化碳排放量增速明显偏高,在我国经济社会快速发展阶段,控制交通运输领域的能源消耗和二氧化碳排放将越来越成为我国节能低碳的重点工作。

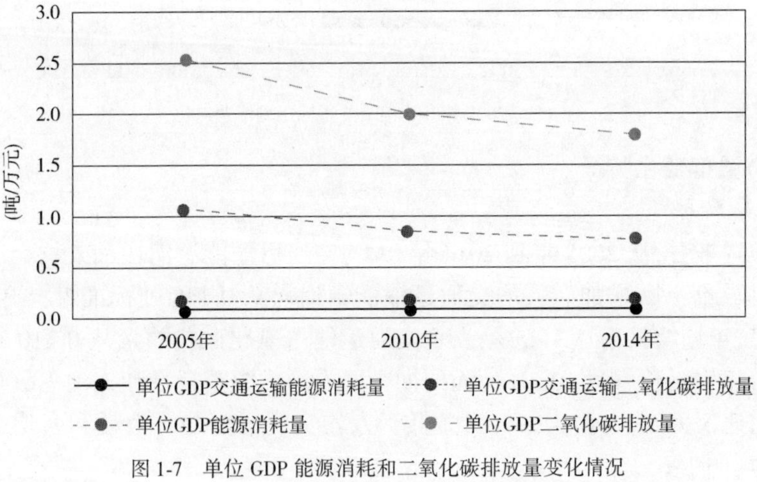

图 1-7 单位 GDP 能源消耗和二氧化碳排放量变化情况

从 2005 年到 2014 年，货运部门各运输方式能源效率出现较大改进。其中，公路、航空单位周转量降幅较大，均超过了 10%。但是受公路货运比例大幅增长等因素影响，货运单位周转量综合能耗反而有小幅上升（图 1-8）。各运输方式单位周转量二氧化碳排放同样出现较大幅度下降，其中 2014 年航空货运单位周转量能耗比 2005 年下降了 13.7%（图 1-9）。

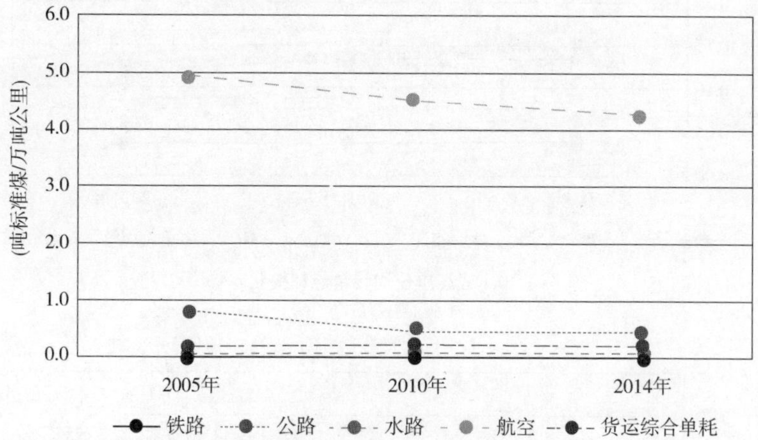

图 1-8　货运能源效率年均变化情况

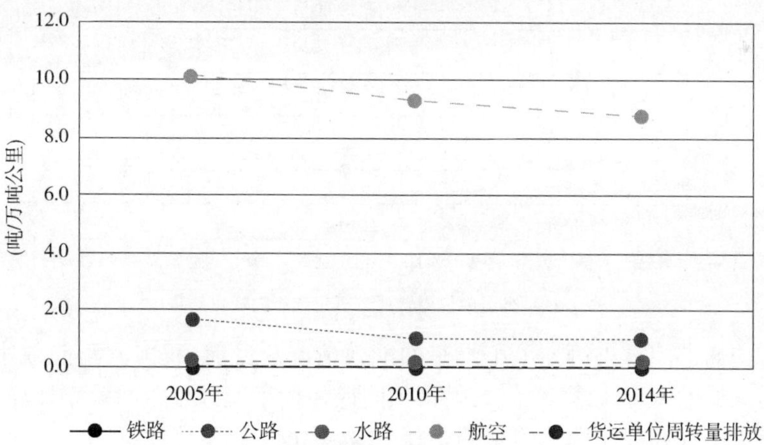

图 1-9　货运单位周转量二氧化碳排放变化趋势

从 2005 年到 2014 年，客运部门各运输方式能源效率出现较大改进。其中，公路、航空部门降幅均超过了 12%（图 1-10）。各运输方式单位周转量二氧化碳排放同样出现较大幅度下降，其中 2014 年公路客运单位周转量能耗比 2005 年下降了 13.5%（图 1-11）。

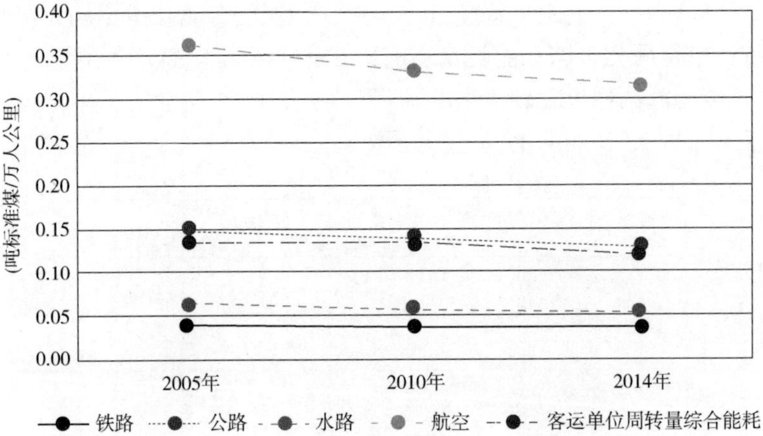

图 1-10　客运单位周转量能耗变化趋势

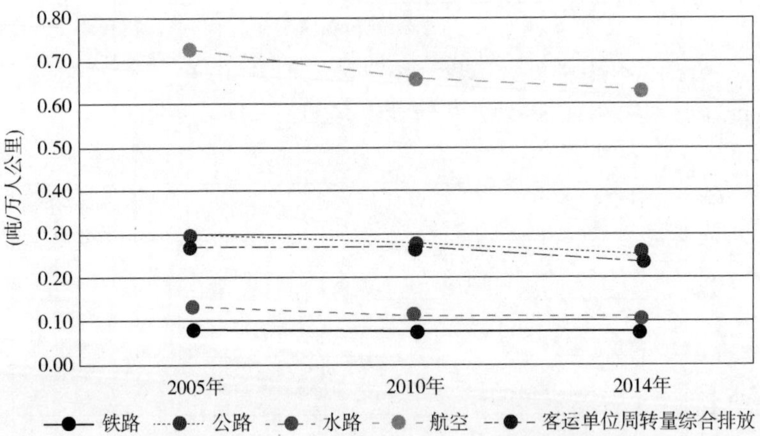

图 1-11　客运单位周转量二氧化碳排放变化趋势

城市交通部门重点研究了小汽车的能效情况。目前,我国汽车能效水平与国外发达国家的差距逐步缩小,但如果将相同或相近车型进行燃油效率比较,我国汽车每百公里平均油耗比发达国家仍要高 10%~20%。

(三)能源结构变化特征

1.交通能源消耗结构变化大

从 2005 年到 2014 年,交通能源消耗结构发生了较大变化。随着货运特别是公路货运的不断增加以及柴油车的加快普及,柴油消耗比例不断增长,从 2005 年的 34%上升到 2014 年的 54%。汽油消耗比例呈现先下降后逐步增加的趋势,特别是近年来私家车数量快速增长，导致汽油消耗比例上升幅度较大，2014 年已经达到31%。燃料油是第三大能源品种，但近年来消耗比例有逐步降低的趋势，2014 年已经降至 5.7%。随着铁路电气化、城市轨道交通的快速发展，以及清洁能源的普及，电力、天然气消耗量稳步上升，2014 年占交通全部能源消耗量的 5.4%(图 1-12)。

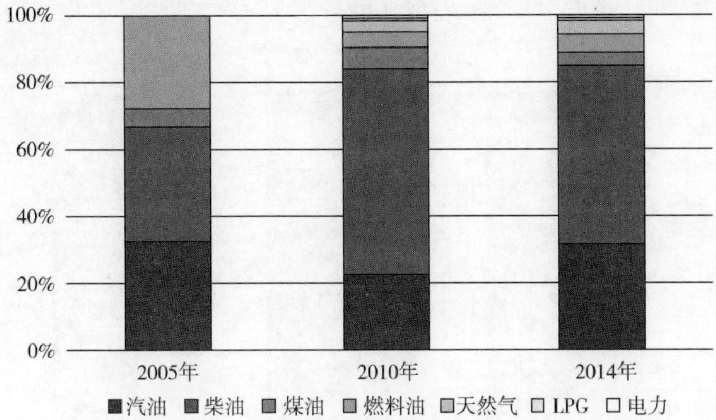

图 1-12　交通运输能源消耗结构变化

注：2014 年清洁能源(天然气、电力)占交通能源消费的 5.4%；2005 年和 2010 年分别占 1.8%和 4.5%。

2.货运能耗中柴油占比高

货运是交通运输业最主要的能源消耗和排放部门。货运部门能源结构出现较大变化。随着柴油货车的不断推广，柴油在货运能源能耗中的比例不断增长，2014 年已经占货运能耗比例的 79%，成为最主要的能耗来源。同时，汽油和燃料油的消耗比例不断降低，2014 年燃料油消耗比例下降至 9%，汽油消耗比例下降至 10%(图 1-13)。

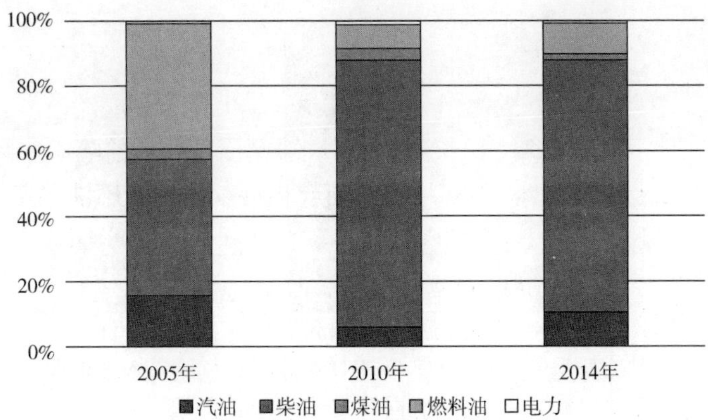

图 1-13　货运部门能源消耗结构变化

3.客运能源以汽油、柴油、煤油为主

近年来客运部门汽油消耗比例不断升高,由2005年的15%上升至2014年的27%;柴油消耗比例显著下降,由2005年的49%下降至2014年的29%,下降了20%;煤油消耗比例由2005年的33%上升至2014年的41%。到2014年,客运交通基本形成了汽油、柴油、煤油三足鼎立的形势(图1-14)。

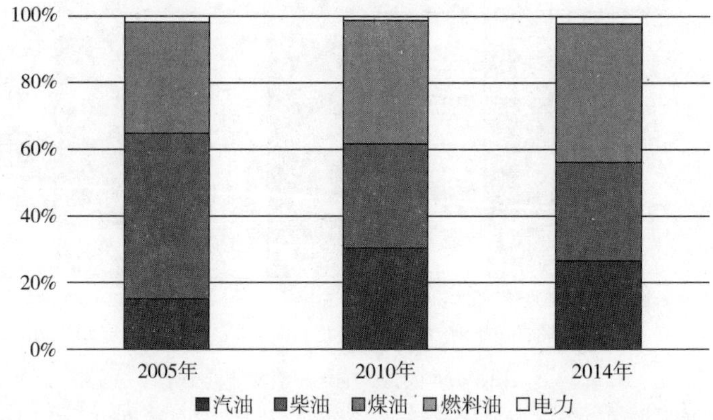

图1-14　客运部门能源消耗结构变化

4.城市交通能源消耗由汽油主导向多元化方向发展

城市交通部门的汽油消耗占绝对主要地位,但近年来汽油消耗所占比例有所降低,由2005年的92%下降到2014年的76%。随着天然气等清洁能源在城市公交、出租车中的普及,天然气占城市交通部门的比例有所上升,2014年达到15%(图1-15)。

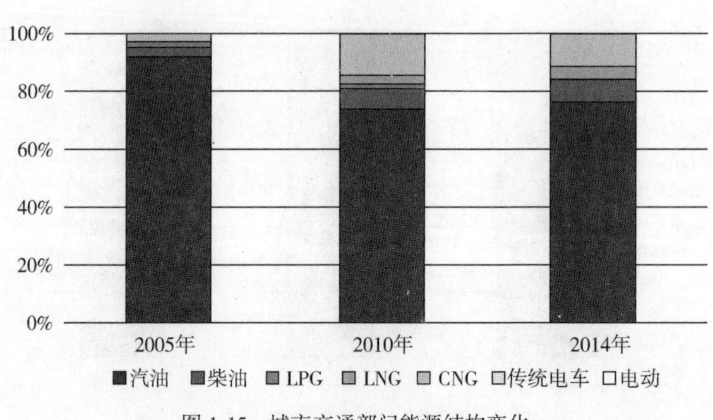

图1-15　城市交通部门能源结构变化

注:2014年清洁能源(LNG、CNG、电力)占城市交通能源消费的15%;2005年和2010年分别占3%和14%。

(四)部门变化特征

1.货运的能源消耗和二氧化碳排放占交通运输排放的六成以上

按运输对象,货运部门是最主要的能源消耗和二氧化碳排放部门。2005 年,货运能源消耗和二氧化碳排放分别为 1.3 亿吨和 2.7 亿吨,占交通运输能源消耗和二氧化碳排放比例分别为 66%和 67%。2014 年,货运能源消耗和二氧化碳排放分别达 2.8 亿吨和 6.0 亿吨,分别比 2005 年增加 110%和 112%,分别占交通运输能源消耗和碳排放总量的 63%和 65%。从 2005 年到 2014 年,城市交通能耗由 0.4 亿吨标准煤上升至 1.4 亿吨标准煤,二氧化碳排放量由 0.9 亿吨上升至 2.7 亿吨,占交通运输总量比例分别由 23%和 22%上升至 31%和 29%,显示了近年来城市交通特别是私人交通快速发展的势头。客运的能耗总量由 0.22 亿吨标准煤上升至 0.28 亿吨标准煤,占比也由 11.3%下降到 6.3%(图 1-16)。二氧化碳排放量由 0.47 亿吨上升至 0.60 亿吨,占比由 11.6%下降到 6.5%(图 1-17)。

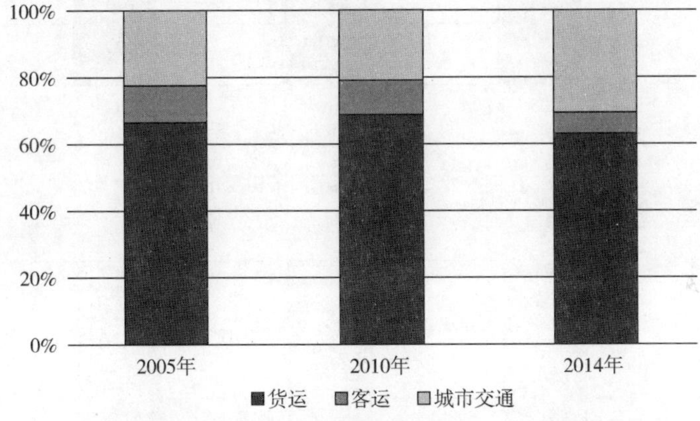

图 1-16　按运输对象分交通运输能源消耗占比变化

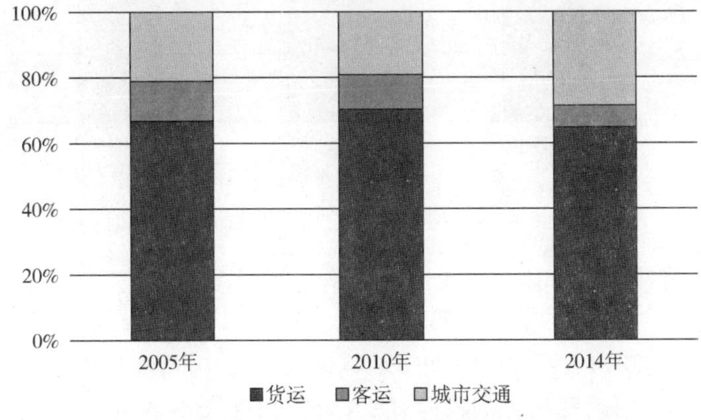

图 1-17　按运输对象分交通运输二氧化碳排放占比变化

2.货运的能源消耗和碳排放中公路占比大

近年来公路货运能耗和二氧化碳排放占交通运输能耗和碳排放的比例不断增长，分别由2005年的54%和53%上升到2014年的87%和86%，已经成为绝对主要的货运能耗部门(图1-18)。水路货运的能耗和二氧化碳排放比例不断降低，分别由2005年的39%和38%下降到2014年的9%和8%(图1-19)。公路运输能耗结构的巨大转变，显示了近年来货运方式的巨大变化。

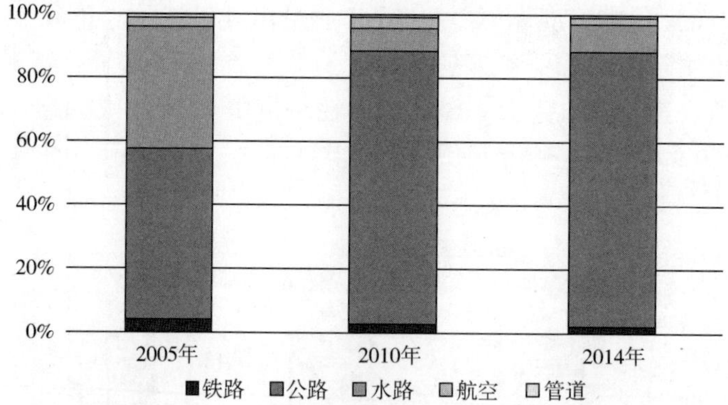

图1-18 货运能耗部门结构变化

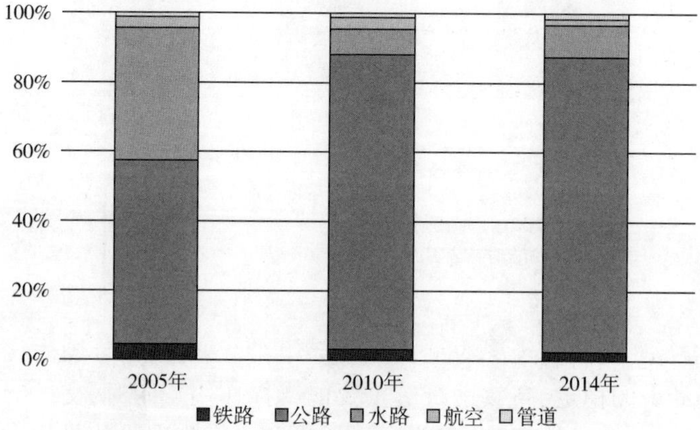

图1-19 货运二氧化碳排放部门结构变化

3.城际客运的能源消耗和碳排放中公路和航空占九成

公路运输是城际客运中最主要的耗能方式，并且近年来占比有所下降，由2005年的60%下降到2014年的50%；航空运输能耗占比由33%上升到41%，是第二大能耗部门，铁路部门的能耗比例较低，仅占7%左右(图1-20)。

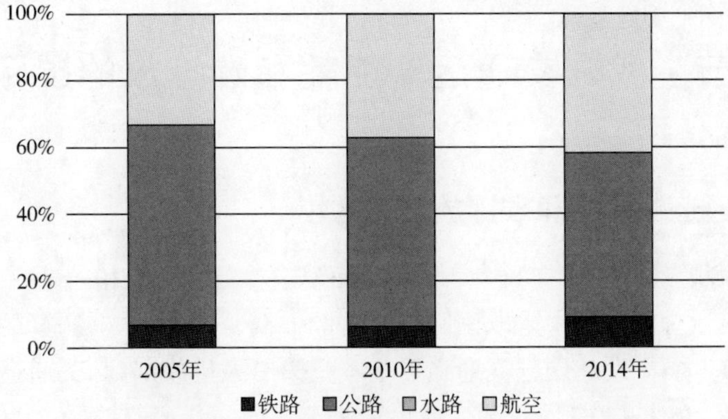

图 1-20　城际客运能耗部门结构变化

4.城市交通中小汽车能耗和碳排放增速快且占比高

小汽车能源消耗占比大幅攀升,由 2005 年的 31%上升到 2014 年的 68%;摩托车能源消耗占比大幅下降,由 2005 年的 33%下降到 2014 年的 8%(图 1-21)。

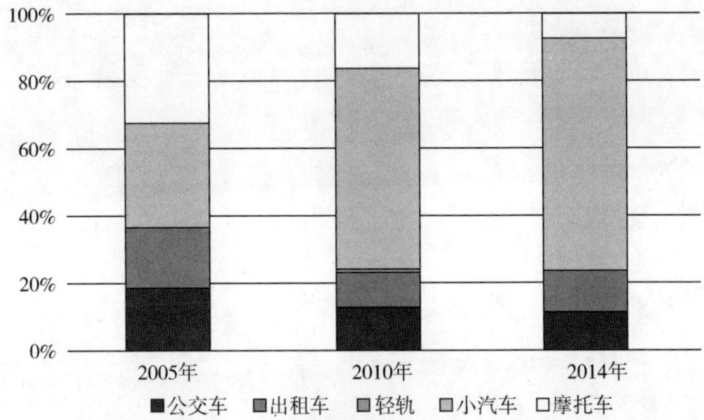

图 1-21　城市交通能耗部门结构变化

交通运输行业是国民经济的重要组成部门,不仅可以引导国民经济的发展方向,也对国民经济的稳定、高效运行起重要的支撑作用。同时,交通运输行业也是耗能部门和二氧化碳排放部门,其能源消耗量和二氧化碳排放量均占全国总量的10%。尽管这一比例仍低于世界平均水平,但是随着经济的快速增长和社会的持续发展,特别是在当前工业化、城镇化加速发展阶段,交通运输业的能源消耗增速和二氧化碳排放增速明显高于其他行业。未来,交通运输业二氧化碳排放量占全国排放总量的比例将不断增长,控制交通运输二氧化碳排放将成为我国低碳发展的重点任务之一。

第三节　我国交通运输能耗和碳排放的国际比较

一、交通运输能耗和碳排放比例比较

国际能源署(IEA)数据长期保持较为稳定的统计口径和较为严格的核算方法,因此在国际对比分析中采取国际能源署的数据,并结合本书测算的数据进行对比分析。从总量看,发达国家交通运输基本是第二大排放部门,交通运输排放均占全国总排放的18%~30%。我国交通运输是工业、建筑之后的第三大排放部门,但二氧化碳排放的比例仍大大低于发达国家(表1-9)。尽管这一比例仍低于世界平均水平,但是在当前工业化、城镇化加速发展阶段,交通运输的能源消耗增速和二氧化碳排放增速明显高于其他行业,交通运输排放占总排放的比例也迅速增长。

2012年部分国家交通运输业二氧化碳排放比较　　表1-9

国家	二氧化碳排放总量		交通运输业二氧化碳排放量		
	排放量(百万吨二氧化碳当量)	占世界碳排放总量比例(%)	排放量(百万吨二氧化碳当量)	占世界交通碳排放量比例(%)	占其国家碳排放量比例(%)
世界	31734	100	7187.0	22.6	22.6
中国	8205.9	25.9	702.9	8.6	8.6
美国	5074.1	16.0	1667.3	32.9	32.9
欧盟	3716.8	11.7	906.7	24.4	24.4
德国	755.3	2.4	147.2	19.5	19.5
法国	333.9	1.1	123.0	36.8	36.8
英国	457.5	1.4	112.9	24.7	24.7
日本	1223.3	3.9	215.7	17.6	17.6

数据来源:IEA:CO^2 Emissions from Fuel Combustion ,2014 Edition

二、人均交通碳排放水平比较

我国人均二氧化碳排放已经超过世界平均水平,但人均交通二氧化碳排放还处于较低水平。2011年我国人均交通运输CO_2排放为465kg,约为全球平均水平的46%,美国的8.8%,欧洲的17.0%,日本的27.5%(表1-10、图1-22)。这与我国的城镇化、机动化、工业化发展阶段、产业结构特征等密切相关。

2011 年人均交通运输温室气体排放 表 1-10

国家和地区	人均二氧化碳排放(kg/人)	人均交通二氧化碳排放(kg/人)	人均公路运输二氧化碳排放(kg/人)	人均交通排放占人均排放比例(%)
世界	4504	1006	743	22.3
加拿大	15365	4815	4039	31.3
美国	16944	5250	4505	31.0
澳大利亚	17432	3779	3161	21.7
日本	9278	1718	1553	18.5
法国	5042	1875	1800	37.2
德国	9141	1819	1750	19.9
英国	7062	1861	1718	26.4
欧洲	6752	1688	1581	25.0
中国	5920	465	370	7.9

数据来源：IEA：CO_2 Emissions from Fuel Combustion，2012 Edition

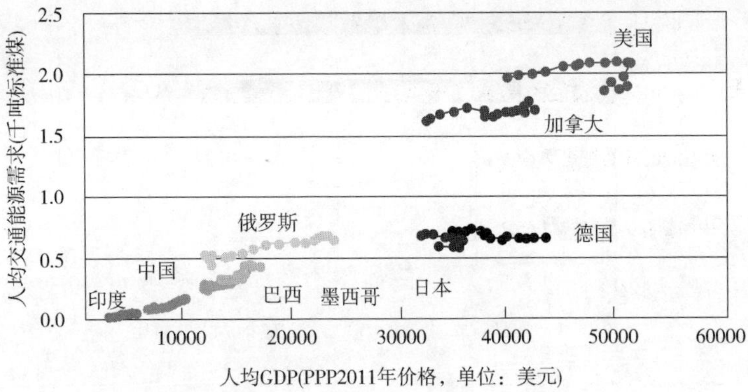

图 1-22 部分国家 1990—2013 年人均交通能源需求变化情况

数据来源：World Bank，IEA World Energy Balances

三、交通碳排放结构比较

从部门构成来看，我国与欧盟和一些国家相比，航空、公路排放占比较小，铁路排放占比较高。这一特征与我国的交通基础设施规模、交通运输发展模式密切相关（表 1-11 和图 1-23）。

部分国家和地区交通运输业二氧化碳排放比较　　表 1-11

国家和地区	交通运输业排放量（百万吨二氧化碳当量）	公路（%）	铁路（%）	水运（%）	民航（%）	管道（%）
世界	29381	—	—	—	—	—
中国	6550	73.3	9.1	9.7	6.3	1.6
美国	5596	85.7	2.4	1.7	8.2	2
欧盟	4417	70.9	0.6	15	12.5	0.7
德国	804	77	0.7	5.6	14.8	1.9
法国	368	66.9	0.3	6.5	11.4	0.3
英国	511	64	0.3	26	9.2	0.1
瑞典	46	70.2	1.3	6.9	21.4	0.2

数据来源：IEA，CO_2 Emissions from Fuel Combustion，2012 Edition

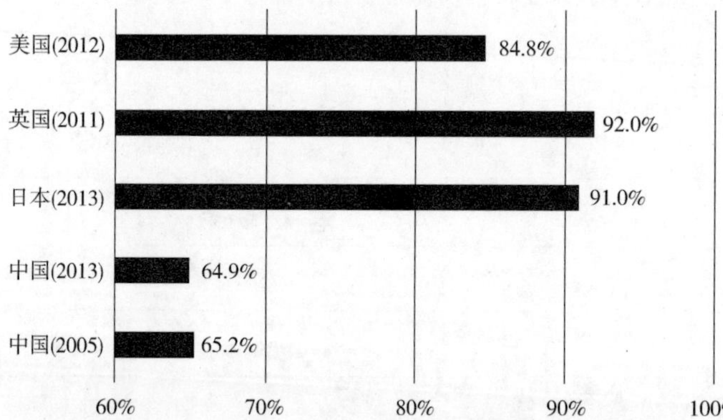

图 1-23　公路排放占交通运输二氧化碳排放比例对比

四、交通能耗排放发展阶段比较

我国交通运输部门所消耗能源和碳排放与发达国家交通碳排放已到达峰值并有所下降不同（图 1-24），将随着机动化、工业化、城镇化发展进程继续增加。

我国客货运能源利用效率具有阶段性特征。我国货物运输的单位周转量能源消费和二氧化碳排放逐年下降的趋势比较明显，但是与发达国家相比仍然偏高。主要原因包括：一是公路承担了较大规模的大宗货物运输；二是我国尚未建立起公路货物运输车辆的能效标准，车辆能效本身与发达国家有差距；三是甩挂运输等高效率运输组织方式尚未普及;四是货流方向不均衡,存在大量车辆单向空驶现象等,使得货运能效较低。

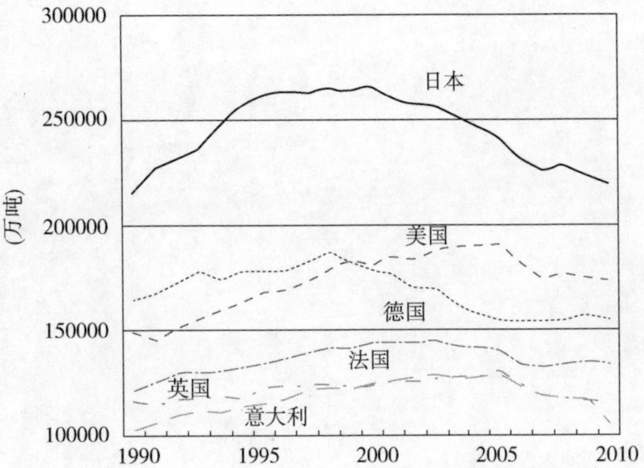

图 1-24 主要国家交通部门温室气体排放趋势

数据来源:NFCCC,HTTP://unfccc.int/ghg_data/ghg_data_unfccc/time_series_annex_i/items/3814.php,2015

客运方面,对比发达国家的客运能耗强度,我国客运能耗强度总体偏低。主要原因包括:一是我国高速铁路、普通铁路的运输供给能力较大,铁路运输乘客的比例较高;二是空载率低、舒适性低。受人口众多、发展相对滞后等因素影响,我国客运车辆承载率较高甚至达到拥挤程度,有大部分车辆未配备空调等,使得我国客运能耗强度低于发达国家水平。

第二章
我国交通运输低碳政策总结及评估

Woguo Jiaotong Yunshu Ditan Zhengce Zongjie ji Pinggu

第一节　我国交通运输低碳发展政策措施梳理

交通运输是国民经济体系中主要的能源消耗和碳排放领域,是节能低碳发展的重要方面。在国家节能、低碳发展的策略指导下,我国逐步在交通运输战略规划、技术标准、财税政策、技术政策、产业组织、金融交易等方面形成一系列低碳发展政策。虽然许多政策的着眼点在节能,但同样起到促进交通低碳发展的作用。

一、战略规划

由于我国的交通运输在大部制改革前长期实行部门分立的管理体制,因此交通低碳发展战略规划基本上是各种运输方式原主管部门分别制定的。在交通运输大部制改革后,交通规划逐步由分立的部门规划向各种运输方式协调发展的综合交通运输体系规划方向发展。

(一)国家规划

适应全球低碳发展形势和国内发展要求,我国先后发布了《能源中长期发展规划纲要(2004—2020)》《节能中长期专项规划》《中国应对气候变化国家方案》《国家应对气候变化规划(2014—2020年)》等一系列规划,对包括交通在内的经济领域提出了调整产业结构、优化能源结构、提高能效等方面的一系列策略。国家发展和改革委员会颁布的《"十二五"综合交通运输体系规划》提出了交通绿色发展的原则,即从国家战略和基本国情出发,把积极应对气候变化、节约集约利用资源和保护环境落实在基础设施、技术装备和运输服务中,推进综合交通运输体系的绿色发展。

"十三五"期间,我国节能减排工作进一步深入。《国家应对气候变化规划(2014—2020)》更明确提出交通发展应对气候变化的目标和路线图。国务院印发《"十三五"节能减排综合工作方案》。国家发展改革委、国家能源局联合印发《能源生产和消费革命战略(2016—2030)》等。在交通运输领域,国务院印发的《"十三五"现代综合交通运输体系发展规划》提出,2020年交通运输 CO_2 排放强度下降率7%的预期性目标,以及优化交通运输结构及强化生态保护和污染防治的主要任务。

表2-1国家部分综合性节能减碳法规、规划。

国家部分综合性节能减碳法规、规划　　表2-1

年份(年)	法规、方案、规划
1996	《中国节能技术政策大纲》(公路、水路运输部分)
2004	《节能技术政策大纲》(修订)

续上表

年份(年)	法规、方案、规划
2008	《中华人民共和国节约能源法》(修订版)
2011	国务院《"十二五"节能减排综合性工作方案》
	国务院《"十二五"控制温室气体排放工作方案》
2012	国务院《中国的能源政策(2012)》白皮书
	国务院《"十二五"节能环保产业发展规划》(国发〔2012〕19号)
	国家发展和改革委员会《"十二五"综合交通运输体系规划》
2013	国务院《大气污染防治行动计划》(国发〔2013〕37号)
2014	国务院办公厅《2014—2015年节能减排低碳发展行动方案》(国办发〔2014〕23号)
2016	国务院《"十三五"节能减排综合工作方案》
	国家发展和改革委员会、国家能源局《能源生产和消费革命战略(2016—2030)》
2017	国务院《"十三五"现代综合交通运输体系发展规划》

专栏 2-1

《国家应对气候变化规划(2014—2020年)》之控制交通领域排放

城市交通。合理配置城市交通资源。逐步建立特大城市机动车保有总量调控机制。积极发展城市公共交通,完善城市步行和自行车交通系统,加快建设公交专用道、公交场站等设施和公共自行车服务系统。积极推广天然气动力汽车、纯电动汽车等新能源汽车。2020年,大中城市公交出行分担比率达到30%。

公路运输。完善公路交通网络。推广应用温拌沥青、沥青路面材料再生利用等低碳铺路技术和养护技术,推广隧道通风照明智能控制技术,对高速公路服务区等进行节能低碳改造,推广应用电子不停车收费、检测、信息传输系统。重点推进公路集装箱多式联运、甩挂运输等高效运输组织方式。研究建立新车碳排放标准,提高燃油经济性,加快淘汰老旧车辆,鼓励发展低排放车辆。2020年,单位客运周转量二氧化碳排放比2010年降低5%,单位货运周转量二氧化碳排放比2010年降低13%。

铁路运输。完善铁路运输网络,加快铁路电气化改造,提高电力机车承担铁路客货运输工作量比重,提升铁路运输能力,推行铁路节能调度。积极发展集装箱海铁联运,加快淘汰老旧机车,发展节能低碳机车、动车组。加强车站等设施低碳化改造和运营管理。2020年铁路单位运输工作量二氧化碳排放比2010年降低15%。

水路运输。促进运输船舶向大型化、专业化方向发展。加快推进内河船型标准化。完善老旧船舶强制报废制度。推进船舶混合动力、替代能源技术和太阳能、风能、天然气、热能等船舶生活用能技术研发应用。在有条件的港口逐步推广液化天然气及新能源利用,积极推进靠港船舶使用岸电。加强港口、码头低碳化改造和运营管理。2020年,单位客货运周转量二氧化碳排放比2010年降低13%。

航空运输。完善空中交通网络,优化机队结构。积极推动航空生物燃料使用,加快应用节油技术和措施。加强机场低碳化改造和运营管理。2020年,民用航空单位客货运周转量的二氧化碳排放比2010年降低11%。

(二)交通运输部规划

大部制改革前,原交通部先后出台了《交通行业全面贯彻落实国务院关于加强节能工作决定的指导意见》(2006)、《公路水路交通节能中长期规划纲要》(2008)、《公路水路实施〈中华人民共和国节约能源法〉办法》(2008)、《建设低碳交通运输体系指导意见》(2011)、《交通运输行业应对气候变化行动方案》《公路水路交通运输节能减排"十二五"规划》(2011)、《关于公路水路交通运输行业落实〈国务院"十二五"节能减排综合性工作方案〉的实施意见》。随着2013年大部制改革交通运输各种运输方式分离的局面得到全面改观,交通运输部统筹规划铁路、公路、水路、民航发展,2013年颁布《交通运输行业"十二五"控制温室气体排放工作方案》和《加快推进绿色循环低碳交通运输发展指导意见》(交政法发〔2013〕323号)。《交通运输行业"十二五"控制温室气体排放工作方案》提出了2015年CO_2排放的强度指标:与2005年相比,营运车辆单位运输周转量CO_2排放下降11%;营运船舶单位运输周转量CO_2排放下降16%;港口生产单位吞吐量CO_2排放下降10%。城市客运单位人次CO_2排放下降20%。《加快推进绿色循环低碳交通运输发展指导意见》则是我国第一个覆盖铁路、公路、民航、水路、城市运输全部交通运输领域的低碳发展指导意见,提出了到2020年基本建成绿色循环低碳交通运输体系的目标。

"十三五"期间的交通节能减排政策有2016年6月交通运输部发布的《交通运输节能环保"十三五"发展规划》。该规划涵盖公路、水运和城市客运领域,提出要把绿色发展理念融入交通运输发展的各方面和全过程,着力提升交通运输生态环境保护品质,突出理念创新、科技创新、管理创新和体制机制创新,有效发挥政府引导作用,充分发挥企业主体作用,加强公众绿色交通文化培育,加快建成绿色交通运输体系。

表 2-2 列出了交通运输部关于交通低碳发展的相关文件。

交通运输部关于交通低碳发展的相关文件　　表 2-2

年份(年)	文件名称
2006	《交通行业全面贯彻落实国务院关于加强节能工作决定的指导意见》
2007	《关于港口节能减排工作的指导意见》
2008	《公路水路交通节能中长期规划纲要》
	《公路水路实施〈中华人民共和国节约能源法〉办法》
2000	交通行业实施《节约能源法》细则
2011	《建设低碳交通运输体系指导意见》
	《交通运输行业应对气候变化行动方案》
	《公路水路交通运输节能减排"十二五"规划》
2012	《关于公路水路交通运输行业落实〈国务院"十二五"节能减排综合性工作方案〉的实施意见》
2013	《交通运输行业"十二五"控制温室气体排放工作方案》
	《加快推进绿色循环低碳交通运输发展指导意见》
	《交通运输行业节能减排工作要点》
2014	《交通运输部办公厅关于印发 2014 年交通运输行业节能减排工作要点的通知》
2016	《交通运输节能环保"十三五"发展规划》
2017	《关于推进长江经济带绿色航运发展的指导意见》

专栏 2-2

《加快推进绿色循环低碳交通运输发展指导意见》摘要

一、发展目标

到 2020 年,在保障实现国务院确定的单位 GDP 碳排放目标的前提下,全行业绿色循环低碳发展意识明显增强,节能减排体制机制更加完善,科技创新驱动能力明显提高,监管水平明显提升,行业能源和资源利用效率明显提高,控制温室气体排放取得明显成效,适应气候变化能力明显增强,生态保护得到全面落实,环境污染得到有效控制,基本建成绿色循环低碳交通运输体系。

——基本完善交通运输行业绿色循环低碳发展的法规政策和标准。

——基本建成行业能源消耗监测考核体系。

——基本达到战略规划中确定的各种运输方式能源单耗和碳排放强度指标。

——基本实现各种运输方式的生态环境保护和污染治理的主要指标。

二、主要任务

（一）强化交通基础设施建设的绿色循环低碳要求

1.实现交通基础设施畅通成网、无缝衔接。

继续按照综合交通运输体系发展战略规划要求，补齐发展短板，发挥比较优势，实现相互衔接、畅通成网，推进各种运输方式协调发展，凸显整体优势和集约效能。加强综合交通枢纽及其集疏运配套设施建设，实现客运“零距离换乘”和货运“无缝衔接”。推动以公共交通为导向的城市发展模式，加快城市轨道交通、公交专用道、快速公交系统（BRT）等大容量公共交通基础设施建设，加强自行车专用道和行人步道等城市慢行系统建设，增强绿色出行吸引力。

2.加强能源节约利用。

树立全寿命周期成本理念，将节约能源资源要求贯彻到交通基础设施规划、设计、施工、运营、养护和管理全过程。在项目立项、初步设计、施工及验收各阶段，认真贯彻国家关于固定资产投资项目的节能要求。在交通基础设施建设和养护中，大力推广应用节能型建筑养护装备、材料及施工工艺工法。积极扩大绿色照明技术、用能设备能效提升技术及新能源、可再生能源在交通基础设施运营中的应用。

3.加强土地和岸线资源集约利用。

4.加强资源循环利用。

5.加强生态环境保护。

（二）加快节能环保交通运输装备应用

1.优化交通运输装备结构。

提高交通运输装备、机械设备能效和碳排放标准，严格实施运输装备、机械设备能源消耗量准入制度。积极推广应用高能效、低排放的交通运输装备、机械设备，加快淘汰高能耗、高排放的老旧交通运输装备、机械设备，提高交通运输装备生产效率和整体能效水平。推动建立交通运输装备能效标识制度，鼓励购置能效等级高的交通运输装备。

2.加快推广节能与清洁能源装备。

推进以天然气等清洁能源为燃料的运输装备和机械设备的应用，加强加气、供电等配套设施建设。积极探索生物质能在交通运输装备中的应用。推广应用混合动力交通运输装备，推进合同能源管理在用能装备和系统中的应用，采用租赁代购模式推进电池动力的交通运输装备应用。推进模拟驾驶和施工、装卸机械设备模拟操作装置应用，积极推广应用绿色维修设备及工艺。

3.加强交通运输装备排放控制。

严格落实交通运输装备废气净化、噪声消减、污水处理、垃圾回收等装置的安装要求,有效控制排放和污染。严格执行交通运输装备排放标准和检测维护制度,加快淘汰超标排放交通运输装备。鼓励选用高品质燃料。加强交通运输污染防治和应急处置装备的统筹配置与管理使用。

(三)加快集约高效交通运输组织体系建设

1.优化运输结构。

按照"宜水则水、宜陆则陆、宜空则空"的原则,提高铁路、水路在综合运输中的承运比重,降低运输能耗强度。积极促进铁路、公路、水路、民航和城市交通等不同交通方式之间的高效组织和顺畅衔接,加快形成便捷、安全、经济、高效的综合运输体系。大力推进多式联运,积极发展集装箱运输。优先发展公共交通,大幅提高公共交通出行分担比例。

2.优化客运组织。

推进客运企业之间运输组织平台建设,引导客运企业实施规模化、集约化经营,加强运输线路、班次、舱位等资源共享,推进接驳运输、滚动发班等先进客运组织方式。推广联程售票、网络订票、电话预订等方便快捷的售票方式及信息服务,提高客运实载率。

3.加快发展绿色货运和现代物流。

充分发挥各种运输方式的比较优势,大力发展滚装运输、驮背运输等多式联运。加快发展专业化运输和第三方物流,积极引导货物运输向网络化、规模化、集约化和高效化发展,优化货运组织,提高货运实载率。加强城市物流配送体系建设,建立零担货物调配、大宗货物集散等中心,提高城市物流配送效率。依托综合交通运输体系,完善邮政和快递服务网络,提高资源整合利用效率。

4.优化城市交通组织。

优化城市公共交通线路和站点设置,科学组织调度,逐步提高站点覆盖率、车辆准点率和乘客换乘效率,改善公共交通通达性和便捷性,提升公交服务质量和满意度,增强公交吸引力。

5.引导公众绿色出行。

积极倡导公众采用公共交通、自行车和步行等绿色出行方式。合理布局公共自行车配置站点,方便公众使用,减少公众机动化出行。加强静态交通管理,推动实施差别化停车收费。综合运用法律、经济、行政等交通需求管理措施,加大城市交通拥堵治理力度。

（四）加快交通运输科技创新与信息化发展

1.加强绿色循环低碳交通运输科研基础能力建设。

加强交通运输绿色循环低碳实验室、技术研发中心、技术服务中心等技术创新和服务体系建设。强化绿色循环低碳交通人才队伍建设，打造一支数量充足、结构合理、素质优良的绿色循环低碳交通运输专业人才队伍。

2.加强绿色循环低碳交通运输技术研发。

加快推进基于物联网的智能交通关键技术研发及应用、交通运输污染事故应急反应与污染控制的关键技术研究及示范等重大科技专项攻关，实现重大技术突破。大力推进交通运输能源资源节约、生态环境保护、新能源利用等领域关键技术、先进适用技术与产品研发。

3.加强绿色循环低碳交通运输技术和产品推广。

加紧研究制定绿色循环低碳交通运输技术政策。及时发布绿色循环低碳交通运输技术、产品、工艺科技成果推广目录，积极推进科技成果市场化、产业化。大力推进绿色循环低碳交通运输技术、产品、工艺的标准、计量检测、认证体系建设。

4.推进交通运输信息化和智能化建设。

推动建立各种运输方式之间的信息采集、交换和共享机制，探索建立综合运输公共信息平台。积极推进客货运输票务、单证等的联程联网系统建设，推进条码、射频、全球定位系统、行包和邮件自动分拣系统等先进技术的研发及应用。逐步建立智能交通运输网络的联网联控和自动化检测系统，提高运行效率。

（五）加快绿色循环低碳交通运输管理能力建设

1.完善绿色循环低碳交通运输战略规划。

研究完善绿色循环低碳交通运输发展战略。研究出台行业和企业节能减排和应对气候变化规划编制指南，建立分层级、分类别、分方式的规划体系。建立健全规划审批、报备、评估和修订制度。

2.完善绿色循环低碳交通运输法规标准。

积极研究制定《交通运输节约能源条例》等法规及配套规定。在交通基础设施设计、施工、监理等技术规范中贯彻绿色循环低碳的要求，研究制定交通运输规划环境影响评价规范。建立健全交通运输行业重点用能装备和机械设备燃料消耗和排放限值标准及市场准入与退出机制。

3.完善绿色循环低碳交通运输统计监测考核体系。

完善交通运输能耗统计监测报表制度，稳步推进能耗在线监测机制及数据库平台建设，加强交通环境统计平台和监测网络建设。研究开展交通运输重点用能单位的能源管理体系建设和能源审计工作，逐步建立交通运输行业能源管理师职业制度。研究建立交通运输绿色循环低碳发展指标体系、考核办法和激励约束机制。

4.推进绿色循环低碳交通运输市场机制运用。

积极推广合同能源管理，加强培养节能环保第三方服务机构，加快培育节能环保技术服务市场。鼓励交通运输企业参与自愿减排、自愿循环。研究建立交通运输装备和产品能效及碳排放认证制度。积极推进交通运输企业参与实施清洁发展机制（CDM）项目。

5.积极探索参与碳排放交易机制。

引导交通运输企业参与国内碳排放交易，研究编制交通运输碳排放清单和核算细则。抓紧研究应对国际碳排放交易的对策，提出交通运输排放统计、估测、报告与核查的方法学和体系。加快研究交通基础设施生态建设的碳汇能力和潜力，探索将其纳入碳排放交易的方法和模式。

（三）铁路规划

“九五”以来原铁道部制定了一系列铁路节能低碳发展的相关规划、纲要、办法、意见（表 2-3）。

铁道部出台的铁路低碳发展的相关文件　　表 2-3

年份（年）	规划、纲要、办法、意见等
1986	《铁路节约能源管理暂行细则》
	《铁路节约原材料、能源奖励暂行办法》
	《铁路能源监察工作办法》
1995	《铁路能源监察工作办法》（修订版）
	《铁路能源消耗与节约统计办法》
1997	《铁路工程设计节能规定》
1998	《铁路实施〈节约能源〉细则》
1999	《铁路节能技术政策》
2001	《铁路“十五”节能和资源综合利用规划》
2006	《铁路节能技术政策》（修订版）
	《铁路“十一五”环境保护规划》
	《铁路“十一五”节能和资源综合利用规划》

续上表

年份(年)	规划、纲要、办法、意见等
2012	《铁路"十二五"节能规划》
	《铁路"十二五"环保规划》
2015	《中国铁路总公司节约能源管理办法》
	《中国铁路总公司节能减排项目推广管理办法》

(四)民航规划

民航局2008年编制《民航节能减排规划》;2011年3月出台《关于加快推进节能减排工作的指导意见》,提出三阶段目标。第一阶段,到2012年实现收入吨公里能耗和收入吨公里二氧化碳排放均比2005年下降11%。第二阶段,2013—2015年,从航空运输组织和运行的全过程推进节能减排关键技术的实施,明显提高节能减排技术、设备、产品国产化能力,全方位推进节能减排管理环境、制度环境和人文环境建设,大幅缩小我国民航业节能减排水平与主要航空发达国家的差距。到2015年,实现收入吨公里能耗和收入吨公里二氧化碳排放均比2005年下降15%。第三阶段,到2020年,实现收入吨公里能耗和收入吨公里二氧化碳排放均比2005年下降22%。2011年4月出台《中国民用航空发展第十二个五年规划》,提出要全面推进节能减排,积极建设绿色民航,并将目标调整为"到2015年,我国民航吨公里能耗和吨公里二氧化碳排放量5年平均比'十一五'下降3%以上"。《民航节能减排"十三五"规划》提出:到2020年,民航运输绿色化、低碳化水平显著提升,建成绿色民航标准体系,资源节约、环境保护和应对气候变化取得明显成效,行业单位运输周转量能耗与二氧化碳排放5年平均比"十二五"末下降4%以上,行业运输机场单位旅客吞吐量能耗5年平均值较"十二五"末下降15%以上。

(五)城市交通规划

针对一些地方出现的轨道交通与城市发展相脱节,轨道交通站点与周边用地功能、环境缺乏协调等问题,住房与城乡建设部2015年12月印发《城市轨道沿线地区规划设计导则》,进一步加强和改进城市轨道沿线地区规划设计工作,推进轨道交通与沿线地区地上与地下整体发展,促进轨道交通建设与城市发展相协调,提高轨道交通运营效益。导则要求:各城市在编制城市总体规划及轨道交通线网规划时,应充分结合轨道线网规划,优化城市功能布局和空间结构,通过开发强度及人口的非均等化控制,实现城市人口与就业岗位沿轨道交通廊道集约布局,力争特大城市在城市新建地区实现50%以上的城市人口和通勤交通需求分布在轨道影响区范围内。

在城市规划用地方面,基于我国城市既有的路网体系严重失衡、密度过低,主次干路尺度过宽,封闭管理的小区和大院过多、面积过大,严重影响现代城市的宜居生态,严重影响城市交通的安全便捷、高效运行等严峻现实,2016年2月《中共中央国务院关于进一步加强城市规划建设管理工作的若干意见》印发，提出“我国新建住宅要推广街区制，原则上不再建设封闭住宅小区。已建成的住宅小区和单位大院要逐步打开，实现内部道路公共化，解决交通路网布局问题。树立‘窄马路、密路网’的城市道路布局理念，建设快速路、主次干路和支路级配合理的道路网系统。实现中心城区公交站点500米内全覆盖”等新思路、新理念。倡导街区制的交通意义，主要在于提升公交线网的通达性和站点服务覆盖率，提升步行、自行车交通网络的连通性、便捷性，均衡道路交通流分布、改善微循环交通组织等。换言之，在稀疏路网条件下，大尺度道路上的车辆更加拥挤，行人和自行车走行距离更长，公共交通线路重复系数更高、通达深度十分有限。而“窄马路、密路网”更有利于发挥支线道路的毛细血管作用，有利于分流干路的交通压力，也有利于提高公共交通的渗透能力，对缓解城市交通拥堵、减少交通排放、解决“城市病”的意义深远。

在发展公共交通方面，2005年《国务院办公厅转发建设部等部门关于优先发展城市公共交通意见的通知》(国办发〔2005〕46号)，2006年12月建设部、发改委、财政部等联合颁布《关于优先发展城市公共交通若干经济政策的意见》。2012年国务院发布《关于城市优先发展公共交通的指导意见》(国发〔2012〕64号)，提出要按照资源节约和环境保护的要求，以节能减排为重点，大力发展低碳、高效、大容量的城市公共交通系统，加快新技术、新能源、新装备的推广应用，倡导绿色出行。总体发展目标是：“通过提高运输能力、提升服务水平、增强公共交通竞争力和吸引力，构建以公共交通为主的城市机动化出行系统，同时改善步行、自行车出行条件。要发展多种形式的大容量公共交通工具，建设综合交通枢纽，优化换乘中心功能和布局，提高站点覆盖率，提升公共交通出行分担比例，确立公共交通在城市交通中的主体地位。提高城市公共交通车辆的保有水平和公共汽(电)车平均运营时速，大城市要基本实现中心城区公共交通站点500米全覆盖，公共交通占机动化出行比例达到60%左右”。

专栏2-3

《国务院关于城市优先发展公共交通的指导意见》摘要

一、总体发展目标

通过提高运输能力、提升服务水平、增强公共交通竞争力和吸引力，构建以公共交通为主的城市机动化出行系统，同时改善步行、自行车出行条件。要发展多种形式的大容量公共交通工具，建设综合交通枢纽，优化换乘中心功能和布局，提高站点覆盖率，提升公共交通出行分担比例，确立公共交通在城市交通中的主体地位。

科学研究确定城市公共交通模式，根据城市实际发展需要合理规划建设以公共汽(电)车为主体的地面公共交通系统，包括快速公共汽车、现代有轨电车等大容量地面公共交通系统，有条件的特大城市、大城市有序推进轨道交通系统建设。提高城市公共交通车辆的保有水平和公共汽(电)车平均运营时速，大城市要基本实现中心城区公共交通站点500米全覆盖，公共交通占机动化出行比例达到60%左右。

二、实施加快发展政策

(一)强化规划调控

要强化城市总体规划对城市发展建设的综合调控，统筹城市发展布局、功能分区、用地配置和交通发展，倡导公共交通支撑和引导城市发展的规划模式，科学制定城市综合交通规划和公共交通规划。城市综合交通规划应明确公共交通优先发展原则，统筹重大交通基础设施建设，合理配置和利用各种交通资源。城市公共交通规划要科学规划线网布局，优化重要交通节点设置和方便衔接换乘，落实各种公共交通方式的功能分工，加强与个体机动化交通以及步行、自行车出行的协调，促进城市内外交通便利衔接和城乡公共交通一体化发展。

(二)加快基础设施建设

提升公共交通设施和装备水平，提高公共交通的便利性和舒适性。科学有序发展城市轨道交通，积极发展大容量地面公共交通，加快调度中心、停车场、保养场、首末站以及停靠站的建设，提高公共汽(电)车的进场率；推进换乘枢纽及步行道、自行车道、公共停车场等配套服务设施建设，将其纳入城市旧城改造和新城建设规划同步实施。鼓励新能源公共交通车辆应用，加快老旧车辆更新淘汰，保障公共交通运营设备的更新和维护，提高整体运输能力。

(三)加强公共交通用地综合开发

城市控制性详细规划要与城市综合交通规划和公共交通规划相互衔接，优先保障公共交通设施用地。加强公共交通用地监管，改变土地用途的由政府收回后重新供应用于公共交通基础设施建设。对新建公共交通设施用地的地上、地下空间，按照市场化原则实施土地综合开发。对现有公共交通设施用地，支持原土地使用者在符合规划且不改变用途的前提下进行立体开发。公共交通用地综合开发的收益用于公共交通基础设施建设和弥补运营亏损。

(四)加大政府投入

城市人民政府要将公共交通发展资金纳入公共财政体系，重点增加大容量公共交通、综合交通枢纽、场站建设以及车辆设备购置和更新的投入。“十二五”期间，免征城市公共交通企业新购置的公共汽(电)车的车辆购置税；依法减征或者免征公共交通车船的车船税；落实对城市公共交通行业的成品油价格补贴政策，确保补贴及时足额到位。对城市轨道交通运营企业实施电价优惠。

（五）拓宽投资渠道

推进公共交通投融资体制改革，进一步发挥市场机制的作用。支持公共交通企业利用优质存量资产，通过特许经营、战略投资、信托投资、股权融资等多种形式，吸引和鼓励社会资金参与公共交通基础设施建设和运营，在市场准入标准和优惠扶持政策方面，对各类投资主体同等对待。公共交通企业可以开展与运输服务主业相关的其他经营业务，改善企业财务状况，增强市场融资能力。要加强银企合作，创新金融服务，为城市公共交通发展提供优质、低成本的融资服务。

（六）保障公共交通路权优先

优化公共交通线路和站点设置，逐步提高覆盖率、准点率和运行速度，改善公共交通通达性和便捷性。增加公共交通优先车道，扩大信号优先范围，逐步形成公共交通优先通行网络。集约利用城市道路资源，允许机场巴士、校车、班车使用公共交通优先车道。增加公共交通优先通行管理设施投入，加强公共交通优先车道的监控和管理，在拥堵区域和路段取消占道停车，充分利用科技手段，加大对交通违法行为的执法力度。

（七）鼓励智能交通发展

按照智能化、综合化、人性化的要求，推进信息技术在城市公共交通运营管理、服务监管和行业管理等方面的应用，重点建设公众出行信息服务系统、车辆运营调度管理系统、安全监控系统和应急处置系统。加强城市公共交通与其他交通方式、城市道路交通管理系统的信息共享和资源整合，提高服务效率。“十二五”期间，进一步完善城市公共交通移动支付体系建设，全面推广普及城市公共交通“一卡通”，加快其在城市不同交通方式中的应用。加快完善标准体系，逐步实现跨市域公共交通“一卡通”的互联互通。

五、建立持续发展机制

（一）完善价格补贴机制

综合考虑社会承受能力、企业运营成本和交通供求状况，完善价格形成机制，根据服务质量、运输距离以及各种公共交通换乘方式等因素，建立多层次、差别化的价格体系，增强公共交通吸引力。合理界定补贴补偿范围，对实行低票价、减免票、承担政府指令性任务等形成的政策性亏损，对企业在技术改造、节能减排、经营冷僻线路等方面的投入，地方财政给予适当补贴补偿。建立公共交通企业职工工资收入正常增长机制。

(二)健全技术标准体系

修订和完善公共交通基础设施的建设标准;规范轨道交通、公共汽(电)车等装备的产品标准;建立新能源车辆性能检验等技术标准;制定公共交通运营的服务标准,构建服务质量评价指标体系。研究公共交通技术政策,明确技术发展方向。

(三)推行交通综合管理

综合运用法律、经济、行政等手段,有效调控、合理引导个体机动化交通需求。在特大城市尝试实施不同区域、不同类型停车场差异化收费和建设驻车换乘系统等需求管理措施,加强停车设施规划建设及管理。发展中小学校车服务系统,加强资质管理,制定安全和服务标准。"十二五"期间,初步建立出租汽车服务管理信息系统,大力推广出租汽车电话约车服务,方便群众乘车,减少空驶。大力发展汽车租赁、包车客运等交通服务方式,通过社会化、市场化手段,满足企事业单位和个人商务、旅游等多样化的出行需求,提高车辆的利用效率。落实城市建设项目交通影响评价制度,并作为项目实施的前置性条件,严格落实公共交通配建标准,实现同步设计、同步建设、同步验收。大力加强公共交通和绿色出行的宣传和引导。

(四)健全安全管理制度

强化安全第一、质量为本的理念。城市人民政府要切实加强公共交通的安全监管,完善安全标准体系,健全安全管理制度,落实监管责任,加大安全投入,制定应急预案。重大公共交通项目建设要严格执行法定程序和工程标准,保证合理工期,加强验收管理。城市公共交通企业作为安全责任主体,要完善各项规章制度和岗位规范,健全安全管理机构,配备专职管理人员,落实安全管理责任,加大经费投入,定期开展安全检查和隐患排查,严格实施车辆维修和报废制度,增强突发事件防范和应急能力。规范技术和产品标准,构建服务质量评价指标体系。要高度重视轨道交通的建设、运营安全,强化风险评估与防控,完善轨道交通工程验收和试运营审核及第三方安全评估制度。

(五)规范重大决策程序

推进城市公共交通重大决策法制化、民主化、公开化。研究出台公共交通优先发展的法规规章,地方人民政府推动配套制订和完善地方性法规,为城市公共交通的资金投入、土地开发、路权优先等扶持政策提供法律保障。规范城市人民政府公共交通重大决策程序,实行线网规划编制公示制度和运营价格听证制度。建立城市公共交通运营成本和服务质量信息公开制度,加强社会监督。

（六）建立绩效评价制度

加快建立健全城市公共交通发展绩效评价制度，国务院有关部门研究制定评价办法，定期对全国重点城市公共交通发展水平进行绩效评价。各城市要通过公众参与、专家咨询等多种方式，对公共交通企业服务质量和运营安全进行定期评价，结果作为衡量公交企业运营绩效、发放政府补贴的重要依据。

发展城市公共交通，城市人民政府是责任主体，省级人民政府负责监督、指导，国务院有关部门要做好制定宏观发展政策和完善相关法规规章等工作。各级人民政府、各有关部门要按照职责分工，主动协调、密切配合，推动城市公共交通实现又好又快发展。

一些城市政府结合当地的实际情况，先后出台了控制交通排放的政策规划。如深圳市率先提出在2017—2020年期间达到碳排放峰值的目标，并制定《交通运输行业节能减排“十二五”专项规划》。无锡市制定了《低碳交通运输体系建设战略规划》。我国大中城市不断加强城市功能的疏解，来缓解交通拥堵，促进交通节能减排。如北京市在首都功能疏解背景下调整思路，治标与治本双管齐下综合施策。

专栏2-4

《北京市“十三五”时期交通发展建设规划》中关于交通行业节能减排的内容

《北京市“十三五”时期交通发展建设规划》，提出2020年初步形成安全、便捷、高效、绿色、经济的现代化综合交通运输体系的发展目标。

推进交通行业节能减排。实现资源节约集约利用，稳步推进绿色交通运输体系建设。持续优化调整行业车辆结构。推进交通行业新清能源车辆应用，到“十三五”末，新清能源公共汽车比例达到65%以上。加快推动充电、加气等基础设施规划建设，落实新能源车相关激励和补贴政策。加快淘汰交通行业高排放老旧机动车，促进营运车辆向绿色化发展。

加大科技研发与绿色低碳技术推广力度。加大绿色通风照明、绿色轮胎、能源智能管控、地热资源循环利用、抑尘降尘、水处理和再利用等绿色低碳技术工艺的推广应用，进一步提升道路工程项目中节能环保材料使用和路面旧料循环利用水平。

加强节能减排监测管理体系建设。建设北京市交通领域节能减排统计与监测平台二期，建立完善北京市交通运输环境监测网络与交通节能减排实验室。

专栏 2-5

《深圳市综合交通"十三五"规划》中关于推动交通行业绿色低碳发展的内容

一、加快交通行业新能源车辆推广

促进新能源客运车辆使用。严格执行国V标准,制定道路材料环保标准,严禁报废车辆使用。完善新能源产业发展政策,支持新能源汽车及零部件行业发展,加大新能源汽车在公交车和出租车中推广应用力度,到2020年公交车和出租车实现全部纯电动化。促进清洁能源货运车辆使用。培育节能减排示范项目和绿色示范企业。完善发展政策,激励营运黄标车淘汰。推广使用纯电动物流车,引导交通货运行业使用LNG清洁能源车辆,发展绿色运输。

二、促进交通行业节能减排生产

鼓励交通运输行业企业积极参与碳排放交易,促进行业节能减排。推动港口企业开展岸电设施建设,打造绿色港口。进一步组织落实甩挂运输试点工作的具体要求及扶持政策,向全市物流企业推广应用甩挂运输,提高拖挂车在营运货车中的比例。

三、持续提高交通设施建设标准和施工工艺

按照全市海绵城市建设工作要求,开展海绵型道路建设实施细则研究,将海绵城市建设约束性指标和要点纳入城市道路交通建设工程审批体系。城市道路系统应与城市交通、园林景观、内涝防治、环境保护等专项规划与设计相协调,新建道路要因地制宜增加道路绿地雨水的海绵功能,新建城市道路的非机动车道、人行道和广场、停车场推广使用透水铺装系统。在道路、桥梁、交通枢纽站场等大型交通基础设施建设中探索使用预制装配式等先进工艺技术,提高建设施工效率和质量。

二、标准与监管

(一)车辆

施行强制性的车船燃料消耗量限值标准是促进车船节能技术进步、提高车船燃油经济性的有效途径。2012年1月我国开始实施工信部颁布的《乘用车燃料消耗量评价方法及指标》(GB 27999—2011),新标准限值是到2015年达到7升/百公里。2016年1月1日起我国开始实施《乘用车燃料消耗量限值》(GB 19578—2014)和《乘用车燃料消耗量评价方法及指标》(GB 27999—2014),目标是2020年乘用车平均燃料消耗量水平下降至5升/百公里左右,对应二氧化碳排放约为120克CO_2/公里。

轻型车标准方面,2008 年 1 月 1 日我国开始实施第一部针对轻型商用车辆燃料消耗量标准——《轻型商用车辆燃料消耗量限值》(GB 20997—2007)。2016 年 1 月国家标准委发布新修订的《轻型商用车辆燃料消耗量限值》强制性国家标准,规定了轻型商用车辆燃料消耗量新的评价参数,加严了燃料消耗量限值。新标准于 2018 年 1 月 1 日正式实施。

重型车标准方面,2011 年 12 月 30 日我国批准了《重型商用车辆燃料消耗量测量方法》(GB/T 27840—2011),其对应的限制标准正在征求意见过程中。

综上,我国汽车节能标准体系见表 2-4,图 2-1 给出了部分国家轻型车二氧化碳排放目标。

我国汽车节能标准体系　　表 2-4

标准类型	标准名称	标准号
标识标准	轻型汽车燃料消耗量标识	GB 22757—2008
限值、目标值标准	乘用车燃料消耗量限值	GB 19578—2014
	乘用车燃料消耗量评价方法及指标	GB 27999—2014
	轻型商用车辆燃料消耗量限值	GB 20997—2007
	重型商用车燃料消耗量限值	GB 30510—2014
试验方法	轻型汽车燃料消耗量试验方法	GB/T 19233—2008
	重型商用车燃料消耗量测量方法	GB/T 27840—2011

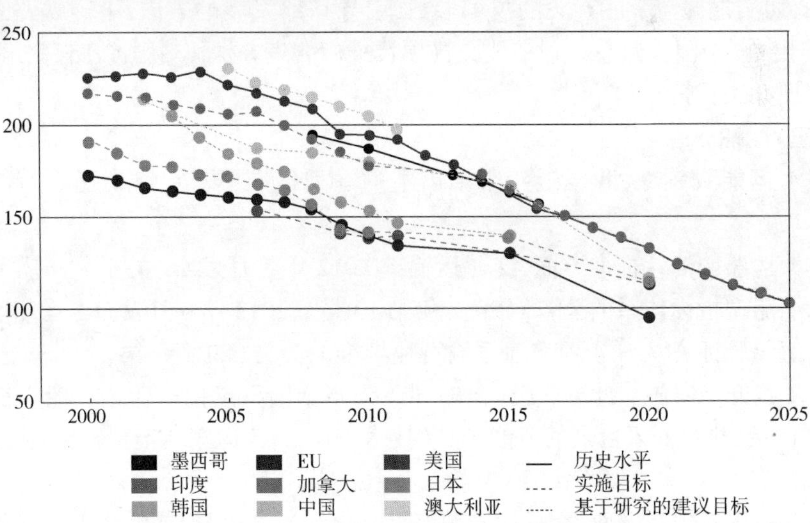

图 2-1　部分国家的轻型车(计划或强制)二氧化碳排放目标(单位:g/km)

注:中国数据仅反映了轻型汽油车,未考虑新能源车;巴西汽油含 22%的乙醇,折算为 100%汽油当量。

数据来源:Transport,IPCC,2014

电动车国家标准方面，工信部推出《电动汽车传导式充电接口》《电动汽车充电站通用要求》《电动汽车电池管理系统与非车载充电机之间的通信协议》和《轻型混合动力电动汽车能量消费量试验方法》4项电动车国家标准。

2017年8月出台《电动汽车能量消耗率限值(征求意见稿)》，该标准以kWh/100km为评价单位，按照乘用车第四阶段标准分档提出第一、第二阶段电能消耗量限值。

交通运输部对营运车辆制订了道路营运车辆的相关标准。交通运输部公布了营运客货车燃油消耗量限值及测量方法，颁布了《道路运输车辆燃料消耗量检测和监督管理办法》(交通运输部令2009年第11号)等配套文件。

另外，我国的燃料标准也逐步提高。一是我国计划于2016年1月起扩大供应国五标准车用汽柴油的区域，从原定的京津冀、长三角、珠三角等区域内重点城市扩大到整个东部地区11个省市全境。二是将全国供应国五标准车用汽柴油的时间由原定的2018年1月，提前至2017年1月。三是增加高标准普通柴油供应，分别从2017年7月和2018年1月起，在全国全面供应国四、国五标准普通柴油。

(二)铁路

原铁道部1986年发布了《铁路工程节能设计规范》(TB 10016—2006)，2001年对标准进行了修订。为加强节能统计分析，原铁道部1995年发布《铁路企业能源消耗与节约统计办法》，于2007年对其进行了修订。通过建立科学的标准和规范体系，切实把握与节能有关的技术参数，引导铁路发展的方向，中国铁路总公司2015年出台《中国铁路总公司节能减排项目推广管理办法》《中国铁路总公司节约能源管理办法》等。

(三)船舶

在水运能效领域，我国近年来推出了一系列标准、规范，以期达到节能降耗作用。

在营运船舶油耗标准方面，交通运输部2012年3月发布《关于公布内河运输船舶标准船型指标体系的公告》(2012年第13号)，2012年6月发布营运船舶燃料消耗限值及验证方法等4项交通运输行业标准的公告(2012年第18号)，于2012年9月1日开始实施。此外，交通运输部还公布全国重点推广营运车船节能产品(技术)目录，并对列入目录的节能产品(技术)颁发“营运车船节能产品(技术)公布证”。

在港口用能规范方面，交通运输部海事局组织制订了《船舶液化天然气加注码头设计规范》《码头船舶岸电设施建设技术规范》等标准规范，推广靠港船舶使用岸电技术、带式输送机节能控制技术等。

(四)航空

国家标准委2015年11月批准发布包括《民航温室气体排放核算方法与报告要求》的11项温室气体管理国家标准。标准对航空企业温室气体排放"算什么,怎么算"提出了统一要求,为降低航空企业碳减排成本、建立全国统一的碳排放交易市场提供技术支撑。

(五)管道

中国石油天然气集团公司制订了原油输送管道节能的企业标准《原油输送管道节能经济运行规范》,标准规定了原油输送管道供电、动力、热力、工艺系统节能经济运行的技术要求和管理措施。该标准适用于长距离原油输送管道和油田原油外输管道。

三、财政政策

(一)公路水运节能减排专项资金

2011年6月财政部和交通运输部联合出台《交通运输节能减排专项资金管理暂行办法》,中央财政首次从一般预算资金(含车辆购置税交通专项资金)中安排用于支持公路水路交通运输节能减排项目的专项资金,重点支持公路水路交通运输节能减排专项规划确定的重点项目实施单位和参加"车、船、路、港"千家企业低碳交通运输专项行动的企事业单位。

(二)民航节能减排专项资金

2010年和2011年,中国民航局共争取中央财政预算内资金6亿元用于航空公司、机场的节能减排工作,重点补贴飞机加装翼梢小翼、与节油相关的运控系统升级、机场照明和能源动力改造等项目。2012年民航局、财政部印发《民航节能减排专项资金管理暂行办法》(财建〔2012〕54号),从公共财政资金和民航发展基金中安排用于支持民航业开展节能减排工作的专项资金,引导行业正确开展节能减排工作。支持范围包括:民航节能技术改造、民航管理节能、节能产品及新能源应用、新能源及节能地面保障车辆购置及改造、航路优化项目建设、民航节能减排标准、统计、监测考核体系建设,民航局节能减排项目评审、验收、监督检查和基础性、战略性课题研究等。该暂行办法于2016年6月废止。

(三)车辆购买使用财税调节政策

财政政策方面,财政部、商务部2009年6月推出车辆以旧换新补贴政策,2010—2013年每年对政策进行微调,调整补贴范围和补贴金额,补贴范围涉及小汽车、客车、货车、公交车、农村客运车辆等。

在税收政策方面,我国通过车船税、小汽车消费税和燃油消费税等税收手段调节车辆的购买和使用。我国自2012年1月1日起，对节约能源的车船，减半征收车船税；对使用新能源的车船，免征车船税。对于减免车船税的节约能源、使用新能源车船，由财政部、国家税务总局、工业和信息化部通过联合发布《节约能源使用新能源车辆（船舶）减免车船税的车型（船型）目录》实施管理。在消费税方面，我国对小汽车按排气量大小实行差别税率。按照新的国家汽车分类标准，将小汽车税目分为乘用车和中轻型商用客车两个子目；对乘用车按排气量大小分别适用3%、5%、9%、12%、15%和20%六档税率，对中轻型商用客车统一适用5%税率，进一步体现"大排气量多负税、小排气量少负税"的征税原则。在燃油消费税方面，我国2006年4月1日开始实施的新调整消费税政策规定，将石脑油、润滑油、溶剂油、航空煤油、燃料油等成品油纳入消费税征收范围。2014年12月12日开始，我国上调汽油和柴油等成品油的消费税，汽油消费税单位税额为1.4元/升，柴油消费税单位税额为1.1元/升。

（四）新能源车补贴推广政策

2009年财政部、科技部等出台《关于开展节能与新能源汽车示范推广试点工作的通知》（财建〔2009〕6号）等一系列为期3年的新能源车推广政策[1]。其中的财政政策，一是依托示范城市推广应用新能源汽车，中央财政安排资金对示范城市给予综合奖励，奖励资金将主要用于充电设施建设等方面。二是对消费者购买新能源汽车给予补贴。该政策到期后，2013年四部委（财政部、科技部、工业和信息化部、发展改革委）决定我国的新能源汽车补贴政策再延长三年的时间。2015年财政部、科技部、工业和信息化部、发展改革委联合下发《关于2016—2020年新能源汽车推广应用财政支持政策的通知》，2016—2020年将继续实施新能源汽车推广应用补助政策。补助标准则主要依据节能减排效果，并综合考虑生产成本、规模效应、技术进步等因素逐步退坡。2017—2020年除燃料电池汽车外其他车型补助标准适当退坡，2017—2018年补助标准在2016年基础上下降20%，2019—2020年补助标准在2016年基础上下降40%。

在被国家列入新能源汽车推广应用城市（群）的39个城市（群）88个城市中，共有35个城市（群）50个城市出台新能源汽车配套政策130项。其中，40省市出台新能源汽车推广方案明确补贴标准。在40个省市的补贴政策里，按国家和地方财政1∶1比例补贴的城市分别是北京、青岛、潍坊、武汉、天津、广州等，其中青岛、

[1] 相关政策还包括：《财政部　科技部　工业和信息化部　国家发展改革委关于扩大公共服务领域节能与新能源汽车示范推广有关工作的通知》（财建〔2010〕227号）、《财政部　科技部　工业和信息化部　国家发展改革委关于增加公共服务领域节能与新能源汽车示范推广试点城市的通知》（财建〔2010〕434号）、《财政部　科技部　工业和信息化部　国家发展改革委关于开展私人购买新能源汽车补贴试点的通知》。

广州、惠州、深圳四城市实行不退坡机制。

综上,促进新能源发展的财税政策见表 2-5。

促进新能源车发展的财税政策　　表 2-5

时　间	政策名称	主要内容
2009 年 1 月	财政部、科技部《关于开展节能与新能源汽车示范推广试点工作通知》和《节能与新能源汽车示范推广财政补助资金管理暂行办法》	中央财政重点对 13 个试点城市购置混合动力汽车、纯电动汽车和燃料电池等节能与新能源汽车给予一次性定额补助,以财政政策鼓励在公交、出租、公务、环卫和邮政等公共服务领域率先推广使用节能与新能源汽车,对推广使用单位购买节能与新能源汽车给予补助; 公共服务用乘用车和轻型商用车混合动力车(节油起码比传统汽车高 5%以上)最低补贴 4000 元,最高补贴 5 万元,纯电动乘用车和轻型商用车补贴 6 万元,燃料电池乘用车和轻型商用车的补贴最高为 25 万元
2009 年 2 月	新能源汽车示范推广试点城市范围	将节能与新能源汽车示范推广试点城市由 13 个扩大到 20 个,选择 5 个城市对私人购买节能与新能源汽车给予补贴试点
2010 年 5 月	财政部等多部委联合发布《关于开展私人购买新能源汽车补贴试点的通知》(财建〔2010〕230 号)	中央财政对试点城市私人购买、登记注册和使用的插电式混合动力乘用车和纯电动乘用车给予一次性补贴。补贴标准根据动力电池组能量确定,对满足支持条件的新能源汽车,按 3000 元/kWh 给予补贴。插电式混合动力乘用车每辆最高补贴 5 万元,纯电动乘用车每辆最高补贴 6 万元
2013 年 9 月	关于继续开展新能源汽车推广应用工作的通知(财建〔2013〕551 号)	依托城市推广应用新能源汽车,对消费者购买新能源汽车给予补贴,对示范城市充电设施建设给予财政奖励
2014 年 1 月	关于支持沈阳、长春等城市或区域开展新能源汽车推广应用工作的通知(财建〔2014〕10 号)	支持沈阳、长春等 12 个城市或区域开展新能源汽车推广应用工作
2014 年 7 月	发改委、财政部等五部门发布《政府机关及公共机构购买新能源汽车实施方案》	至 2016 年,公车采购中购买的新能源汽车占当年配备更新总量的比例不低于 30%
	国务院办公厅《关于加快新能源汽车推广应用的指导意见》(国办发〔2014〕35 号)	对加快新能源汽车推广应用提出六个方面的 25 条具体政策措施:一是加快充电设施建设,二是积极引导企业创新商业模式,三是推动公共服务领域率先推广应用,四是进一步完善政策体系,五是破除地方保护,六是加强技术创新和产品质量监管

续上表

时　间	政策名称	主要内容
2014年7月	发改委《关于电动汽车用电价格政策有关问题的通知》(发改价格〔2014〕1668号)	对经营性集中式充换电设施用电实行价格优惠，执行大工业电价，并且2020年前免收基本电费。居民家庭住宅、住宅小区等充电设施用电，执行居民电价。电动汽车充换电设施用电执行峰谷分时电价政策，鼓励用户降低充电成本
2014年8月6日	财政部、工信部等3部门《关于免征新能源汽车车辆购置税的公告》	自2014年9月1日至2017年12月31日，对购置的新能源汽车免征车辆购置税；对免征车辆购置税的新能源汽车，由工业和信息化部、国家税务总局通过发布《免征车辆购置税的新能源汽车车型目录》实施管理
2015年3月	交通运输部《关于加快推进新能源汽车在交通运输行业推广应用的实施意见》	至2020年，新能源汽车在交通运输行业的应用初具规模，在城市公交、出租汽车和城市物流配送等领域的总量达到30万辆；新能源汽车配套服务设施基本完备，新能源汽车运营效率和安全水平明显提升
2016年	四部委《2016—2020年新能源汽车推广应用财政支持政策》	规定2016年新能源汽车各车型推广应用补助标准，并确定2017年至2020年的补贴退坡幅度为每两年下降20%
	《住建部关于加强城市电动汽车充电设施规划建设工作通知》	原则上，每辆电动汽车要有一个基本充电车位，每个公共建筑配建停车场、社会公共停车场具有充电设施的停车位不少于总车位的10%，每2000辆电动汽车至少配套建设一座快速充换电站
	财政部、科技部、工信部、发改委和国家能源局发布《关于“十三五”新能源汽车充电基础设施奖励政策及加强新能源汽车推广应用的通知》	2016—2020年中央财政将继续安排资金对充电基础设施建设、运营给予奖补，并制订了奖励标准

(五)大容量交通方式补贴

国家对城市公共交通实行价格管制，并建立健全了城市公共交通投入、补贴和补偿机制。财政对公交的投入、补贴主要包括：中央财政——成品油价格补贴[1]、省级预算内资金[2]、市级财政。税收方面的优惠主要包括：城市政府对公交企业营

[1]2010年1月1日起，中央财政对城市公交实行成品油价格补助。当国家确定的成品油分品种出厂价高于2006年成品油价格改革时的分品种成品油出厂价(汽油4400元/吨、柴油3870元/吨)时，启动补贴机制。城市公交企业的油价补贴，中央财政全额负担。油价补助资金，由财政部通过专项转移支付的方式下达省(区、市)财政。

[2]根据我国财政的事权分配原则，城市公交企业主要由企业所在城市地方财政支持。随着公交事业重要性的突显，一些省份也从财政中出资发展公交事业，如福建省政府2010年财政中出资1.1亿元，补助公交车辆、新能源车15万元/辆，一般车辆10万元/辆，新建30个公交首末站、推进公交精品线路等。

业税实行减免或退税。此外,城市政府给予土地优惠政策以及广告、商贸的特许经营权等扶持政策。

四、技术政策

(一)新能源车

我国从“十五”开始对电动汽车技术进行大规模有组织的研究开发。“十五”期间确立了以混合动力汽车、纯电动汽车、燃料电池汽车为“三纵”,以多能源动力总成控制系统、驱动电机和动力电池为“三横”的电动汽车“三纵三横”研发布局,全面组织启动大规模电动汽车技术研发。“十一五”期间,围绕“建立技术平台,突破关键技术,实现技术跨越”“建立研发平台,形成标准规范,营造创新环境”和“建立产品平台,培育产业生态,促进产业发展”三大核心目标,全面展开电动汽车关键技术研究和大规模产业化技术攻关。“十二五”期间,组织实施“电动汽车科技发展”重大专项,继续坚持“三纵三横”研发布局,更加突出“三横”共性关键技术,着力推进关键零部件技术、整车集成技术和公共平台技术的攻关与完善、深化与升级,形成“三横三纵三大平台”战略重点与任务布局。“十三五”时期,新能源汽车列入国家重点研发计划的试点专项。探索采取引导资金有偿补助等市场化方式,吸引社会资本和金融资金进入新能源汽车技术的创新领域。同时,为了完善新能源汽车消费市场,中央财政也通过加大对新能源汽车产品检测、车辆和基础设施标准的修订等工作的支持力度,加快完善新能源汽车政策和制度环境,并加快补齐充电、换电等基础设施短板。

2016 年 4 月国务院发布的《中国制造 2025》提出了新阶段我国新能源车发展的新目标。工信部联合财政部、海关总署和质量监督检验检疫总局,于 2017 年 9 月 27 日发布《企业平均燃料消耗量与新能源汽车积分并行管理暂行办法》,计划通过建立企业平均油耗积分与新能源车积分相挂钩的制度,逐步建立市场化机制引导企业加快新能源车的生产和推广,对现有补贴政策做出调整和完善,借助市场力量激励和倒逼企业,把更多资源投到产品研发和技术创新上。新能源汽车技术政策见表 2-6。

新能源汽车技术政策　　表 2-6

时　间	政　　策	要　　点
2009 年 3 月	国务院《汽车产业调整和振兴规划》	实施新能源汽车战略。2009—2011 年年新能源汽车形成 50 万辆产能,占乘用车销量的 5%;推动新能源车及关键零部件产业化

续上表

时 间	政 策	要 点
2009年5月	国务院安排技改资金	国务院决定以贷款贴息的方式,安排200亿元资金支持新能源汽车技改
2012年6月	国务院印发《节能与新能源汽车产业发展规划(2012—2020年)》	以纯电驱动为汽车工业转型的主要战场。到2015年,纯电动汽车和插电式混合动力汽车累计产销量力争达到50万辆;到2020年,纯电动汽车和插电式混合动力汽车生产能力达200万辆、累计产销量超过500万辆,燃料电池汽车、车用氢能源产业与国际同步发展
2016年4月	国务院《中国制造2025》	到2020年,自主品牌纯电动和插电式新能源汽车年销量突破100万辆,在国内市场占70%以上;到2025年,与国际先进水平同步的新能源汽车年销量300万辆,在国内市场占80%以上。产业竞争力显著提升。到2020年,打造明星车型,进入全球销量排名前十位;到2025年,2家整车企业销量进入世界前十位。海外销售占总销量的10%。逐步实现车辆信息化、智能化

充电基础设施的配套建设方面,相关部门也有一些技术政策出台。2012年,科技部印发的《电动汽车科技发展"十二五"专项规划》指出,到2015年年底要建成40万个充电桩、2000个充换电站。2015年11月,国家发展改革委等四部委发布《电动汽车充电基础设施发展指南(2015—2020年)》,提出到2020年新增集中式充换电站超过1.2万座,分散式充电桩超过480万个,要基本建成适度超前、车桩相随、智能高效的充电基础设施体系,满足超过500万辆电动汽车的充电需求。

2015年3月,交通运输部出台《关于加快推进新能源汽车在交通运输行业推广应用的实施意见》,提出"至2020年,新能源汽车在交通运输行业的应用初具规模,在城市公交、出租汽车和城市物流配送等领域的总量达到30万辆;新能源汽车配套服务设施基本完备,新能源汽车运营效率和安全水平明显提升"的推广目标以及一系列政策举措。

(二)铁路

原铁道部于1999年组织编制了《铁路节能技术政策》,于2007年进行了修订。政策重点主要包括以下五方面:一是大力发展电力牵引,改进高效内燃牵引节能技术、发展再生制动技术、改善牵引供电系统;二是发展新材料、新结构、自重轻、强度大的新型客货车辆,加速车辆轴承化,减少轮轴摩擦,降低能耗;三是发展重轨及75kg钢轨和无缝线路,减少列车运行的冲击和阻力;四是在铁路运输运营组织方面加强节能增效管理;五是提升铁路节约用热技术水平等。

(三)船舶

船舶节能减排技术政策的主要内容包括:一是优化船体设计,改善燃油能效;二是使用新能源和替代燃料等,如推广液化天然气(LNG)船舶;三是推广靠港船舶使用岸电和泊岸换油等技术;四是使用风能、太阳能等作为辅助能源;五是分层次设立船舶排放控制区等。

(四)民航

民航的节能减排技术政策的内容主要包括:一是通过引进节能环保机型,淘汰落后机型,降低消耗,积极推动节能减排关键技术等基础研究和应用;二是利用先进节油技术,优化管理模式,降低各环节能源消耗;三是切实提高机场和空管运行管理效率,优化航线,减少地面和空中燃油消耗及污染物排放;四是机场建设和运营积极采用新材料、新能源和节能新技术,减少能源消耗和噪声等环境污染;五是推进生物航油的研究和应用。

(五)管道

近年来,我国管道运输行业注重借鉴国外先进技术,不断探索节能降耗的新思路,主要的技术措施包括:采用新型高效节能设备,改造或淘汰老旧低效设备;采用添加原油改性剂输送工艺,改善原油低温流动性;采用高分子聚合物紊流减阻技术,降低原油输送过程中的摩阻损失;采用先炉后泵流程,使站内管道及输油泵均处于高温下运行,降低原油黏度,减少站内摩阻;对站内输油管道、热力管网、油罐和设备做好保温,减少热量损失;利用天然气换烧,减少煤等传统能源用量;在有条件的地方,以蒸汽代替燃料油等。

(六)"互联网+"交通

为贯彻落实《关于积极推进"互联网+"行动的指导意见》,国家发展改革委和交通运输部联合发布了《推进"互联网+"便捷交通促进智能交通发展的实施方案》《"互联网+"高效物流实施意见》,促进交通与互联网深度融合、推动交通智能化发展。根据该实施方案设定的目标,到2018年,要基本实现公众可通过移动互联网终端及时获取交通动态信息,(在)掌上获取导航、票务和支付等"一站式"服务;基本实现重点城市群内"交通一卡通"的互联互通,重点营运车辆(船舶)的"一网联控";全国骨干物流通道率先实现"一单到底",基本实现交通运输基础设施、载运工具、运行信息等互联网化。长远目标则是:逐步形成旅客出行与公务商务、购物消费、休闲娱乐相互渗透的"交通移动空间",实现各类交通信息充分开放共享,逐步构建智能交通体系,实现先进技术装备自主开发和规模化应用,以及交通运输服务效率、资源配置效率、交通治理能力的全面提升。该实施方案还确定了25个重点示范项目,其中打造"畅行中国"信息服务、实现"一站式"票务支付、推广北斗卫星导航系统、完善交通管理控制系统、建设先进感知监测系统等将是未来一个阶段推进“互联网+”便捷交通的着力点。

(七)交通替代能源

自20世纪90年代以来,我国陆续对机动车替代燃料技术进行研究和技术开发。在车用生物乙醇应用方面,河南、辽宁、广西等省(区)结合当地的生物资源确定了乙醇加工技术项目,如河南用陈化粮、辽宁用甜高粱、广西用木薯做原料生产生物乙醇作为汽油添加剂。我国从2004年开始,基于《车用乙醇汽油》国家标准,于黑龙江、吉林、辽宁、河南、安徽、广西全省(区)范围及部分省份27市进行E10车用乙醇汽油示范推广。

我国积极推进生物航空燃油的研发,中国石化生产的1号生物航煤正式获得适航批准。我国成为继美国、法国、芬兰之后第四个拥有生物航煤自主研发生产技术的国家。

五、价格政策

(一)铁路

21世纪以来,铁路十余次调整运价,运价规制不断放松。国务院在《关于完善铁路投融资体制加快推进铁路建设的意见》(国发〔2013〕33号)中提出铁路运价改革的思路:“不断完善铁路运价机制,稳步理顺铁路价格关系。坚持铁路运价改革市场化取向,按照铁路与公路保持合理比价关系的原则制定国铁货运价格,分步理顺价格水平,并建立铁路货运价格随公路货运价格变化的动态调整机制。创造条件,将铁路货运价格由政府定价改为政府指导价,增加运价弹性”。2014年2月15日,国家发展改革委下发《关于调整铁路货物运价有关问题的通知》(发改价格〔2014〕210号),将铁路货物运价由政府定价改为政府指导价,并再一次上调铁路货物运价,统一货运运价率调整为0.1451元/吨公里。2015年发改委发布《国家发展改革委关于调整铁路货运价格　进一步完善价格形成机制的通知》(发改价格〔2015〕183号),规定:“我国铁路自2015年2月1日起实行现行运价率平均为每吨公里15.51分为基准价,允许上浮不超过10%,下浮不限。在上述浮动范围内,铁路运输企业可以根据市场供求状况自主确定具体运价水平。”

客运方面,2014年12月国家发改委下发了《关于下放和放开部分交通运输服务价格的通知》(发改价格〔2014〕2739),提出铁路旅客运输延伸服务收费由经营者自主确定具体收费项目和收费标准。2015年10月15日,国务院发布《关于推进价格机制改革的若干意见》,改革目标是:“到2020年,市场决定价格机制基本完善，科学、规范、透明的价格监管制度和反垄断执法体系基本建立，价格调控机制基本健全”。“意见”针对铁路客运价格改革，提出“逐步放开铁路运输竞争性领域价格，扩大由经营者自主定价的范围；构建以列车运行速度和等级为基础、体现服务质量差异的旅客运输票价体系”的目标。在2015年10月21日国家发改委发布的《中央定价目录》中列入了除竞争领域外的中央管理企业全资及控股铁路普通旅客列车票价率，明确其价格由国务院价格主管部门制定。2016年6月5日国家发展改革委发布《关于完善铁路普通旅客列车软座、软卧票价形成机制有关问题的通知》(发改价格〔2016〕1191号)，进一步放松了铁路旅客运输价格管制，规定“在中央管理企业全资及控股铁路上开行的普通旅客列车软座、软卧票价，由铁路运输企业依法自主制定；普通旅客列车高级软卧包房票价继续实行市场调节价。”至此，纳入政府定价范围的仅剩下普通旅客列车硬座、硬卧票价。

(二)公路

经过多年发展，我国公路货运市场价格基本实现市场化。2009年交通运输部、国家发展和改革委员会制订了《汽车运价规则》和《道路运输价格管理规定》，进一步深化改革，对汽车运价计算的依据、标准和方法以及道路运输价格管理形式、运价制定、经营者价格行为管理等做出重大调整，建立了政府宏观调控、企业自主浮动、反映市场供求变化、保护消费者利益的运价形成机制。目前除国际联运、跨省集装箱、零担运价、危险品、重点物资运输实行政府定价外，公路货运已接近完全竞争市场，且处于基本稳定、合理浮动的状态。

根据交通运输部网站发布的《全国道路货物运输价格与成本监测信息(第一期)》，煤炭平均运距约为350公里左右，按载重量30吨以上车型计算的平均合理运输成本在0.315~0.375元/吨公里；全国普货整车运输平均运距为1000公里左右，超长线路最高达到4000公里，普货整车平均合理运输成本在0.233~0.424元/吨公里。其中20吨以下车型普通货物的运输成本为0.421元/吨公里。

(三)水路

水运市场的不断放开促进了水运行业的发展，1999年，水运运输价格实现了客户“一口价”服务。2001年当时的国家计委(现国家发展改革委)和交通部(现交通运输部)联合发布《关于全面放开水运价格的通知》，决定除涉及军费开支和财政直接支出的军事、抢险救灾物资运输价格继续实行政府定价外，其他客货运输一律实行市场调节价，由水运企业根据经营成本和市场供求情况自行确定具体价格，并报各级政府价格、交通主管部门备案。目前上海航运交易所定期编制和发布中国出口集装箱运价指数和国内沿海散货运价指数，反映航运市场价格变化情况。

(四)航空

我国民航国内航空运价管理经历了从政府严格规制到逐渐放松规制的过程。

2014 年 11 月民航局、国家发展改革委联合下发《关于进一步完善民航国内航空运输价格政策有关问题的通知》,全面放开民航国内航线货物运价,进一步放开相邻省份之间与地面主要交通运输方式形成竞争的短途航线旅客票价,由航空公司自主确定具体价格水平。同时,对继续实行政府指导价的航线票价,改变监管方式,简化监管程序,变事前审批为事中、事后监管。

2015 年 12 月 31 日中国民航局公布《中国民用航空局关于推进民航运输价格和收费机制改革的实施意见》,提出了"到 2017 年,民航竞争性环节运输价格和收费基本放开。到 2020 年,市场决定价格机制基本完善,科学、规范、透明的价格监管体系基本建立"的主要目标,以及"到 2017 年,对已经形成竞争的国内航线客运票价由政府指导价改为市场调节价"等七个方面的主要任务。

2016 年中国民用航空局、国家发展改革委公布的《关于深化民航国内航空旅客运输票价改革有关问题的通知》提出,要进一步扩大市场调节价航线范围,从 11 月 1 日起,800 公里以下航线、800 公里以上与高铁动车组列车形成竞争航线旅客运输票价交由航空公司依法自主制定,航企每航线每航季票价上调幅度累计不得超过 10%。

(五)管道

目前国内输油管道运价分为两类:一类是国家拨款建设的管道,其运输价格实行统一运价;另一类是由国内外贷款建设的输油管线,采用一线一价制。经过多次调整和改革,输油管道运价初步实现了货种别、管径别、距离别,完成由原来的单一运价体系向基本运价和杂费并存的合理运费体系的迈进。2014 年国家发展改革委下发《关于下放和放开部分交通运输服务价格的通知》(发改价格〔2014〕2739 号),下放省内短途管道运输价格管理权限。一线一价是在每个项目的投资和运营成本上保证一定的回报率基础上核算的。

与输油管道运价类似,天然气管道运输价格也分为两类:一类是国家拨款建设的管道,其运输价格实行统一运价;另一类是由国内外贷款建设的输油管线,采用一线一价制。对于新建输气管道的运输价格,采取和输油管道类似的一线一价。国家实行核准制,输气管道初始运价确定后,根据成本、气量等因素变化每三年校核调整一次,由中石油或中石化提出调整方案报国家发改委核批。

(六)各种运输方式比价

各种运输方式的客运比价变化情况基本上反映了运输价格水平的高低与交通资源利用和运输结构的关系。铁路与公路的客运比价从 1980 年的 1 : 1.17 下降到了 2012 年的 1∶1.65,1990 年到 2000 年的 10 年间处于较低水平,这期间也是公路市场大发展和铁路运输从最紧张的阶段向趋缓方向发展的阶段。同时,从周转量来看,1980—2011 年铁路客运市场份额下降了 30 个百分点而公路上升了 22 个百分点。在运价比价下降的同时,铁路运输和公路运输逐渐向着更符合各自经济运距的方向发展。1995 年以后,由于铁路运价没有大幅度调整,铁路与公路的比价基本稳定在 1∶1.6 左右。铁路与航空客运的比价,除个别年份外,基本上保持在 1∶3.3~1∶4.5 的水平,另外,近十年,由于铁路运输提速、服务改善等因素,旅客运价水平不断上升,与同期民航国内航线运价相比差距在缩小,比价也呈现逐渐缩小的趋势。民航国内航线与铁路旅客运价比价的下降趋势,一方面反映出铁路客运与民航客运两种运输方式在经济技术特征上接近,另一方面也反映了民航大众化的发展趋势。铁路与其他运输方式的客运价格比价见表 2-7。

铁路与其他运输方式的客运价格比价　　表 2-7

年份(年)	铁　路	公　路	民　航
1980	1.00	1.17	4.03
1985	1.00	1.33	4.28
1990	1.00	0.94	4.96
1995	1.00	1.64	6.20
2000	1.00	1.35	3.78
2001	1.00	1.36	3.39
2002	1.00	1.44	4.49
2003	1.00	1.65	4.36
2004	1.00	1.60	4.36
2005	1.00	1.65	4.28
2006	1.00	1.83	4.39
2007	1.00	1.93	4.28
2008	1.00	1.89	4.01
2009	1.00	1.73	3.40
2010	1.00	1.62	3.57
2011	1.00	1.61	3.64
2012	1.00	1.65	—

货运价格方面,以铁路运价水平为基准,计算与其他运输方式货物运输价格比价见表2-8。其中,铁路与公路的比价从1980年的1∶13.54下降到了2012年的1∶4.23。铁路与水运的比价从1980年到2012年期间呈现较大波动,比值分布在1∶0.4~1∶0.93之间。

铁路与其他运输方式的货物运输价格比价　　表2-8

年份(年)	铁路	公路	水运	管道	航空
1980	1.00	13.54	0.87	1.06	57.14
1985	1.00	10.76	0.77	1.04	52.07
1990	1.00	10.74	0.63	1.31	95.37
1995	1.00	7.77	0.64	0.57	65.60
2000	1.00	3.41	0.51	0.77	54.03
2001	1.00	3.44	0.52	0.95	44.66
2002	1.00	4.24	0.61	0.99	64.45
2003	1.00	5.25	0.63	0.99	62.24
2004	1.00	6.73	0.83	0.94	61.79
2005	1.00	6.54	0.75	0.90	58.55
2006	1.00	5.32	0.70	0.83	58.09
2007	1.00	4.71	0.88	0.81	57.32
2008	1.00	4.71	0.93	0.79	55.52
2009	1.00	4.64	0.52	0.77	50.01
2010	1.00	4.39	0.60	1.18	54.16
2011	1.00	4.33	0.54	—	57.48
2012	1.00	4.23	0.40	—	—

数据来源:根据国家发展改革委员会综合运输研究所《铁路和其他运输方式的比价关系研究》(2013—2014)

六、交易政策

(一)国际碳交易市场——CDM机制

基于《京都议定书》的清洁发展机制,我国积极参与国际碳市场交易,成为累计项目数量最多、累计核证减排量最多的国家。但由于交通项目相对其他项目更为复杂，方法少、很难计算和量化其减排量等原因，中国只有5个项目（表2-9）申请CDM项目并已全部成功注册，其中重庆和郑州的项目已经签发。CDM机制提供了在《京都议定书》下的灵活履约机制，超额的排放通过CDM项目以低成本方式获得抵销。然而由于金融危机影响，发达国家对排放权的需求远低于预期，该市场陷入停顿。随着《京都议定书》第一承诺期到期，第二承诺期内的国际谈判未有实质性进展，发达国家的减排指标尚不明朗，对核证减排量（CER）的需求也不明确，CDM未来发展难以预期。多哈会议后联合国气候变化框架公约修改了关于京都灵活机制产生的信用的使用规则，联合国的碳排放监管者考虑实施新规则，便于中国把“清洁发展机制”（CDM）中的减排项目，转化为新的国内抵消型项目。

中国交通运输业CDM项目　　表2-9

注册时间	项目名称	方法	二氧化碳减排量（吨/年）
2010年10月19日	重庆BRT1～4号线	AM0031	218067
2011年6月7日	郑州BRT	AM0031第三版	204715
2012年7月23日	兰州BRT	AM0031第三版	12621
2013年1月31日	安阳废弃物处理生物质能生物气体再利用示范项目	AMS-III.AQ./AMS-III.AO.	50739
2013年2月25日	贵阳地铁1号线工程	ACM0016	335188

（二）国内自愿减排市场

我国2011年开始启动2省5市的碳排放权交易试点，2012年6月发布《碳排放权交易暂行管理办法》，中国自愿减排交易体系建设步入快速启动发展阶段。各碳排放权交易试点均允许控排企业使用自愿减排项目产生的国家核证自愿减排量（CCER）来部分抵扣其排放量，使用比例为5%～10%。截至2015年2月27日，中国自愿减排交易平台已备案的项目达到142个，这些项目全部来自《温室气体自愿减排交易管理暂行办法》规定的前三类项目。可以预见，不管国际碳交易环境如何变化，国内碳市场将成为减排项目的重要交易场所。各交易市场中，深圳、上海、北京都计划将交通纳入交易范围。其中深圳实施公共交通碳交易机制，将公共汽车、地铁等纳入碳市场，还研究将港口、航空、轨道交通甚至私家车纳入碳排放管控。上海市碳排放交易将建设交通、交通港口等部门纳入管控范围计划。北京市场也将交通纳入交易范围，北京市碳交易管控范围分为重点排放单位和非重点排放单位。2015年，北京市交通运输重点排放单位，主要包括北京市首都公路发展集团有限公司、北京市公共交通控股(集团)有限公司、北京市地铁运营有限公司、北京京港地铁有限公司、北京首都国际机场股份有限公司等。2016年起新增移动源重点排放单位,正式将轨道交通、公交、出租、客运等移动源纳入碳交易体系。北京市场交通运输领域的CCER项目已有1个❶,即北京液化天然气(LNG)公共交通项目。

(三)乘用车企业平均燃料消耗量与新能源汽车积分并行管理办法

2017年9月,工业和信息化部、财政部、商务部、海关总署、质检总局联合公布了《乘用车企业平均燃料消耗量与新能源汽车积分并行管理办法》(工业和信息化部　财政部　商务部　海关总署　质检总局令第44号),详细规定了乘用车企业平均燃料消耗量核算办法以及乘用车企业新能源汽车积分核算办法。按照规定,乘用车企业平均燃料消耗量积分为该企业平均燃料消耗量的达标值和实际值之间的差额与该企业乘用车生产量或者进口量的乘积。实际值低于达标值产生的积分为正积分,高于达标值产生的积分为负积分。新能源汽车正积分可在乘用车企业间自由交易。

专栏2-6

乘用车企业平均燃料消耗量与新能源汽车积分并行管理办法主要内容

(一)建立积分核算制度和积分管理平台。境内各乘用车生产企业、各进口乘用车供应企业都作为平均燃料消耗量积分与新能源汽车积分的核算主体,单独实施核算。建立汽车燃料消耗量与新能源汽车积分管理平台,统筹推进积分公示、转让、交易等,企业通过该平台开展积分转让或者交易。

(二)明确积分核算方法。《办法》规定了乘用车企业平均燃料消耗量积分和新能源汽车积分核算方法,明确了与积分核算相关的实际值、达标值、目标值等指标的核算方式。

(三)有条件地放宽小规模企业的燃料消耗量达标要求。鉴于小规模企业不具备规模优势、降低油耗难度大,结合我国实际及国外经验,《办法》对年度生产量2000辆以下并且生产、研发和运营保持独立的乘用车生产企业,年度进口量2000辆以下的获境外生产企业授权的进口乘用车供应企业,以及未

❶北京液化天然气(LNG)公共交通项目是用液化天然气(LNG)公交车提前淘汰3155辆老旧公交车,由低碳燃料天然气代替传统的柴油燃料,该项目预计年减排量55135tCO_2。

获授权的进口乘用车供应企业，放宽其平均燃料消耗量积分的达标要求。其中，对年度进口量2000辆以下的未获授权的进口乘用车供应企业，暂不实施积分核算。

（四）设立新能源汽车积分比例要求的门槛。新能源汽车积分比例要求是核算新能源汽车积分达标值的重要参数。《办法》对传统能源乘用车年度生产量或者进口量不满3万辆的乘用车企业，不设定新能源汽车积分比例要求；达到3万辆以上的，从2019年度开始设定积分比例要求，其中：2019年度、2020年度的积分比例要求分别为10%、12%，2021年度及以后年度的积分比例要求另行公布。

（五）实行积分并行管理。一是企业平均燃料消耗量积分中，正积分可以按照80%或者90%的比例结转后续年度使用，也可以在关联企业间转让；负积分抵偿归零的方式包括：使用本企业结转或者受让的平均燃料消耗量正积分，使用本企业产生或者购买的新能源汽车正积分。二是新能源汽车积分中，正积分可以自由交易，但不得结转（2019年度的正积分可以等额结转一年）；负积分可以采取购买新能源汽车正积分的方式抵偿归零。三是负积分抵偿方面，应当在工业和信息化部发布积分核算情况报告后90日内完成负积分抵偿归零；新能源汽车正积分可以抵扣同等数量的平均燃料消耗量负积分。

（六）完善监督管理制度。工业和信息化部会同财政、商务、海关、质检等部门对积分进行核查，并发布积分核算情况年度报告。建立乘用车企业信用管理制度，要求企业提交信用承诺书并向社会公示；企业未按规定报送数据、提交积分报告，情节严重的，作为失信企业进行通报。同时，明确工业和信息化部会同有关部门依据国家有关规定，完善积分管理的经济措施。

七、组织管理政策

（一）公路、水运

“十一五”以来交通运输部开展“车、船、路、港”千家企业低碳交通运输专项行动。“车”指大力推广节能驾驶经验，加强营运车辆用油定额考核，严格执行车辆燃料消耗量限值标准，淘汰高耗能车辆，推广新能源和清洁燃料车辆。“船”指大力推广船型标准化，靠港船舶使用岸电。“路”指大力推广高速公路不停车收费，优化运输组织，推广甩挂运输，公路隧道节能和路面材料再生技术，推进太阳能在公路系统的应用。“港”指大力推广轮胎式集装箱门式起重机“油改电”和船舶使用的岸电建设。交通运输部确定了近千家参与企业名单，健全了能耗和碳排放报告制度，提出了参与企业考核指标体系，初步构建了千企行动长效机制。财政部、交通运输部共同安排交通运输节能减排专项资金，实行项目“以奖代补”。

交通运输部组织实施了资源节约型和环境友好型科技示范工程、安全绿色科技示范工程、节能科技示范工程、资源节约循环利用科技示范工程，以及公交都市建设示范工程等，组织进行公路甩挂运输试点、天然气动力船舶试点、绿色循环低碳港口和公路试点、天然气车辆应用试点、货运无车承运人试点等活动。至 2015 年先后实施推出了六批共 130 个部级节能减排示范项目。

交通运输部执行对客车实载率低于 70% 的线路不投放新运力的政策，定期监测全国主要城市重点客运站运力投入和出站上座率。

交通运输部推进集约高效运输组织网络建设，充分应用互联网技术，加快公众出行信息服务系统、公共物流信息平台、出租车智能电召系统等建设与应用，提升交通运输效率和节能减排效能。

(二)铁路

中国铁路总公司(原铁道部)加强节能能耗管理机构和体系的稳定建设，建立节能目标责任制，建立健全各项资源节约管理规章制度、办法和能耗指标等台账统计管理制度；加强能耗统计分析、节能潜力分析；推行节能激励政策，加强节能宣传工作；抓好重点能耗的控制考核、加强监测力度；强化节能教育、培训宣传等。

根据 2010 年国务院转发国家发展和改革委员会等部门联合制定的《关于加快推行合同能源管理促进节能服务产业发展的意见》，铁路积极实施合同能源管理。铁路行业已成立中国铁路节能技术服务公司，通过融资进行多项节能技术改造，用项目产生的节能效益返还资金，调动用能单位节能改造的积极性。

铁路还不断优化列车运行图，改善列车运营组织，减少列车停站，优化缓冲时间，多开行重载货车等。

(三)航空

民航局大力推进行业节能减排和应对气候变化工作，主要包括优化空域结构、开辟使用临时航路；组织制定行业节能减排统计、监测、考核和奖励体系等。民航局在国内主要枢纽机场开展“桥载设备替代 APU 运行”、地面特种车辆“油改电”专项试点工作。民航局积极推进航空替代燃料和新型发动机等换代性技术的应用研究和推广，通过自主核心技术和产品创新，进一步优化内部资源配置，努力降低节能减排成本，根据国际与国内形势适时采取市场措施减少二氧化碳排放，使我国民航节能减排水平接近主要航空发达国家。民航局从航空运输组织和运行的全过程推进节能减排关键技术的实施，通过优化空域结构、开辟临时航线等技术和运营措施，强化节能减排效果。

（四）管道

中石油等管道建设运营企业利用在线仿真、油品批次优化、输送工艺优化、能耗系统综合分析等多层次优化技术和手段，持续进行能耗分析和运行优化，充分优化管道运行，持续优化输送工艺、开炉时间，做好管输平衡、流向优化及掺混经济输送，工艺优化运行水平不断提高，实现了输油管道的节能降耗和平稳运行。

（五）城市交通

交通运输部除致力于提升公交出行的快捷性、便利性、舒适性、安全性外，还不断推出鼓励共享交通发展的政策措施。

在网租车领域，交通运输部于 2016 年 7 月正式颁布《网络预约出租汽车经营服务管理暂行办法》，明确了网约车的合法地位，标志着我国成为第一个承认网约车合法的国家。随之各地实施细则陆续出台。截至 2017 年 7 月 26 日，除直辖市外，河南、广东、江苏等 24 个省（区）发布了网约车实施意见；北京、上海、天津等 133 个城市已公布出租汽车改革落地实施细则，还有 86 个城市已经或正在公开征求意见。在分享单车领域，交通运输部等 10 部门于 2017 年 8 月 2 日联合出台了《关于鼓励和规范互联网租赁自行车发展的指导意见》。成都、深圳、南京、济南、北京、上海等城市也出台了相应管理意见。在汽车租赁业，交通运输部会同住房和城乡建设部于 2017 年 8 月 8 日联合发布《关于促进小微型客车租赁健康发展的指导意见》。北京、上海、重庆、山西等部分省（区、市）制定了汽车租赁地方性规章。在停车分享领域，2017 年以来京沪穗等城市出台了地方停车管理条例或规定，提出鼓励发展“分享停车”模式。如《北京市机动车停车管理条例（草案）》提出单位或个人自有车位可开展有偿错时分享。

八、宣传教育

交通运输部组织召开了绿色循环低碳交通运输体系建设试点示范推进会、交通运输行业节能减排降碳工作电视电话会议等专题工作会议，积极配合“全国节能宣传周”“全国低碳日”和“世界环境保护日”等开展主题宣传活动，充分调动行业开展节能环保工作的积极性。

加强交通行业节能管理、人才培养。开展交通节能培训工作，引导驾驶员生态驾驶、增强节能减排意识。

第二节　我国交通运输低碳发展政策效果评价

一、效果评价

（一）单位 GDP 交通运输能耗和碳排放

我国交通运输领域采取了一系列政策措施积极应对气候变化，低碳减排取得一定成效，绝大部分指标有明显改善，但从 2005 年到 2014 年，单位 GDP 交通能源消耗和单位 GDP 交通二氧化碳均呈增加趋势。单位 GDP（按 2010 年可比价）交通能源消耗量由 0.08 吨/万元上升至 0.09 吨/万元，年均增速为 1.34%，而同期全国单位 GDP 能源消耗量年均下降 3.9%；单位 GDP 交通二氧化碳排放量由 0.169 吨/万元上升至 0.188 吨/万元，年均增速为 1.16%，而同期全国单位 GDP 二氧化碳排放量年均下降 4.2%。

（二）各种运输方式能源效率有所提高

1.铁路

我国铁路系统已建有较完备的能耗管理机构，具有基本完善的行业节能减排法规、政策和标准，开展了能源统计工作，建立了行业节能监测体系，节能低碳效果比较明显。2016 年国家铁路能源消耗折算标准煤 1591.6 万吨，单位运输工作量综合能耗 4.71 吨标准煤/百万换算吨公里，已于 2011 年完成《铁路“十二五”节能规划》提出的目标：“单位运输工作量综合能耗降低 5%，从 2010 年的 5.01 吨标准煤/百万换算吨公里下降到 2015 年的 4.76 吨标准煤/百万换算吨公里”，2010—2015 年实际下降幅度约达 6.6%。2005—2015 年国家铁路运输能耗综合情况见表 2-10。

2005—2015 年国家铁路运输能耗综合情况　　表 2-10

年份（年）	运输工作量（百万换算吨公里）	能源消耗总量（万吨标煤）	主营能源消耗量（万吨标煤）	单位运输工作量综合能耗（吨标准煤/百万换算吨公里）	单位运输工作量主营综合能耗（吨标准煤/百万换算吨公里）
2005	2536660	1643.8	1339.56	6.48	5.28
2006	2691043	1664.9	1301.83	6.12	4.84
2007	2900864	1676.3	1338.54	5.78	4.61
2008	3138806	1693.9	1373.45	5.60	4.54
2009	3148997	1597.5	1290.00	5.30	4.28

续上表

年份（年）	运输工作量（百万换算吨公里）	能源消耗总量（万吨标煤）	主营能源消耗量（万吨标煤）	单位运输工作量综合能耗（吨标准煤/百万换算吨公里）	单位运输工作量主营综合能耗（吨标准煤/百万换算吨公里）
2010	3466307	1737.3	1428.12	5.01	4.12
2011	3721437	1772.5	1451.36	4.76	3.90
2012	3700449	1745.7	1439.48	4.74	3.90
2013	3739533	1743.0	1376.14	4.63	3.86
2014	3665978	1652.6	1429.7	4.55	3.90
2015	3350367	1569.5	1356.9	4.68	4.05

数据来源：铁路主管部门历年统计公报有关数据（2005—2015）

随着中国高速铁路的快速发展，电气化铁路比例有了大幅度提高，铁路“以电代油”范围进一步扩大，从而使铁路牵引能耗结构发生明显的变化。表2-10数据显示，从2006年开始电耗在总能耗中所占比例开始出现加快提升的趋势，至2012年已上升至45%，6年间上升了近1倍。而燃油消费则出现了明显的下降趋势，从2006年的76.9%下降至2012年的55%，下降了近22%。原煤消耗从2005年开始实现了“零”消费。煤、电、油三者比例关系的改变，表明铁路牵引能源消耗方式发生了巨大变化。这种转变直接推动了铁路行业整个能耗结构的调整和优化。1985—2012年国家铁路牵引能耗结构变化见表2-11。

1985—2012年国家铁路牵引能耗结构变化　　表2-11

年份 占比	1985年 占比（%）	2005年 占比（%）	2006年 占比（%）	2007年 占比（%）	2008年 占比（%）	2009年 占比（%）	2010年 占比（%）	2011年 占比（%）	2012年 占比（%）
原煤	87.4	0	0	0	0	0	0	0	0
燃油	11.7	77.9	76.9	73.8	72.0	67.6	62.6	58.0	55
电力	0.9	22.1	23.1	26.2	28.0	32.4	37.4	42.0	45

注：电力折算标准煤系数为1万千瓦时＝1.229（吨）。

资料来源：根据《中国交通年鉴》相关数据换算而成

从表2-12客货运输能耗的变化情况可见，铁路客运能耗是逐年增加的，反映了近年来我国高速铁路不断增加带来的能源消耗变化情况，而货运随着我国经济转型，煤炭等大宗货物减少，铁路能耗呈下降趋势。铁路综合能耗在客增货减的作用下，总量呈现先增后降的趋势。

国家铁路客货运输能耗情况

表 2-12

年份(年)	2006	2010	2011	2012	2013	2014
客运比例(%)	23	24	25	25	26.6	29.7
货运比例(%)	77	76	75	75	73.4	70.3
客运能耗(万吨标煤)	381.7	418.1	436.0	439.2	463.6	490.8
货运能耗(万吨标煤)	1265.4	1319.2	1336.5	1306.5	1279.4	1161.8
综合能耗(万吨标煤)	1647.1	1737.3	1772.5	1745.7	1743.0	1652.6

数据来源:根据历年《铁道统计公报》数据整理

铁路是节能环保型交通运输方式,与公路、民航相比,铁路单位运输工作量能耗最低,在节能减排方面有明显的比较优势。以换算周转量反映运输工作量,2014 年铁路用占交通 5.0%的能耗完成 21.5%的换算周转量,说明铁路单位运输工作量能耗约为交通行业单位运输工作量平均能耗的 1/4。因此,加快发展铁路,提高铁路在运输市场中的份额,可以直接提升交通行业整体能效并优化能源消耗结构,进而对促进整体节能减排具有重要意义。

2.公路

根据公路水路重点监测企业能源消耗情况(表 2-13)分析,客运运营的车辆单位能耗有小幅增长趋势,主要是由于旅客运营车辆空调车比例上升,运输舒适度提高所致。公路和港口货运企业单位货运周转量的能耗有明显降低,是货运组织效率提高、车辆能效提高等所产生的效果。

公路水路重点监测企业能源消耗情况

表 2-13

企业类型	能耗单位	2011 年	2012 年	2013 年	2014 年	2015 年	2011—2015 年增长倍数
城市公交企业	吨标准煤/万人次	1.4	1.4	1.5	1.4	1.5	1.07
	千克标准煤/百车公里	48.8	46.3	47.6	48.1	48.9	1.00
公路班线客运企业	千克标准煤/千人公里	11.3	11.7	11.6	12.1	12.6	1.12
	千克标准煤/百车公里	—	—	—	29.3	28.7	—
公路专业货运企业	千克标准煤/百吨公里	2.2	1.7	1.9	2	1.9	0.86

数据来源:2012 年前各年的《公路水路交通行业发展统计公报》,2012 年后各年的《交通运输行业发展统计公报》

3.水运

2011—2015 年间远洋和沿海货运企业单位运输周转量能源消耗减少 26%,港口企业减少 18%,见表 2-14。

公路水路重点监测企业能源消耗情况　　表 2-14

企业类型	能耗单位	2011 年	2012 年	2013 年	2014 年	2015 年	2011—2015 年增长倍数
远洋和沿海货运企业	千克标准煤/千吨海里	7	6.2	5.9	5.1	5.2	0.74
港口企业	吨标准煤/万吨	3.16	3	2.9	2.7	2.6	0.82

数据来源：2012 年前各年的《公路水路交通行业发展统计公报》，2012 年后各年的《交通运输行业发展统计公报》

4.民航

目前，民航已经初步建立起层次清晰、上下联动、内外呼应的行业节能减排工作体制，为行业节能减排及应对气候变化工作打下了良好基础。统计表明，2015 年，中国民航吨公里油耗为 0.294 千克，较 2005 年（行业节能减排目标基年）下降 13.5%；较“十一五”末下降近 5%。截至 2016 年，全国年旅客吞吐量 500 万人次以上机场中 90%以上的单位已完成 APU 替代设备安装并投入使用。2016 年共有 32.6万架次航班使用临时航路，缩短飞行距离 979 万公里，节省燃油消耗 5.3 万吨，减少二氧化碳排放约 16.6 万吨。

中国航空业航油消耗量从 2008 年的 1195 万吨增至 2015 年的 2110.5 万吨，航油消耗量年平均增速达 10%。

平均单位航班小时的燃油成本呈逐年下降趋势，单位公里燃油成本也逐年降低。

5.城市交通

高德地图联合交通运输部科学研究院、清华大学-戴姆勒可持续交通研究中心、阿里云等权威数据机构正式发布的《2016 年中国主要城市交通分析报告》中用大数据说明了城市交通发展的效果。该报告指出：从发展趋势上看，一线城市拥堵增长幅度基本停滞，深圳拥堵涨幅小于 2%，北京拥堵涨幅微弱仅为 0.24%，老牌堵城广州和上海甚至稍有下降，说明各地政府的治堵措施起到了作用。而在《2017 年二季度中国主要城市交通分析报告》中则显示：全国堵城排行前 100 座城市中，2017 年二季度有 77%的城市拥堵同比上年同期呈现大面积缓解，城市交通拥堵出现下行拐点。其中城市路网建设逐步完善、共享交通的发展、互联网交通管理等成效显现。

6.小汽车

在交通节能和减排技术领域，机动车特别是小汽车生产通过合资合作引进国外技术与管理经验，车辆技术性能有较大提高，一些车型的能耗和排放指标达到或接近世界先进水平。工信部发布数据显示，2015 年，117 家国产乘用车生产企业中，国产乘用车平均燃料消耗量为 7.04 升/百公里，进口乘用车平均燃料消耗量实际值为 8.33 升/百公里。2015 年我国生产新能源乘用车 20.64 万辆，如计入平均燃料消耗量核算，国产乘用车平均燃料消耗量为 6.65 升/百公里。

我国电动汽车技术研发能力从无到有、从弱到强,自主创新取得重要进展,基本建立了适合中国国情、能有效联合产学研力量与汽车产业发达国家竞争的国家创新体系,搭建了自主知识产权的电动汽车动力系统技术研发平台,初步构成了关键零部件的配套研发体系。技术水平显著提升,产业化发展使成本下降、性能提升。动力电池单体的能量密度,现生产使用的已经可以达到220瓦时/千克,价格每瓦时1.5元人民币,相比2012年,能量密度提高了1.7倍,价格下降了60%,驱动电机的峰值功率密度可以达到2000瓦/千克,纯动力汽车的动力性、经济性、安全性以及舒适性,相比几年前都有了大幅度的提升,基本上能够满足人们日常出行的需要,社会的认可度也在明显地提高。截至2015年年底,我国各类新能源汽车保有量达到45万余辆,基本实现"2015年电动汽车保有量50万辆"的预期目标。2016年共生产电动汽车51.7万辆,呈加速上升趋势,连续两年产销量居世界第一,至2016年电动汽车累计推广量已经超过了100万辆,占世界市场保有量的50%以上。具体如图2-2所示。其中,我国在电动公交车的领域也是世界领先(图2-3),2016年年底全国新能源公交车的总量已经超过16万辆。2015年部分国家纯电动车和插电式电动车的市场份额见图2-4。

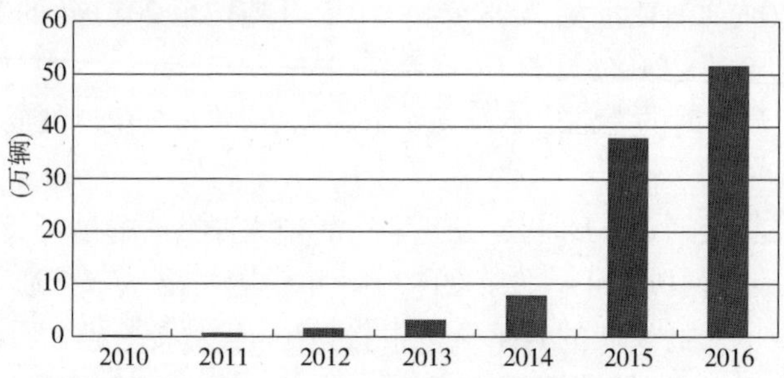

图2-2 我国电动汽车生产量

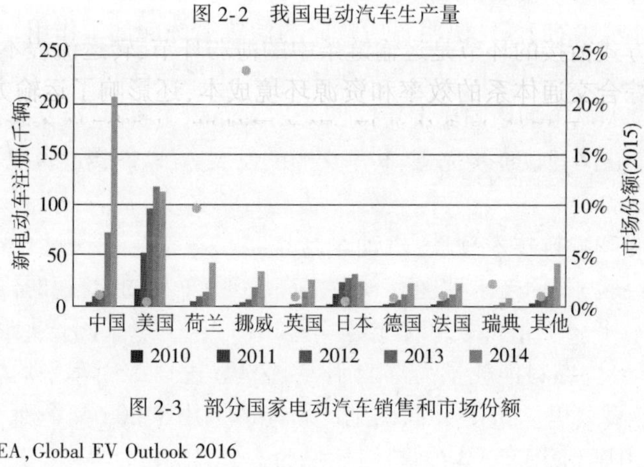

图2-3 部分国家电动汽车销售和市场份额

资料来源:IEA,Global EV Outlook 2016

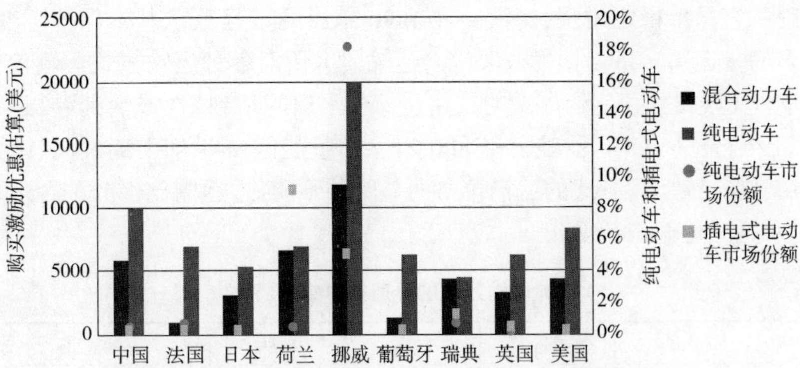

图 2-4　2015 年部分国家纯电动车和插电式电动车的市场份额

资料来源:IEA,Global EV Outlook 2016

在机动车替代燃料领域,初步取得进展,并在一些城市公交车辆和出租汽车上推广应用。其他替代技术如燃料电池汽车、电动汽车等技术尚处于研发阶段。在主要大城市基本实现了电喷装置机动车取代化油器机动车。此外,在交通工具应用新材料、新工艺等方面取得了一定进展。

(三)结构减排效果有限

按照构建节能型的运输结构,应由单位客货运输量能耗低、排放少的铁路、水路等运输方式承担更多的客货运输,从而形成更加节能低碳的客货运输结构。但多种原因限制了其在运输周转总量中的份额。主要原因包括以下几点。

第一,各种运输方式基础设施网络衔接不好,限制了货运节能减排型运输方式发挥更大作用。公路运输是可以自身完成“门到门”运输过程的,而铁路和水路运输的起讫点为站点或港口,不能单独完成全部“门到门”的客货运输过程,需要与公路运输联合完成客货的最初一公里和最后一公里运输。由于我国站点、港口、机场等各种运输方式衔接的环节是运输链条中的薄弱环节,转运流程不合理,不仅直接影响着区域综合交通体系的效率和资源环境成本,还影响了运输方式的技术经济特性(表 2-15)以及运输方式的选择,影响了铁路、水路运输市场份额的提高。另外,从需求层面,随着准时制生产(Just in Time ,简称 JIT)理念的普及,货主往往对货物的准时配送有很高要求,而公路运输的准时性和灵活性强的特点恰恰满足了运输需求,因此得以持续发展,份额也稳步提高。

第二,各种运输方式运输价格不合理,限制了低碳节能型运输方式的发展。运输价格是货物运输方式选择的最核心要素之一。近年来我国公路、水运、铁路相继进行了货物运输价格的市场化改革。我国的铁路运输统一运价与公路运价比价为 1∶3~1∶4,而美国是 1∶5~1∶6 的水平,其铁路和公路煤炭运输的比价为 1∶20,美国较低的铁路货物价格使铁路运输虽然里程减少,但份额保持基本不变。美国的公路里程一直保持稳定增长，而铁路在1990年后的里程数量基本保持不变，却承担了更多的货运周转量。据发改委综合运输研究所对各种运输方式运输价格的研究，500公里运距的情况下，煤炭的铁路、公路、水运的站到站（或港到港）运价分别为0.23元/吨公里、0.33元/吨公里和0.14元/吨公里，如果加上港到门、站到门的运输费用，则三种运输方式的运输价格的差距并不明显，运输比价的不合理也制约了铁路、水运的运输份额增长。

各种运输方式的一般技术经济特性 表2-15

指标		铁路	公路	民航	水运	管道
技术特性	运输能力	很大	很小	小	很大	大
	运行速度	快	快	很快	慢	较慢
	安全性	很高	较高	很高	高	很高
	连续性	很高	高	低	很低	很高
	灵活性	低	很高	较低	很低	高
	通用性	强	强	弱	强	很弱
	适用距离	中长	短、中、长	中长	中长	—
经济特性	建设投资	很高	很高	高	较低	低
	运输成本	低	较高	很高	很低	很低
	固定成本和可变成本	高固定	高可变低固定	高可变低固定	高可变低固定	高固定
	市场覆盖	站到站	门到门	港到港	港到港	—
	货物种类	中低价值、中高重量	所有	高价、低重、少量	低价、高重，大尺寸	—
	货损	中—高	低	低	低—中	—

第三，无缝衔接、零距离换乘的一体化运输链条尚不完善。货运方面，水运、铁路等运输方式份额扩大还需积极发展与公路的联合运输，而货物集装箱化是使多式联运链条更加顺畅的重要措施。目前，我国集装箱多式联运发展真正的联运链条还亟待完善。我国集装箱海铁联运仅占港口集装箱集疏运量的2%左右，这与欧洲20%以上的集装箱海铁联运比例差距甚远，甚至低于印度海铁联运比例。基础设施、技术装备、技术标准、组织环节、管理体制等层面存在诸多问题，极大地降低了集装箱多式联运链条的生产技术效率和交易效率，抑制了铁路、水运等运输方式份额的提高。客运方面，近两年由于我国高速铁路发展，铁路客运占比有所提高，但机场集疏运由于较少与铁路、轨道交通联通，公路集疏运的方式仍是绝大多数。

城市交通运输方面，我国综合性运输枢纽缺乏便利的无缝衔接服务，使城市交通中轨道交通、公共汽车份额没有明显提高。

二、运输政策的成本—效果分析

（一）定性分析

1.规划投资

建设交通基础设施，在满足运输需求的同时，也可能会带来部分负效益。新建道路可在建成初期产生减轻拥堵、减少燃油消耗和排放、减少出行时间成本等效果，但之后可能诱发客流、车流的增加，部分抵消了能源和排放减少的正效应。长期看用于交通控制、智能交通方面的投资可以产生能源节约和碳减排效益。

2.标准与监管

车辆燃油效率的提高依赖于企业对技术改进的投入，其结果会使单位车公里的排放量下降，产生直接的经济效益，但往往也会刺激更多的车辆出行，有加剧拥堵、增加停车成本、事故增多等负面效果。

3.购车补助政策

政府财政出资对购买能效更高的车辆给予补助，可以促进汽车单位行驶里程的能耗和排放减少，但产生的其他效益很少，相反还可能因为单位车辆运营成本降低而诱发更多车流量，而产生交通拥堵、增加公路建设维护成本等负面效果。

4.财税政策

运用财税政策（包括燃油税、车辆牌照费、停车收费等）可促使减少小汽车出行，减少能源消耗、排放及拥堵等负面影响，有助于减少拥堵，促进降低车辆使用成本、减少交通事故、提高非机动出行等多重目标的实现，是成本效益较显著的政策。而我国近年实行的节假日高速公路免费政策则是一个逆向鼓励车辆出行的政策，在满足正常交通需求的同时，也刺激、诱发了新的交通需求，是不利于交通减排的政策。

5.可再生能源

生物燃料可以显著减少二氧化碳的排放，但也取决于原料的使用和它们是如何产生的。

6.新能源车政策

从全生命周期考量，电动汽车在能效、排放和经济性上比常规汽车具有更大优势，电动汽车相对城市环境而言属于零排放清洁汽车，可以节省石油资源，提高能源效率。同时，电动车发展可消耗大量电网夜间低谷电量，夜间充电可有效利用低谷负荷的蓄能设备能力，并为电力产业发展节约大量蓄能电站的投资成本。另外，如果采取可再生能源发电技术或清洁燃煤发电技术，将进一步降低 CO_2 的排放。从长期看，新能源车可能会取得减排等净效益，但是由于插电式汽车使用电力能源，增加了生产电力的排放，而我国以煤电为主的电力能源结构，也会使能源转换过程中消耗化石能源、产生排放。

7.交通需求管理政策

交通需求管理政策通常是引导交通流由私人交通工具向公共交通工具转移，减少汽车行驶总里程的政策。该政策不仅能产生减少油耗等经济效益，还会产生较高的环境效益，包括减少交通拥堵等，是成本小、效益大的政策。

(二)定量分析

成本—效益定量分析法是把每项经济行为对社会的全部影响和效果折算为用货币单位表示的成本和效益，通过项目发生的成本和效益的对比，按净效益对政策的经济性做出评价。考虑政策实施和影响的长期性，采用体现资金时间价值的经济动态净贡献指标，即常用的"经济净现值 ENPV"作为对项目经济可行性的最终评价依据。这一分析方法用数学式表示如下：

$$ENPV=B-C=\sum_{t=1}^{n}(B_t-C_t)(1+i)^{-t}-K_0 \tag{2-1}$$

式中：B_t——投资项目第 t 年的净收入值(效益值)；

C_t——投资项目第 t 年的净经营成本值(成本值)；

K_0——项目的初始投资额；

n——项目持续的年限；

i——期望收益率即折现率。

成本效益分析方法具有严格规范的程序，往往需要高质量的数据及严格的货币化评价方法。一般来说，低碳交通政策的效益包括直接效益和间接效益，成本(或费用)也包括直接成本和间接成本(表 2-16)。

交通低碳发展政策的成本效益内容 表 2-16

成本		效益
直接成本	专项资金投入、税收优惠、政策性耗费支出、战略宣传、实施成本	使用者的财务节约(如燃油成本节约)、附加的使用者效益(如便利性、舒适性和安全性改善等)、交通系统效率的提高(包括交通拥堵减少、停车成本减少、事故减少等)
间接成本	产业转型成本，如汽车生产规模收缩成本、CO_2 浓度增高减少农作物产量等	其他污染物的减少，空气污染、噪声等减少；减少能源进口的经济效益；减少能源生产、维护的效益

由于相关数据获取难度较大,研究时间和精力有限,本书只对部分交通低碳政策进行成本—效益的定性分析。

1.部分经济策的减排成本

清华大学气候政策研究中心(2011)总结了“十一五”期间中央和地方政府对补贴节能汽车所投入的财政资金和2010年形成的减碳能力(定义为在2005年基础上2010年新增的节能低碳能力)。全产业减排1吨CO_2需要财政资金投入167元,社会资金投入739元。财政资金与社会资金投入的杠杆效应为1:4.4。而交通领域财政资金与社会资金投入的杠杆效应为1:2.86。一些机构测算了不同的交通碳减排政策的成本(表2-17)。清华大学气候政策研究中心(2011)测算的1.6升及以下节能汽车购买补贴政策的二氧化碳减排成本为4368元/吨CO_2。国家发展和改革委员会能源研究所(2011)的研究表明,公共交通领域新能源车示范的减排成本是42.5万元/吨CO_2,老旧汽车以旧换新的减排成本是3.6万元/吨CO_2,远远高于其他部门的二氧化碳减排成本。

部分低碳交通政策的成本效果测算　　表2-17

项　目	中央财政(亿元)	地方财政(亿元)	减碳能力(万吨CO_2)	成本效果(元/吨CO_2)
重点工业节能工程	315	158	37703	125
淘汰落后产能	202	102	29260	104
建筑节能	152	134	4263	671
补贴节能灯	16.2	—	711	228
1.6升及以下节能汽车购买补贴	30.4	—	69.6	4368
公共交通领域新能源车示范	85	—	2	425000
老旧汽车以旧换新	36	—	10	36000

资料来源:清华大学气候政策研究中心《中国低碳发展报告(2011—2012)》第133页、《中国低碳发展报告(2013)》第179页

2.部分技术政策的减排成本

戴彦德、胡秀莲考察了交通部门内17项节能减排技术的减碳成本(表2-18),其中15项是2020年累计节能潜力超过100万吨二氧化碳的技术。而其中燃油经济性和各子部门的结构性调整措施最为重要,两者综合减排能力超过总节能潜力的80%。其中,有三项技术在2015年、2020年的减排成本由正变负,累计节能量的积极效应逐渐超过投资增量,分别为汽油机缸内直喷技术(GDI)、均值压燃技术(HCCI)和插电式混合动力汽车,需要在2016—2020年加大扶持力度。

2015 年、2020 年交通部门关键减排技术及减排成本分析汇总　　表 2-18

技术内容			2015 年		2020 年	
			减排成本（元/吨 CO_2）	减排潜力（百万吨 CO_2）	减排成本（元/吨 CO_2）	减排潜力（百万吨 CO_2）
公路	汽车燃油经济性	高效柴油轿车	1840.7	0.26	−2641.5	2.37
		均值压燃技术（HCCI）——柴油车应用	2040.4	0.02	−1114.4	0.35
		均值压燃技术（HCCI）——汽油车应用	−426.7	4.00	−1941.2	14.68
		汽油机缸内直喷技术（GDI）	−1081.1	1.32	−2281.1	4.86
		高效汽油货车	−941.7	0.09	−2250.6	0.32
		高效柴油货车	−312.6	8.22	−1690.0	28.52
	混合动力汽车	插电式混合动力汽车	3042.7	0.29	−966.1	3.58
		非插电式混合动力汽车	2160.2	0.70	352.5	7.03
	纯电动车	纯电动车	5300.2	0.30	4128.8	2.48
	天然气汽车	天然气出租车	−983.2	1.52	−4505.0	2.28
	替代燃料	纤维素乙醇	856	2.02	633.7	4.04
		生物柴油	285	1.19	37.7	2.39
	结构性调整	提高公交出行率	−241.9	6.54	−641.2	15.88
铁路	结构性调整	提高电气化率	1509.8	0.66	1405.0	12.67
水运	结构性调整	货运结构调整——提高内河航运承载比例	−2851.0	11.50	−3096.0	16.98
航空	降低单耗	综合低成本改造技术	3615.2	0.75	771.5	1.84
		桥载设备替代辅助动力单元（APU）	1796	2.64	746.2	4.25
合计			—	42.01	—	113.10

数据来源：戴彦德、胡秀莲（2013）

3.清洁能源运输装备发展缓慢

车用清洁能源主要有天然气、生物质燃料（甲醇、乙醇、生物柴油）和电力等。目前，清洁能源汽车多用于私人小客车、城市公交车辆和出租车等，而货运汽车由于运输距离、道路状况、能源供应站点等条件的限制，清洁能源汽车的应用还较少，主要是 LNG 货车的应用。船用清洁能源主要有 LNG。LNG 船舶的发展仍处于起步阶段，仅有少量试运营的船舶。

第三节　我国交通运输低碳发展政策的主要问题

从交通低碳政策的框架和内容看,我国交通低碳发展的政策内容正在不断丰富和完善。同时,在不断完善产业政策的过程中,更加注重建立低碳发展的制度化、长效化、市场化的措施,突出表现在法律法规不断完善、标准规范不断健全、规划约束不断增强,以及碳交易市场等关系低碳发展的市场机制的建设思路不断推进。但是也存在诸多问题。

一、政策的系统性和前瞻性有待加强

由于我国交通运输在大部制改革前长期实行部门分立的管理体制,加之相当长时期内交通运输能力滞后于经济社会发展需求,优先缓解能力约束成为交通建设的主基调,低碳交通发展政策基本上是各种运输方式原主管部门分别制定的。在交通运输大部制改革后,尤其是交通运输能力从制约转为基本适应后,低碳交通发展政策也逐步由分立的政策向各种运输方式协调发展的政策方向转变。由于体制机制未彻底转变,我国交通运输节能减排、低碳发展政策并未突破分立方式的樊篱,无法通过各种运输方式合理分工和有机衔接形成综合运输体系下的最优化低碳发展模式,尤其是低碳交通政策顶层设计不够,低碳交通政策目标单一,政策的系统性、前瞻性、战略性、创新性均待加强。对于机动化快速发展进程中的小汽车出行引导、限制政策欠缺。

二、交通设施与空间匹配发展不足

相关理论研究以及不同国家交通发展模式的对比表明,交通能耗及排放既与交通基础设施的规划、布局、结构密切相关,更与土地利用、资源分布、产业布局、人口流动与布局等密切关联。我国跨区域交通发展规划、通道及枢纽设施建设缺乏与上述交通需求要素的协调和融合,发展理念较为落后,发展方式较为粗放。在城市交通方面,“摊大饼”的城市发展模式和城市功能分区不明确,潮汐交通严重,城市大院格局阻碍交通通达性,加之大容量轨道交通发展滞后和小汽车发展失控,加剧了交通碳排放。

三、政策制定缺乏全面的成本效益理念和考核机制

我国低碳交通相关政策出台缺乏成本—效益分析工具和明确思路,部分政策的成本—效果较差,减排成本很高。据国家发改委能源所的研究,公共交通领域新

能源车吨 CO_2 减排成本是42.5万元，老旧汽车以旧换新的减排成本(费用效果)是3.6万元，远远高于其他部门 CO_2 减排成本(重点工业节能工程的减排成本是125元/吨 CO_2)。交通运输节能低碳的成本效益理念欠缺，不仅导致对科学的成本效益标准认识滞后，而且也缺乏较为系统权威的考核标准，降低了低碳交通政策的权威性和严肃性，也使得一些成本—效益好的政策和措施实施力度不够，如节能驾驶未能普及，能源统计、核算、核查制度建设跟进缓慢，导致成本效益高的管理性政策效应无法发挥。

四、既有政策经济支持力度不足

投资政策方面，各种运输方式的网络布局相对独立，缺乏从综合运输合理供给结构层面统一调配各种投资，使基础设施投资不能合理投向能源消耗少的运输方式，不利于交通运输实现综合低碳发展。税收政策方面，除消费税、车船税按车船排量、等级实行差别税率外，其他各税种均按相同税率征收，没有充分体现低碳交通消费引导和消费者负担排放产生的外部成本理念。价格政策方面，低碳交通和利用价值取向尚不清晰，没有很好起到调节运输时空分布、出行选择和运输组织服务创新的作用。如节假日小汽车免收高速公路通行费的政策，虽有利于缓解运营交通需求过大的压力，但缺乏向大型客车等低碳出行方式的倾斜，有悖于低碳交通发展。碳交易政策方面，交通领域通过碳市场产生的交易量非常少，通过碳交易的低碳发展路径尚未打通。

五、对交通减排的技术创新及应用重视不够

我国从提高运输工具能效、发展新能源车、推广可再生能源、发展“互联网+”服务等方面推进交通技术减排，取得一定成效，但因起步较晚，与发达国家仍有很大差距。交通能源消耗及排放等数据采集、反馈、分析、处理的政策管理和政策机制不健全，数据整合、利用能力低，实时性、可靠性不高。智能交通管理、车辆信息交通系统、ITS(智能交通系统)、ETC联网(电子收费系统)、物联网、车联网等智能交通发展严重滞后。这些技术减排手段应用的巨大潜力未能充分发挥。

六、结构节能减碳政策力度不足

我国结构性节能政策力度不足，加之我国处于机动化快速发展阶段，运输结构的节能减碳效果很差。客货运输主体追求更快、更便捷是客观趋势，但是政府应从社会资源合理分配的角度促进交通向节能减排的运输方式转移。我国推进交通结构转移的政策力度不强，且存在一些障碍，限制了交通结构性节能减碳的效果。一是铁路和水路运输的起讫点为站点或港口，不能单独完成门到门的全程运输过程，

需要与公路或城市交通联合完成最初一公里和最后一公里运输。由于我国站点、港口、机场等各种运输方式衔接的环节是运输链条中的薄弱环节,转运流程不太合理,直接影响着旅客和货主的运输方式选择。其次,我国各种运输方式价格没有反映外部成本,也限制了节能减排型运输方式的发展。目前我国铁路运输统一运价与公路运价比价约为1∶3~1∶4,而美国是1∶5~1∶6的水平,美国还对铁路煤炭价格实施规制,其铁路和公路的比价为1∶20。据发改委综合运输研究所对各种运输方式运输价格的研究,500公里运距的情况下,煤炭的铁路、公路、水运的站到站(或港到港)运价分别为0.23元/吨公里、0.33元/吨公里和0.14元/吨公里,差距并不明显,如果加上港到门、站到门的运输费用,则三种运输方式的运输价格的差距就更小,运输比价的不合理也制约了铁路、水运的运输份额增长。另外技术装备、组织环节、管理体制等层面存在诸多问题,极大地降低了客货多式联运链条的生产技术效率和交易效率,抑制了铁路、水运等运输方式份额的提高。

七、配套管理制度机制建设滞后

限于交通运输发展阶段和理念的双重约束,我国低碳交通管理还处于起步阶段,虽已制订并出台了一系列交通低碳发展政策,但缺乏实施层面的配套和必要的分析研究手段,既有政策的减排效用不高。如交通用能单位自觉节能的机制和行业节能减排激励约束机制尚未健全,节能减排管理的长效机制有待建立和完善。碳排放考核制度、企业碳排放核算报告制度、统计监测制度、机动车能耗监测制度等也有待完善。私家车出行调查等基础分析研究工作薄弱。节能减排宣传等投入不足。交通运输能耗和排放统计制度不健全,交通运输低碳发展缺乏准确的基础数据支撑。

第三章
我国交通运输发展形势及需求预测

Woguo Jiaotong Yunshu Fazhan Xingshi ji Xuqiu Yuce

第一节　预 测 思 路

一、预测范围

本预测的目的是为计算未来交通领域的能源消耗提供基础数据。本预测属于综合交通运输需求预测范畴，因为所有具有机动性的交通方式在运行时都需要消耗能源。为了计算的完整，同时考虑相关统计数据的分类，预测内容分为以下三个部分。一是区域客货需求，包括铁路、公路、水运、民航和管道等运输方式的客货运量和客货周转量。另外，本研究仅测算国内发生的能源消耗及碳排放，不考虑国际仓的碳排放，因此在综合交通需求现状数据中需要剔除发生在国外的部分，即水运货运需求中的远洋部分和民航客货需求中的国际部分。二是汽车保有量，包括民用汽车和私人汽车。三是城市交通需求，包括公共电汽车、出租车和轨道交通车辆。

二、区域客货需求预测的思路和方法

（一）预测思路

全国区域客货运输需求预测包括由铁路、公路、水运、民航、管道等运输方式构成的客货总运量和客货总周转量预测，以及这几种方式的客货运量和客货周转量结构预测。预测的基本思路如下：

(1)根据国际客货运输需求的发展规律判断我国客货运输需求的发展阶段。

(2)分析经济发展、产业结构调整、居民收入、人口增长和城镇化的变化趋势，以及客货总运量和客货总周转量与上述影响之间的相关关系。

(3)根据相关经济发展规划预测与客货运量和客货周转量相关程度较高的社会经济发展主要指标。

(4)建立社会经济指标为依据的预测模型，根据社会经济发展指标预测客货运输总量和客货总周转量。

(5)预测客货结构比例，包括铁路、公路、水运和民航的客运量和旅客周转量比例以及铁路、公路、水运、民航和管道的货运量和货物周转量比例。

（二）技术路线

我国区域客货运输需求预测步骤见图 3-1 和图 3-2。

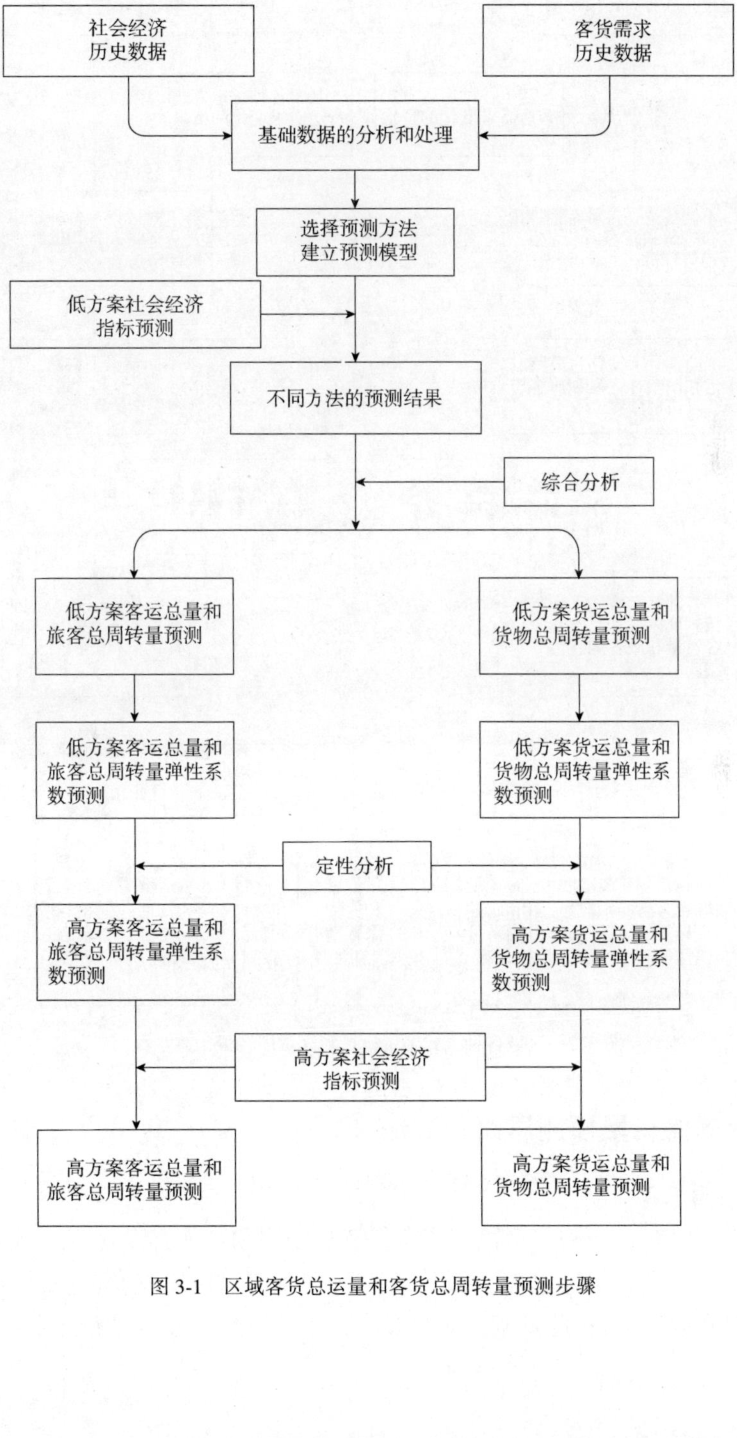

图 3-1　区域客货总运量和客货总周转量预测步骤

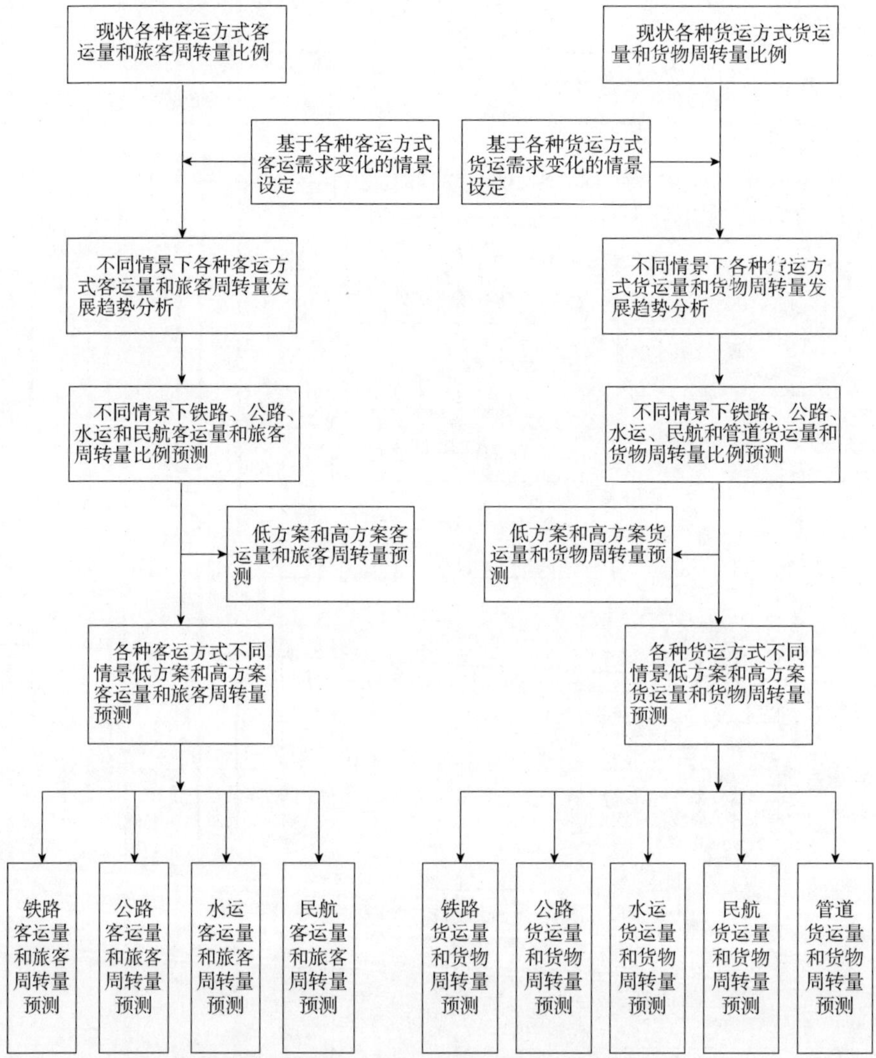

图 3-2 区域各种方式客货运量和客货周转量预测步骤

三、汽车保有量预测思路和方法

(一)预测思路

我国汽车保有量预测包括民用汽车保有量预测和私人汽车保有量预测两部分内容。由于民用汽车统计包含了私人汽车,因此预测以民用汽车为主,即首先预测民用汽车保有量,然后在此基础上预测私人汽车保有量。预测思路如下:

(1)参照发达国家民用汽车发展的规律,结合我国国情判断我国民用汽车发展的总体趋势。

(2)分析影响民用汽车增长的主要因素,包括人均 GDP、城镇居民人均可支配收入、城镇化发展水平、汽车生产量、汽车价格和公路里程等。

(3)采用定量分析方法,预测民用汽车保有量。

(4)采用比例法推算未来民用汽车和私人汽车两者之间的比例关系,并在此基础上预测我国私人汽车保有量。

(二)民用汽车保有量预测技术路线

民用汽车保有量预测步骤见图 3-3。

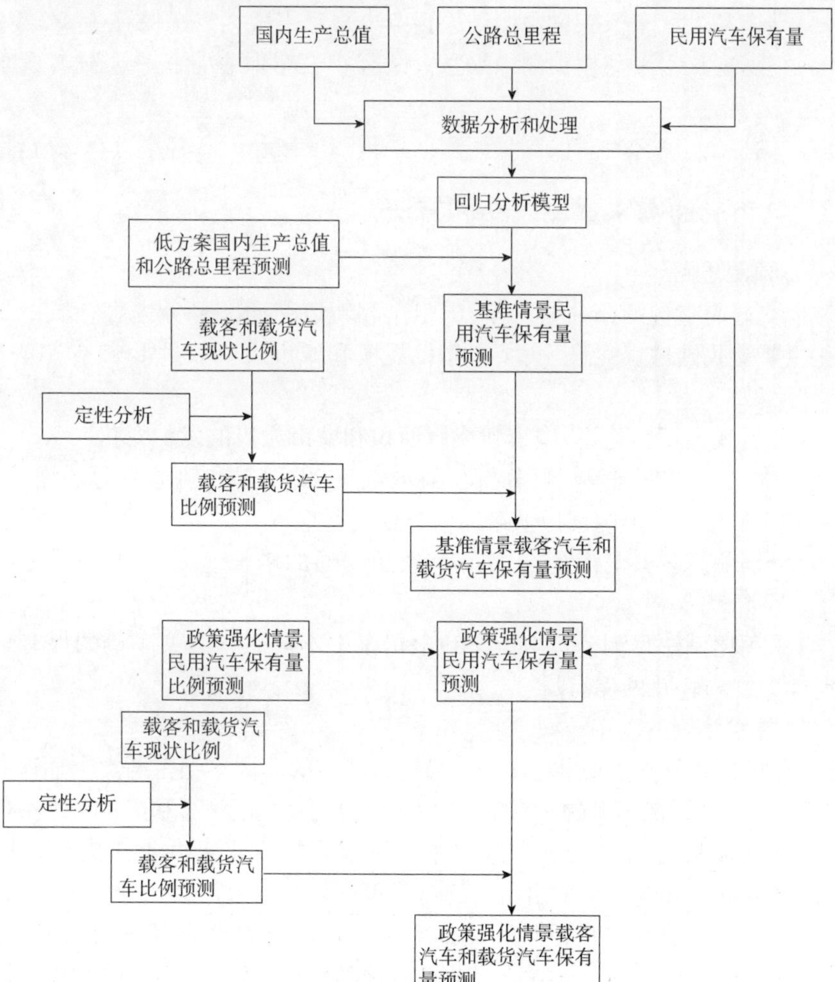

图 3-3　民用汽车保有量预测步骤

(三)私人汽车保有量预测技术路线

采用比例法,分别预测私人汽车保有量、私人载客汽车保有量和私人载客小汽车保有量。

(1)参照发达国家私人汽车保有量的发展规律判断我国私人汽车保有量的发展趋势。

(2)根据现状水平数据预测未来私人汽车保有量在民用汽车保有量中所占比例。

(3)结合民用汽车保有量预测结果预测未来私人汽车保有量。

(4)根据现状水平数据预测未来私人载客汽车保有量在私人汽车保有量中所占比例。

(5)结合私人汽车保有量预测结果预测未来私人载客汽车保有量。

(6)根据现状水平数据预测未来私人载客小汽车保有量在私人载客汽车保有量中所占比例。

(7)结合私人载客汽车保有量预测结果预测未来私人载客小汽车保有量。

四、城市交通需求预测思路和方法

(一)预测思路

城市交通需求包括公共电汽车、出租车和轨道交通三部分内容。城市交通需求变化主要受我国城镇化进程、城市建设规模和城市人口数量影响。城市交通需求预测思路如下:

(1)分析我国城镇化率、城市建成区面积和城市人口的发展变化。

(2)在上述因素的影响下,分析公共电汽车、出租车和轨道交通的增长态势,特别是三类车在满足不同规模城市需求方面的适应性。

(3)分别测算公共电汽车、出租车和轨道交通的增长速度,预测三类车的保有量水平。

(4)采用比例法预测公共电汽车和出租车中不同燃料类型车辆的保有量和轨道交通中地铁和轻轨的保有量。

(二)技术路线

(1)分析公共电汽车和出租车中以燃料为动力的不同车型占两类车辆保有量比例的变化趋势,并预测车型的保有量,然后相加得到公共电汽车和出租车的保有量。

(2)根据现状公共电汽车和出租车运营里程测算未来两类车的运营里程水平,并计算单位公共电汽车和出租车的运营里程。

(3)基于轨道交通在满足城市交通需求方面的优势确定其发展趋势,然后分析地铁和轻轨在轨道交通车中的比例,最后预测地铁和轻轨的保有量,相加得到轨道交通车保有量。

第二节　交通运输需求的历史现状分析

一、城际运输需求

（一）货物运输

1.运输总量

改革开放以来随着中国经济的超高速增长，货物运输快速增长。1978—2015年中国国内生产总值增长了30.27倍，货物运输量和货物运输周转量分别增长13.07倍和17.96倍，2015年分别达到417.58亿吨和178355.90亿吨公里（图3-4）。

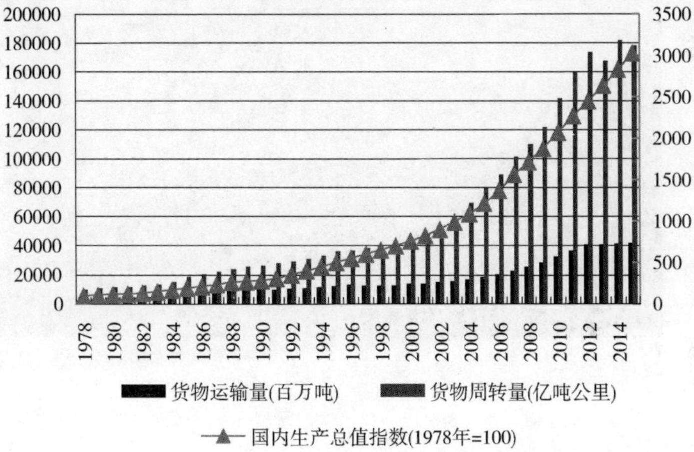

图3-4　1978—2015年我国货物运输量及货物周转量变化

注：货运量及货物周转量包括远洋和国际空运；2013年公路运输调整统计口径，按可比口径，2013年比2012年公路运输量同比增长10.9%，运输周转量增长11.2%。

资料来源：历年《中国统计年鉴》

2.运输结构

经过多年发展，中国货物运输结构发生了巨大变化。

包括远洋运输和国际空运，铁路运输量占全部货运量的比例已由1978年的34.47%降低到2015年的8.04%，铁路货物周转量占比由53.84%下降为13.32%；而同期公路货物运输量占比由47.46%提高到75.43%，货物周转量占比由3.53%提高到32.49%。水运货运量占比自1978年以来没有太大变化，由14.83%微降到2015年的14.69%，由于水运的运距较长（包括远洋运输），货物周转量占比较高，2015

年为 51.45%。而管道运输和民航运输的货运量占比和货物周转量占比均较小，1995 年以来基本呈增长趋势。

不包括远洋运输，铁路运输量占全部货运量的比例已由 1978 年的 34.87%降低到 2015 年的 8.19%，货物周转量占比由 71.83%下降为 19.14%；而同期公路货物运输量占比由 48.01%提高到 76.81%，货物周转量占比由 4.71%提高到 46.69%。水运货运量占比在 1978 年 13.84%的基础上略有下降，到 2015 年为 13.14%，但其周转量占比由 1978 年的 17.67%增长到 2015 年的 30.24%。管道运输量 1978 年占比由 3.27%下降至 2015 年的 1.85%，运输周转量同期占比由 5.78%下降为 3.76%。民航运输的货运量占比和货物周转量占比 1978 年以来有所增长，但占比均较小，2015 年货运量和周转量占比分别为 0.015%和 0.17%，详见图 3-5。

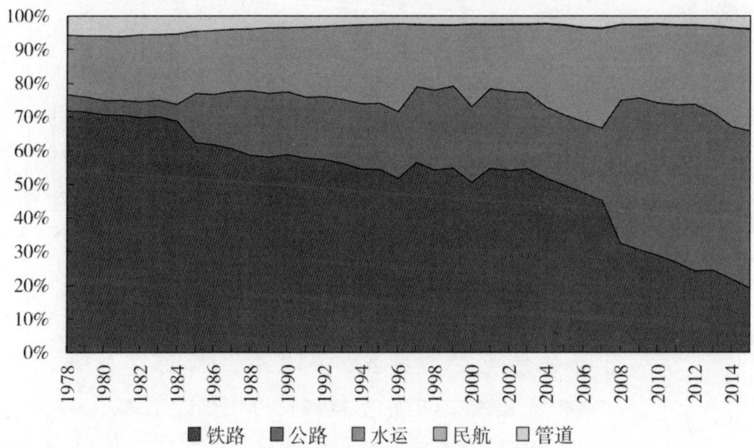

图 3-5 中国货运周转量的结构变化(不包括远洋运输)

注：货运量及货物周转量包括远洋和国际空运；2013 年公路运输调整统计口径，按可比口径，2013 年比 2012 年公路运输量同比增长 10.9%，运输周转量增长 11.2%。

资料来源：历年《中国统计年鉴》

在货运方式中，铁路货运量和货物周转量增长速度最低，其次是民航，而公路和水运货运量和货物周转量的增长速度相对较高。由于大宗货物需求减少，加上货运价格的提高，致使铁路货运量和货物周转量增长缓慢，甚至某些年份出现负增长。公路货运量和货物周转量增长速度的提高与小批量、多批次、附加值货物增加以及高速公路网规模扩大密切相关。

3.货运强度

改革开放以来中国货运强度(按照 GDP 当年价计算)变化趋势详见图 3-6。

1986 年以前,中国货运强度有所波动,1986—1995 年,总体上呈现快速下降趋势,1995 年以后货运强度基本平稳,2015 年的货运强度为 5.69 吨/万元(图 3-6)。

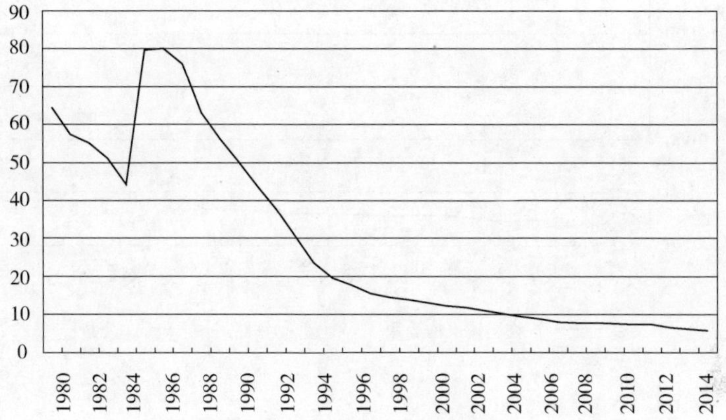

图 3-6 货物运输强度变化趋势

注:国内生产总值采用当年价计算。

资料来源:历年《中国统计年鉴》

4.平均运距

由于货物周转量增速均高于货运量增速,因此各种运输方式的综合客货平均运距也在不断延长。1980—2015 年间,我国货物平均运距从 220 公里延长到 427 公里。公路和民航货物平均增幅较大,其中公路货运平均运距从 1980 年的 20 公里延长到 2015 年的 184 公里,年均增幅 9.2%,均高于同期其他方式的平均运距增幅(图 3-7)。

5.主要货类

我国铁路、内河及沿海水运、高速公路干线运输的货类构成如表 3-1 所示。其中煤炭及制品,石油、天然气及制品,金属矿石,钢铁和有色金属,矿物性建筑材料,水泥,非金属矿石,木材,粮食九类大宗货类的在不同运输方式运输量的比例是不同的,铁路承担的大宗货类运输占总量的 90%以上,内河及沿海水运承担的大宗货类运输占总量的 74.9%,高速公路承担的大宗货类运输仅占总量的 52.6%。不同运输方式所承担货类的情况与运输方式的技术经济特性,以及货类的时间价值属性是紧密相关的,见图 3-8。

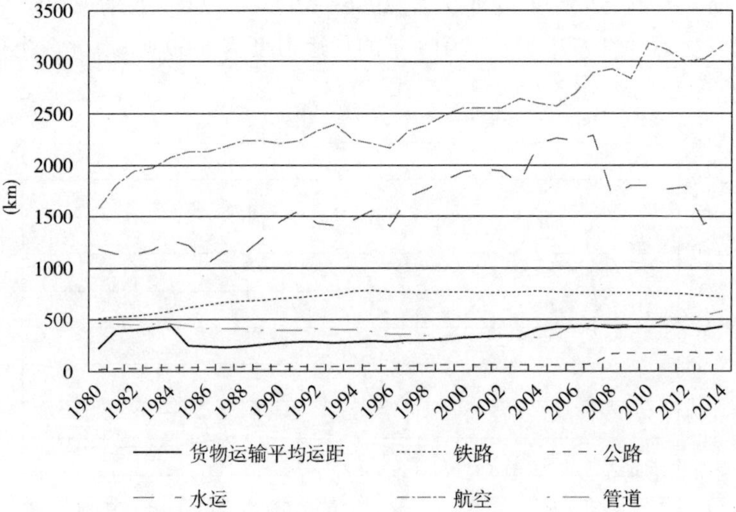

图 3-7　1980—2015 年我国货物运输平均运输距离

注：水运货运扣除远洋部分，民航客货扣除国际部分，运距为国内运输平均运距。

数据来源：《交通统计资料汇编 2015》

干线运输货类构成　　表 3-1

序号	货　类	铁路(%)	内河和沿海水运(%)	高速公路(%)
1	煤炭及制品	61.39	25.38	8.19
2	石油、天然气及制品	3.50	5.40	4.80
3	金属矿石	10.79	8.83	0.96
4	钢铁和有色金属	5.66	5.23	12.73
5	矿物性建筑材料	3.58	21.83	13.76
6	水泥	0.92	3.72	3.94
7	非金属矿石	2.26	2.34	3.47
8	木材	0.63	0.18	2.07
9	粮食	2.77	1.97	2.68
10	化肥和农药	2.20	0.24	0.94
11	盐	0.39	0.11	0.16
12	机械设备、电器	0.17	1.05	7.09
13	化工原料及制品	1.31	1.74	6.08

续上表

序号	货　类	铁路(%)	内河和沿海水运(%)	高速公路(%)
14	轻工、医药产品	0.60	0.87	17.39
15	农、林、牧、渔业产品	0.10	0.28	8.52
16	其他货类	3.63	20.83	7.22
17	合计	100.0	100.0	100.0
货类1~9合计		91.5	74.88	52.6

注：铁路、内河和沿海水运是2013年数据，高速公路是2014年和2015年上半年在9个省调查的数据。

其中高速公路货物周转量占全社会营业性火车货物周转量的比例为38.11%。

数据来源：《2014中国高速公路运输量统计调查分析报告》第11页

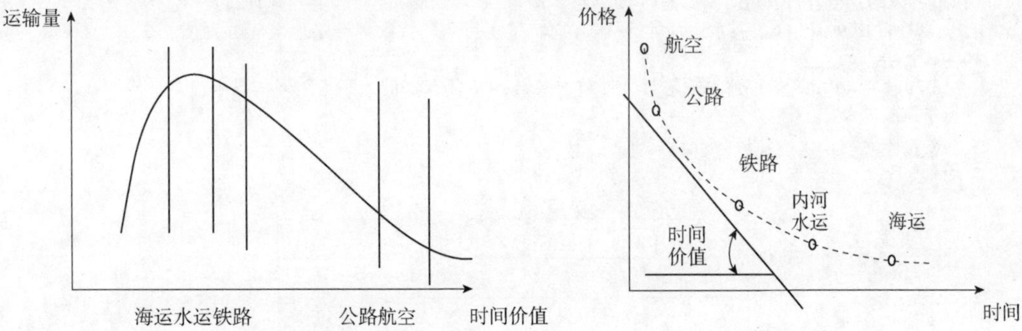

图3-8　不同运输方式与货类时间价值的关系

(二)旅客运输

1.运输总量

近年来，旅客运输需求保持了较快增长。2015年客运量和旅客周转量分别达到194.3亿人和30059亿人公里。与1980年相比，客运量和旅客周转量年均增长5.1%和7.6%。从增长速度看，旅客周转量高于客运量，说明我国客运交流范围不断扩大，旅客运输距离逐年延长，而且旅客运输需求空间分布更为广泛，其中的主要原因既有我国经济发展水平的提高，也有交通基础设施网络的完善。1980年以来我国旅客运输需求见图3-9、图3-10。在各种运输方式方式中，客运量和旅客周转量增长速度最高的是民航，其次是铁路，公路和水运增长速度相对较低。近年经济发展以及人们对出行时间和舒适度要求的逐渐提高是铁路和民航客运需求增长较快的主要原因，另外高速铁路和城际铁路通车里程大幅度增加也对铁路客运需求增长起到了较大的促进作用。

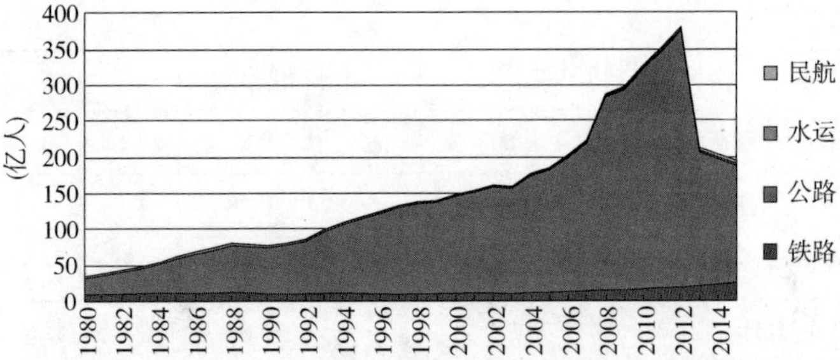

图 3-9　我国旅客运输量

注:1.2008 年公路、水路运输量统计口径有调整。从 1979 年起,公路运输包括社会车辆完成数量,从 1984 年起,还包括私营运输完成的数量,从 2008 年起公路运输量统计范围原则上为营运车辆。水路运输量统计范围为在交通运输主管部门审批、备案、从事营业性旅客和货物运输生产的船舶。

2.2013 年公路水路客货运输数据,源自 2013 年交通运输业经济统计专项调查,统计范围口径有所调整(以下各表同)。按可比口径计算,2013 年公路客运量、旅客周转量、货运量、货物周转量比上年分别增长 4.2%、1.0%、10.9%和 11.2%;水运客运量、旅客周转量、货运量、货物周转量比上年分别增长 3.0%、2.9%、10.4%和 4.8%。

3.2014 年、2015 年公路水路运输量统计数据根据 2015 年开展的公路水路运输量小样本抽样调查结果进行了调整。

数据来源:《中国统计年鉴 2016》

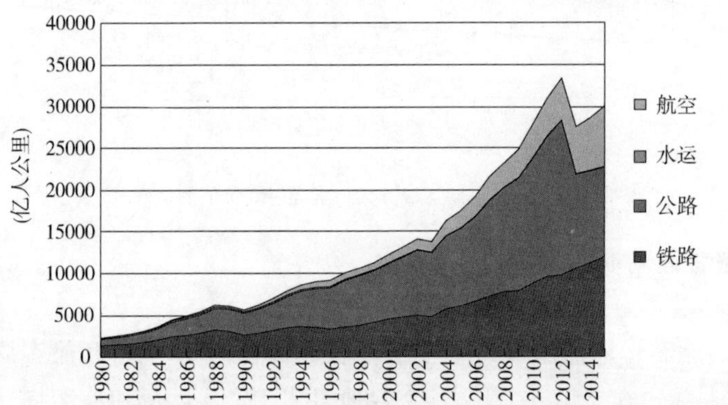

图 3-10　旅客周转量

注:1.2008 年公路、水路运输量统计口径有调整。从 1979 年起,公路运输包括社会车辆完成数量,从 1984 年起,还包括私营运输完成的数量,从 2008 年起公路运输量统计范围原则上为营运车辆。水路运输量统计范围为在交通运输主管部门审批、备案、从事营业性旅客和货物运输生产的船舶。

2.2013 年公路水路客货运输数据,源自 2013 年交通运输业经济统计专项调查,统计范围口径有所调整(以下各表同)。按可比口径计算,2013 年公路客运量、旅客周转量、货运量、货物周转量比上年分别增长 4.2%、1.0%、10.9%和 11.2%;水运客运量、旅客周转量、货运量、货物周转量比上年分别增长3.0%、2.9%、10.4%和 4.8%。

3.2014 年、2015 年公路水路运输量统计数据根据 2015 年开展的公路水路运输量小样本抽样调查结果进行了调整。

数据来源:《中国统计年鉴 2016》

2.运输结构

1980—2015 年我国分方式客货需求结构变化分别见图 3-11 和图 3-12。图中可见,铁路客运量和旅客周转量比例近年不断提高,而公路客运量和旅客周转量比例则出现下降趋势,因此 2015 年铁路和公路的旅客周转量的比例大致相同。另外,民航完成的旅客周转量也超过了 10%。

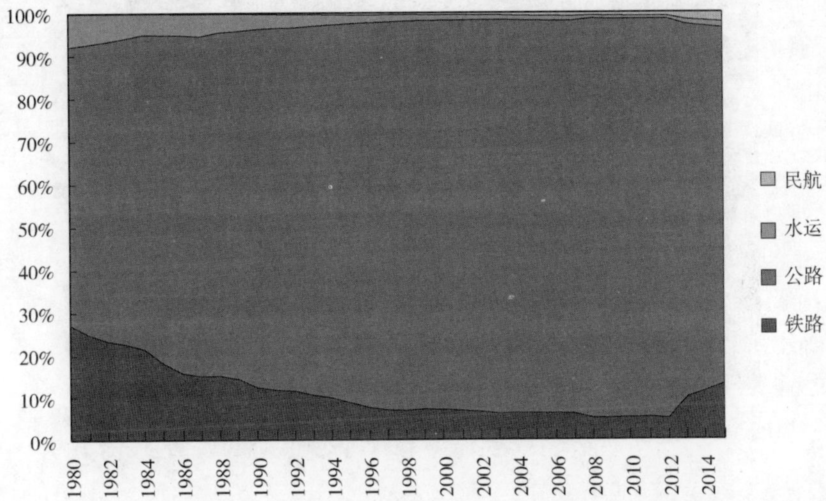

图 3-11　我国旅客运输量结构

注:1.2008 年公路、水路运输量统计口径有调整。从 1979 年起,公路运输包括社会车辆完成数量,从 1984 年起,还包括私营运输完成的数量,从 2008 年起公路运输量统计范围原则上为营运车辆。水路运输量统计范围为在交通运输主管部门审批、备案、从事营业性旅客和货物运输生产的船舶。

2.2013 年公路水路客货运输数据,源自 2013 年交通运输业经济统计专项调查,统计范围口径有所调整(以下各表同)。按可比口径计算,2013 年公路客运量、旅客周转量、货运量、货物周转量比上年分别增长 4.2%、1.0%、10.9%和 11.2%;水运客运量、旅客周转量、货运量、货物周转量比上年分别增长3.0%、2.9%、10.4%和 4.8%。

3.2014 年、2015 年公路水路运输量统计数据根据 2015 年开展的公路水路运输量小样本抽样调查结果进行了调整。

数据来源:《中国统计年鉴 2016》

3.平均运距

1980—2015 年间,我国旅客平均运距从 67 公里延长到 155 公里,各种运输方式的旅客平均运距则因为运量和周转量的增速不同而呈现出不同的变化趋势。铁路客运需求,特别是短途客运需求的增加缩短了铁路旅客平均运距。公路和民航旅客平均增幅较大,其中公路客运平均运距从 1980 年的 33 公里延长到 2015 年的

66 公里。另一方面，虽然公路旅客平均运距增长速度相对较快，但优势仍然在短途客货运输上，而中长途客运基本由铁路完成。1980—2015 年我国各种运输方式客货平均运距见图 3-13。

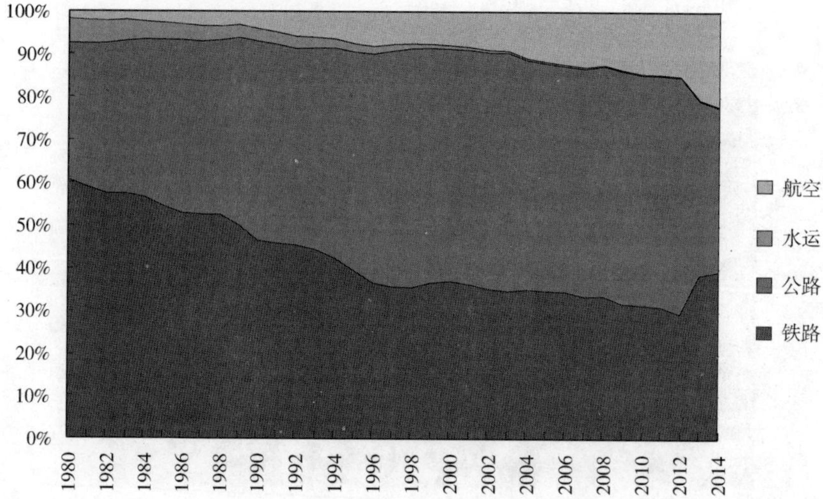

图 3-12　我国旅客周转量结构

注：1.2008 年公路、水路运输量统计口径有调整。从 1979 年起，公路运输包括社会车辆完成数量，从 1984 年起，还包括私营运输完成的数量，从 2008 年起公路运输量统计范围原则上为营运车辆。水路运输量统计范围为在交通运输主管部门审批、备案、从事营业性旅客和货物运输生产的船舶。

2.2013 年公路水路客货运输数据，源自 2013 年交通运输业经济统计专项调查，统计范围口径有所调整（以下各表同）。按可比口径计算，2013 年公路客运量、旅客周转量、货运量、货物周转量比上年分别增长 4.2%、1.0%、10.9%和 11.2%；水运客运量、旅客周转量、货运量、货物周转量比上年分别增长3.0%、2.9%、10.4%和 4.8%。

3.2014 年、2015 年公路水路运输量统计数据根据 2015 年开展的公路水路运输量小样本抽样调查结果进行了调整。

数据来源：《中国统计年鉴 2016》

4.客运强度

本预测中的客运强度用人均出行次数表示，即单位人口所产生的全社会客运量，包括铁路、公路、水运和民航。近年来，随着经济发展和人民生活水平的提高，我国客运强度保持了较快增长。1980 年客运强度为 3.5 人次/人，2015 年达到 14.1 人次/人。由于统计口径的调整，我国客运强度在 2013 年显著下降。我国近年客运强度发展变化见图 3-14。

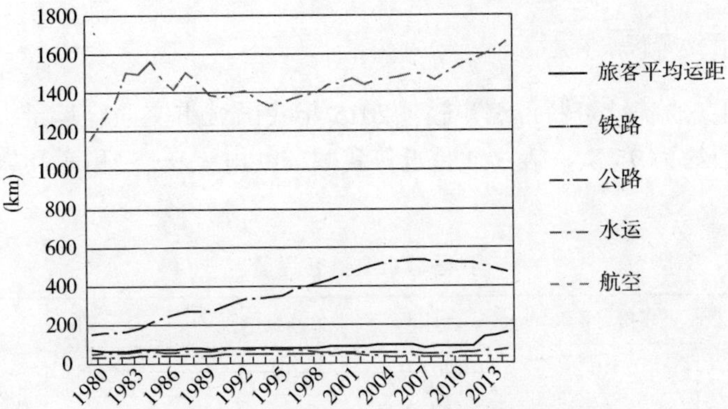

图 3-13　我国城际旅客平均运输距离

注：1.2008 年公路、水路运输量统计口径有调整。从 1979 年起，公路运输包括社会车辆完成数量，从 1984 年起，还包括私营运输完成的数量，从 2008 年起公路运输量统计范围原则上为营运车辆。水路运输量统计范围为在交通运输主管部门审批、备案、从事营业性旅客和货物运输生产的船舶。

2. 2013 年公路水路客货运输数据，源自 2013 年交通运输业经济统计专项调查，统计范围口径有所调整（以下各表同）。按可比口径计算，2013 年公路客运量、旅客周转量、货运量、货物周转量比上年分别增长 4.2%、1.0%、10.9%和 11.2%；水运客运量、旅客周转量、货运量、货物周转量比上年分别增长3.0%、2.9%、10.4%和 4.8%。

3.2014 年、2015 年公路水路运输量统计数据根据 2015 年开展的公路水路运输量小样本抽样调查结果进行了调整。

数据来源：《中国统计年鉴 2016》

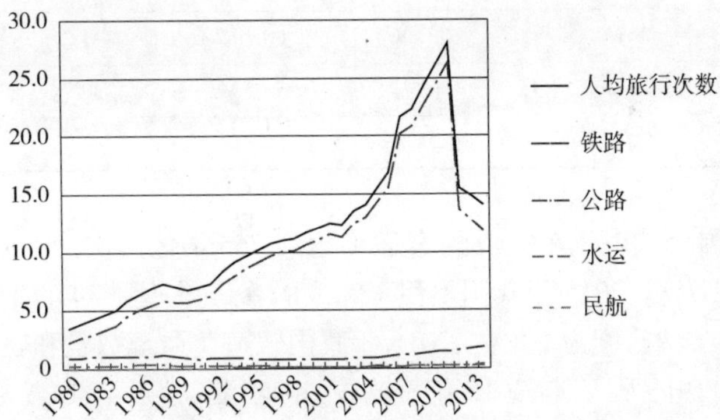

图 3-14　客运强度发展变化趋势

注：1.2008 年公路、水路运输量统计口径有调整。从 1979 年起，公路运输包括社会车辆完成数量，从 1984 年起，还包括私营运输完成的数量，从 2008 年起公路运输量统计范围原则上为营运车辆。水路运输量统计范围为在交通运输主管部门审批、备案、从事营业性旅客和货物运输生产的船舶。

2.2013 年公路水路客货运输数据，源自 2013 年交通运输业经济统计专项调查，统计范围口径有所调整（以下各表同）。按可比口径计算，2013 年公路客运量、旅客周转量、货运量、货物周转量比上年分别增长 4.2%、1.0%、10.9%和 11.2%；水运客运量、旅客周转量、货运量、货物周转量比上年分别增长3.0%、2.9%、10.4%和 4.8%。

3.2014 年、2015 年公路水路运输量统计数据根据 2015 年开展的公路水路运输量小样本抽样调查结果进行了调整。

数据来源：《中国统计年鉴 2016》

二、城市运输需求

据《全国交通统计资料汇编》统计,2015 年我国城市交通客运量为 1302 亿人,人均出行次数约为 95 次。表 3-2 是近年我国公共电汽车、出租车和轨道交通车完成的客运量。

我国城市交通客运量

表 3-2

指　　标	年份(年)	合计	公共电汽车	出租车	轨道交通
客运量(万人)	2010	10720799	6701237	3462785	556777
	2011	11638363	7157903	3767060	713400
	2012	12271236	7498035	3900276	872925
	2013	12822923	7711694	4019357	1091872
	2014	13145966	7818820	4060570	1266576
	2015	13021555	7654049	3967404	1400102
比例(%)	2010	100	62.5	32.3	5.2
	2011	100	61.5	32.4	6.1
	2012	100	61.1	31.8	7.1
	2013	100	60.1	31.3	8.5
	2014	100	59.5	30.9	9.6
	2015	100	58.8	30.5	10.8

数据来源:《2015 年全国交通统计资料汇编》

2015 年我国公共电汽车完成的客运量达到 765.4 亿人次,与 2010 年相比较,年均增长速度 2.7%。2015 年我国出租车完成的客运量达到 396.7 亿人次,与 2010 年相比较,年均增长速度为 2.8%。2015 年我国轨道交通车数量和轨道交通完成的客运量达到 140.0 亿人次,与 2010 年相比较,年均增长速度为 20.2%。虽然公共电汽车客运量最大,但增长速度低于出租车和轨道交通车,而且在三类车辆完成的合计客运量中的比例逐年降低。

三、民用汽车出行

根据《2015 年中国高速公路运输量统计调查分析报告》,2015 年高速公路客运量为 181.89 亿人次,同比增长 8.71%。旅客周转量 14608.66 亿人公里,同比下降 0.59%。旅客平均运距 80.32 公里,同比下降 8.45%,其中省内旅客平均运距 59.7 公里,跨省的旅客平均运距 327.42 公里。

第三节　影响交通运输需求的宏观经济发展趋势

交通运输需求是一种派生性需求,源于经济社会发展对客货空间位移方面的需求。运输需求与经济发展阶段、经济发展水平等密切相关。“十三五”及后十年是我国经济社会发展的转型时期,也是工业化、城市化、国际化、人本化、低碳化深化发展的时期。经济社会的发展和转型对交通运输需求规模、结构、质量等方面都提出新的需求。

一、经济增长速度

客货运输需求是一种派生性需求,源于经济社会发展对客货空间位移方面的需求,与经济发展阶段、经济发展水平等密切相关。按照运输经济学理论,客货运输需求变动的首要影响因素是经济发展水平和速度。经济发展速度直接影响客货运输量的发展。自改革开放以来,我国经济保持高速增长,截至 2015 年 GDP 已超过 68.9 万亿元,按可比价计算是 1980 年的 26.1 倍,年均增长率达 9.8%。许多机构和专家对我国未来经济发展走势进行预测。

(一)国外预测

乔根·兰德斯在其著作《2052:未来 40 年的中国与世界》中预测:未来 40 年里,中国经济将一直保持高速增长的姿态;到 2052 年,中国经济总量将达到 2012 年的五倍,这相当于 3.5%的年平均增长率。中国是增长最好的国家。另外,中国人民或许还会在其政府的带领下,提高能源效率,使能源供应量翻番,提高可持续能源的比重。在未来 20 年里,传统投资比例将出现下降,逐渐接近全球平均水平(24%),但是中国政府将在其他方面不受限制地增加投资,以解决资源枯竭、环境污染。在未来的 40 年,中国人均收入将快速增长,到 2052 年中国人的富裕程度将是现在的 5 倍。

罗伯特·福格尔预测[1]:到 2040 年中国经济总量将达到 123 万亿美元,几乎是 2000 年全球经济总产出的 3 倍。届时,中国的人均收入将达到 85000 美元,预计将比 2040 年的欧盟人均收入多 1 倍,同时也将大大高于印度和日本的人均收入。30 年后中国在全球 GDP 中所占份额将达到 40%这,将使美国(14%)、欧盟(5%)相形见绌。

卡内基国际和平基金会的一项研究报告预测,到 2050 年,中国经济总量会比

[1] 吴敬琏、俞可平、罗伯特·福格尔,《中国未来 30 年》,中央编译出版社,第 127 页。

美国大20%。

日本经济研究中心发布预测称，由于地方债务以及少子化、老龄化等结构问题，2025年中国经济增速将下降至4.1%。分时段来看，2016年之前，在货币宽松政策的支撑下，中国经济增速维持在7%，但2017年后将放缓，预计2020年增速下降至5.2%，2025年降至4.1%。

(二)国内预测

社科院的李京文(1997)撰文指出，2020年的中国GDP将有可能超过美国，人均GDP将超过1万美元，处于高收入国家最低限与中等收入国家最高限的中间。在2020年前的一段时期经济增长将保持持续快速，产业结构变化加快，成为中国经济发展的黄金时期。他认为中国经济保持持续快速发展的主要原因包括：产业结构的变化与升级，消费水平提高、消费结构变化，保持较高的投资率、有较充足的投资保障，庞大的市场规模，技术引进吸收的后发优势以及深化改革开放所释放的效应等。

国务院发展研究中心的李善同(2005)设定了基准情景、协调发展情景和风险情景等三种发展情景，预测了2010年至2020年间，经济增长速度会有所放慢，年均经济增长速度将保持7%左右，同时，考虑到贸易摩擦对进出口的负面作用、储蓄率的下降和资本积累速度的放慢、体制矛盾造成的制度成本上升等因素，中国经济的增长速度还可能下降到6%左右。此外，他认为，2020年前经济快速增长最主要的动力仍然是资本的快速积累，产业结构将随着工业化和城市化的深化继续调整并趋于优化。

中国社会科学院数量经济与技术经济研究所的李平在其《"两个一百年"目标及经济结构预测》中认为：2016—2020年，GDP平均增长率仍将保持在6.5%左右，到2020年，我国GDP总量将达到82.2万亿元(2010年价)，将为2010年的2.0倍；2036—2050年，我国GDP平均增长速度很可能仅仅维持在3.6%左右(其中2036—2040年平均为4.0%，2041—2045年平均为3.6%，2046—2050年平均为3.2%)。2050年中国不变价GDP规模将为2020年的3.6倍、2030年的2.1倍、2040年的1.4倍。中国可能在2035年前后超过美国，成为世界第一经济大国。中国人均GDP将于2050年左右达到欧盟和日本水平，但由于汇率因素(人民币贬值)，2050年美国依然保持人均GDP世界第一。

(三)综合判断

综合国内外经济组织对我国经济增长速度的预测，"十三五"期间我国GDP年均增长速度为6.5%~7%之间。以2015年GDP达到68.9万亿元、人均GDP超过8000美元为基数，年均增长6.7%，到2020年GDP达到94万亿元，人均GDP接近11000美元。2030年，我国GDP总量接近美国总体水平，达到22万亿美元，约136

万亿元，人均 GDP 达到 1.6 万美元，2020—2030 年的年均增长率为 4%；到 21 世纪中叶，基本实现现代化，经济达到中等发达国家水平，考虑到既有发展速度和未来发展潜力，这里按照 2050 年接近 2012 年的美国平均水平，即人均 GDP 达到 3 万美元，折算 GDP 达到 250 万亿元，2030—2050 年年均增长率应在 3%。表 3-3 为国内外不同学者关于中国 GDP 增长率预测比较表。

国内外不同学者关于中国 GDP 增长率预测比较　　表 3-3

预测时间	2016—2020	2020—2030	2030—2040	2040—2050
李善同和刘云中等(2011)	7.0%	6.2%	—	—
Ping Zhang 和 Hongmiao Wang(2011)	7.3%	5.8%	—	—
李京文(2000)	6.4%	5.4%	4.9%	4.3%
World Bank(2012)	7.0%	5.4%	—	—
李平	6.5%	5.3%	4.3%	3.4%

数据来源：世界银行、国务院发展研究中心联合课题组《2030 年的中国》

本书综合参照以上所述专家预测，分别按照低方案、高方案两种情景进行取值，见表 3-4。

经济发展预测　　表 3-4

指　标	GDP—低方案	GDP—高方案
2015—2020 年均增速	6.5%	7.0%
2020—2030 年均增速	5.0%	6.0%
2030—2045 年均增速	4.0%	4.5%

二、人口发展趋势

2015 年中国人口总量达到 13.75 亿人，占世界人口的 18.7%。未来人口的数量、结构、收入、地理空间布局的变化会对客货运输需求产生巨大影响。

(一) 国外预测

根据联合国《世界人口预测 2015 版》，中国人口将于 21 世纪 30 年代达到峰值 14.2 亿，进入 21 世纪 40 年代后人口转为负增长，2050 年从峰值减少至 13.5 亿人。

(二) 国内预测

国务院印发的《国家人口发展规划(2016—2030 年)》指出，未来十几年特别是 2021—2030 年，我国人口发展进入关键转折期。根据预测，人口总量将在 2030 年前后达到峰值，劳动年龄人口波动下降，老龄化程度不断加深，人口流动仍然活跃，家庭呈现多样化趋势。同时,我国的人口形势也将遭遇一系列的挑战,如适度生育水平压力较大,老龄化加速的不利影响加大,人口合理有序流动仍面临体制机制障碍,人口与资源环境承载能力始终处于紧平衡状态,家庭发展和社会稳定的隐患不断积聚等。

国家卫计委《实施全面两孩政策人口变动测算研究》预计全面两孩政策实施后,2028 年中国将达到人口峰值 14.5 亿人。

中国产业信息网发布的《2016—2022 年中国养老产业深度调查及投资前景预测分析报告》中显示:中国从 2000 年始已进入老龄化社会。2014 年中国 65 岁以上老年人口达到 1.38 亿人,占总人口的比例达 10.1%,预计 2020 年这一比例会增长到 12.8%。2025 年老年人口将近 3 亿人,2050 年将有 4 亿老年人。国家发改委宏观经济研究院的相关研究表明,中国两孩全面放开的政策会使中国人口总量增加 700 万~800 万人,但人口增长率下降的大趋势不会逆转,老龄化趋势也不会逆转。中国人口布局也会发生显著变化,不断向东部、向巨型都市群聚集。同时人民收入水平将会随着经济社会发展稳步增长,"2050 年人均收入达到中等发达国家水平"的目标预计能够如期甚至提前实现。

(三)综合判断

本书综合参照以上所述专家预测,分别按照低方案、高方案两种情景进行取值,见表 3-5。

人口发展预测 表 3-5

年份(年)	人口—低方案(亿人)	人口—高方案(亿人)
2020	14.3	14.2
2030	14.2	14.5
2050	13.5	13.7

三、城镇化发展

2016 年中国城镇化率达到 57.4%。与其他国家相比,中国的城镇化率仍然较低,不仅低于发达国家 80.7%的平均水平,也低于中等收入国家 61.8%的平均水平。根据世界城市化发展规律,中国正处于城市化快速发展的中期阶段(图3-15)。社科院李平预测 2020 年我国城镇化率达到 60.0%,2030 年达到 65.5%,2040 年达到 69.0%,2050 年达到 71.0%。

根据《"十三五"国民经济和社会发展规划纲要》,未来中国将形成主体功能区规划的"3+18"城市群格局。其中,珠三角、长三角和环渤海三大城市群,将形成能够容纳 5000 万到 1 亿人口的具有国际影响力的特大城市群。哈长、海峡西岸、中原、长江中游、北部湾、成渝、关中等地区,将形成一批3000万~5000万人口的大城市群。城市群将汇集世界级港口、机场、通信中心、金融和市场营销中心,将是未来30多年国家经济增长的主要地区。

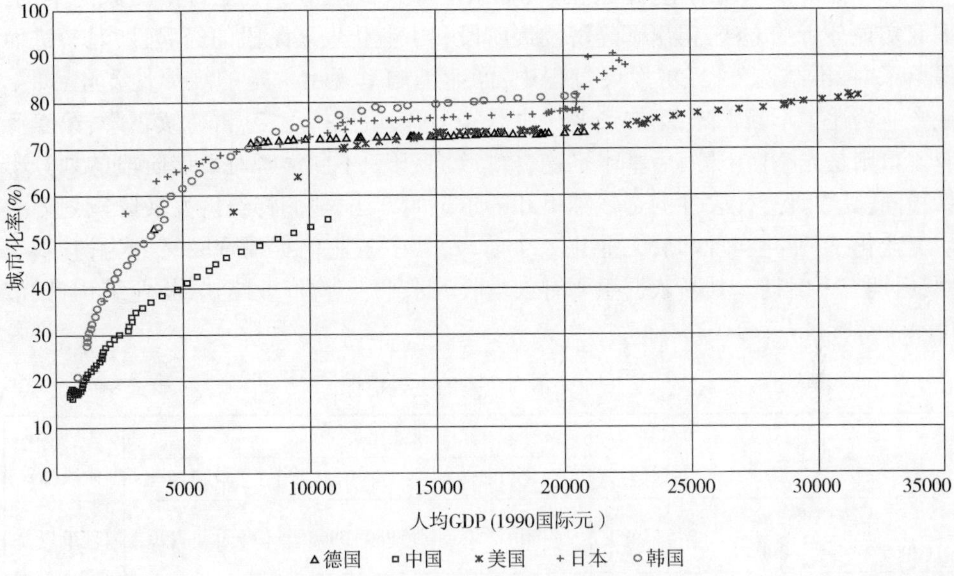

图3-15 中国和部分国家的城镇化水平比较

中国城市规划设计院杨保军对2030年我国城镇格局的展望是:至2030年,在"两横三纵"城镇空间格局基础上,形成以20个"城市群"为主体形态,以30个"魅力景观区"为重要补充,以"国家经济—文化走廊"为骨架支撑,以"中心城市和特色城市"为战略引领的多中心、网络化、开放式的国家城镇空间格局。2030年城镇人口重心向中西部转移,但总体上不改变"胡焕庸线"基本格局。2000—2015年,全国94%的城镇人口增量分布在"胡焕庸线"以东地区。"胡焕庸线"以东集聚了全国GDP总量的94%,GDP增量(2005—2013年)的94%。该线以西地区主要沿丝绸之路廊道增长。

城市化率的提升意味着未来5年、15年和35年中国还将分别增加0.8亿、2亿和3.5亿城镇居民。仅以2亿居民为例,就相当于日本全国人口的160%、美国人口的67%。城市人口的快速成长,既会进一步增大城市客运需求,又会带来城际客运需求快速增长。随着中国城市化进程的加快推进,城市规模将继续扩大、旧城区扩建改造、城市基础设施及其他配套建设,将使钢铁、水泥、化工、冶金等运输需求保持一定速度增长。

四、产业结构

(一)国外研究

国外经济学家钱纳里、库兹涅兹、赛尔奎等人,基于几十、上百个国家的案例,采取实证分析的方法,得出了经济发展阶段和工业化发展阶段的经验性判据,进而得出了“标准结构”。经济发展过程中,产业结构呈现出一定的规律性变化,即第一产业的比重不断下降;第二产业比重是先上升,后保持稳定,再持续下降;第三产业比重则是先略微下降,后基本平稳,再持续上升。不同学者对发展阶段的划分不尽相同,其中具有代表性的是钱纳里和赛尔奎的方法,他们将经济发展阶段划分为前工业化、工业化实现和后工业化三个阶段,其中工业化实现阶段又分为初期、中期、后期三个时期。判断依据主要有人均收入水平、三次产业结构、就业结构、城市化水平等标准(表 3-6)。

工业化不同阶段的主要指标　　表 3-6

基本指标	前工业化阶段(1)	工业化实现阶段			后工业化阶段(5)
		工业化初期(2)	工业化中期(3)	工业化后期(4)	
人均 GDP(2005 年美元)(PPP)	745~1490	1490~2980	2980~5960	5960~11170	11170 以上
三次产业产值结构(产业结构)	A>I	A>20%,A<I	A<20%,I>S	A<10%,I>S	A<10%,I<S
第一产业就业人员占比(就业结构)	60%以上	45%~60%	30%~45%	10%~30%	10%以下
人口城市化率(空间结构)	30%以下	30%~50%	50%~60%	60%~75%	75%

注:A 代表第一产业,I 代表第二产业,S 代表第三产业。PPP 表示购买力评价。

资料来源:陈佳贵等,《中国工业化进程报告》,中国社会科学出版社,2007 年版

2015 年,我国人均 GDP 超过 8000 美元,三次产业结构比为 8.8∶40.9∶50.2,2016 年中国城镇化率达到 57.4%。根据工业化不同阶段的划分标准,目前三次产业结构指标已经达到后工业化的目标,人均 GDP 指标已经达到工业化后期的目标,而城镇化率仍然处于工业化中期阶段。总体上我国工业化中期、中后期及后工业化的特征相互交织,但大体上中国目前处于工业化中期向中后期发展的过渡期,经济发展方式的“新常态”转型期。

(二)国内研究

中国社会科学院工业经济课题组研究预测,中国第一产业占 GDP 的比重将由 2015 年的 8.8%逐步下降至 2050 年的 6.2%;同期第二产业比重将由 40.9%下降至

31.3%;第三产业比重则由 50.2%上升至 62.6%。在工业化中前期阶段,随着重化工业的发展和第二产业增加值比重的提高,运输强度较大且呈增长趋势;而到工业化中后期阶段,经济结构逐渐优化,第三产业比重不断提高,运输强度较工业化中前期阶段有一定的下降;当进入后工业化阶段,第三产业比重进一步提升,高附加值产品在产品结构中占绝对优势,运输强度会进一步显著下降,参见表 3-7。

2020—2050 年中国产业结构预测　　表 3-7

产业结构	2015 年	2020 年	2030 年	2050 年
第一产业(%)	8.8	7.2	6.5	6.2
第二产业(%)	40.9	39.0	34.9	31.3
第三产业(%)	50.2	53.8	58.7	62.6

数据来源:中国社会科学院工业经济课题组《主要国家和中国温室气体排放路径分析、峰值研究及减排成本效益分析》,国家 973 项目,2012 年

中国社会科学院数量经济与技术经济研究所李平对三次产业结构的预测的结果与社科院工业经济课题组相似:2020 年第三产业增加值在 GDP 中的比重将上升到 55.3%;2050 年第三产业增加值在 GDP 中的比重将上升到 67.2%,第三产业在国民经济中处于绝对主体地位(表 3-8)。

中国社会科学院数量经济与技术经济研究所对中国产业结构的预测　表 3-8

年份(年)	三次产业产业结构期末值(%)		
	第一产业	第二产业	第三产业
2015	8.8	40.9	50.2
2020	7.3	37.4	55.3
2030	5.0	34.0	61.0
2040	3.7	32.0	64.3
2045	3.2	31.1	65.7
2050	2.8	29.9	67.2

(三)综合判断

本研究参照不同专家预测,对产业结构的预测取值,见表 3-9。

2020—2050 年中国产业结构预测　　表 3-9

产业结构	2015 年	2020 年	2030 年	2050 年
第一产业(%)	8.8	7.2	5	3
第二产业(%)	40.9	37.4	34	30
第三产业(%)	50.2	55.4	61	67

五、能源生产与消费

我国的能源结构布局及生产力布局等决定了工业化进程中的货运格局。许多机构和专家对我国未来能源发展走势进行预测。

(一)国外研究

国际能源署(IEA)发布的《世界能源展望2016》指出:中国近几十年来基础设施的建设高度依赖能源密集型工业部门,主要是钢铁和水泥行业。然而,这些行业的能源需求现在已经过了高点,且下降趋势预计将持续到2040年,并拉低中国的工业煤炭消费。中国的煤炭需求其实在2013年就已经达到了峰值。并将于2040年再减少15%。中国几乎所有的新增发电量都来自煤炭以外的能源,煤炭在发电量中的占比会从现在的将近3/4降低到2040年的不足45%。中国能源相关的二氧化碳排放会达到平台期,仅略高于当前的水平。到2040年,中国的需求“仅”增加85%。未来数十年内,可再生能源和天然气将成为满足能源需求的“主力军”。

IEA的《16年煤炭中期市场报告》认为,无论中国的煤炭消费是否已达峰值,展望期内中国仍将是最大的煤炭消费国。并预测中国的煤炭需求将在2018年之前下降,之后略有回升,但2021年的煤炭需求仍将低于2013年的水平。电力需求经过几年非常低速的增长后,将恢复到接近历史水平的增速,同时水电增长预计将在展望期末下降。从而,2018年之后的煤炭需求增长主要是来自于煤电需求的增长。钢铁和水泥生产的下降也导致了煤炭需求下降。在展望期内,尽管煤制气和煤制油项目有所放缓,煤化工却是唯一具有强劲增长势头的行业,预计耗煤超过1亿吨。虽然需求有所下降,中国仍将占全球煤炭需求份额的近50%,煤炭生产份额45%以上,以及海运贸易份额10%以上。

(二)国内研究

中国能源研究会2016年发布《中国能源展望2030》报告预测:2020年、2030年中国能源消耗总量将分别达到48亿吨标准煤和53亿吨标准煤,2016—2030年年均增长1.4%。在较大的资源环境约束和碳减排压力下,一次能源消耗结构持续优化。中国煤炭消费峰值可能已经过去,未来煤炭消费比重将有较大幅度下降,预计到2030年消费量回落至36亿吨左右,2020年、2030年煤炭占比分别为60%、49%。预计2025—2030年间石油有望接近峰值,2030年石油消费量约6.6亿吨。天然气未来发展潜力巨大,预计到2020年中国天然气需求将增至2900亿立方米,2030年达到4800亿立方米,占能源消耗总量的比重升至12%。清洁能源快速发展,2020年、2030年非化石能源的占比将达到15%、22%。在能源供应方面,一次能源生产总量增速随着能源需求增速的放缓而走低。2020 年、2030 年一次能源生产总量分别达到 41 亿标煤和 43 亿吨标煤。2016—2030 年年均增长 1.1%。一次能源生产结构向非化石能源快速倾斜，煤炭占比大幅下降。2020 年、2030 年原煤产量占比分别降至 68.8%和 58.7%，非化石能源占比则分别扩大到 17.7%、26.9%。2030 年能源对外依存度接近 20%，原油天然气进口量将有较大增幅。能源输送技术，特别是高压输电等技术的发展也使煤炭等大宗能源的运输需求被输电所替代，这种替代已使中国煤炭近年来的产运系数有较大幅度下降。

2016 年 7 月中国石油经济技术研究院发布的《2050 年世界与中国能源展望》报告指出：在目前的政策情景下，中国化石能源消费将在 2030 年左右到达峰值，超过 51 亿吨，随后进入高位平台期，在 2040 年后加速回落，直到 2050 年下降至 45 亿吨左右。而中国将在 2030 年左右达到石油需求峰值，约 6.7 亿吨，年均增长 2.0%，原因主要是燃油经济性不断提高、燃料替代和电动汽车的加快普及，2050 年，石油消费会下降到 5 亿吨。而对于中国来说，到 2050 年将会接近美国目前的消费水平。2030 年天然气消费增长到 5100 亿立方米，2050 年达到 7100 亿立方米，2014—2015 年年均增长 3.7%左右。

国家发改委能源研究所的《推动能源生产和消费革命的实施途径研究》对我国能源发展趋势的判断是：能源消费呈低增速、低增量的态势，交通用能、建筑用能代替原来的高载能工业，成为能源需求增长的主要动力。向低碳化能源转型、分布式能源将深刻改变能源发展方式，我国能源发展采用“自上而下”及“自下而上”结合的多种模型分析方法预测，在不同情景下，中国能源消费增速将随着工业化发展阶段的转换而日趋饱和，但在未来 15 年内仍将维持 1.7%左右的年均增速。到 2030 年能源消费总量约 55 亿吨标准煤。2030 年后，如果没有新的产业革命和能源需求出现，能源增速可能会大幅度放缓。化石能源总量将在 2020—2035 年间达到峰值。基准情景下，化石能源消费峰值将出现在 2035 年左右，峰值水平为 47 亿吨标准煤。革命情景下，化石能源消费达峰时间有望提前到 2025 年，总量降低到 42 亿吨标准煤。基准情景下，煤炭消费将在 2025 年达到拐点，之后可能出现大幅下降。煤炭消费量不会超过 30 亿吨标煤，如果加强总量控制，能源革命情景 1 下煤炭需求从当前开始逐步进入下降期，2030 年降至 24 亿吨标准煤左右，2050 年革命情景 2 下进一步下降至 15 亿吨标准煤以下。该报告建议我国的能源革命的基础性目标可设定为：到 2020 年、2030 年、2050 年一次能源消费量分别控制在 48 亿吨标准煤、55 亿吨标准煤、59 亿吨标准煤以下；可再生能源占比分别达到 16%、23%和 36%。由能源消费导致的 CO_2 排放峰值在 2025 年前实现，峰值水平控制在 100 亿吨以下；2030 年后 CO_2 排放快速下降，2050 年降至 80 亿吨以下。

2017 年 4 月 25 日，国家发改委、能源局发布的《能源生产和消费革命战略

（2016—2030）》设定了我国到2030年的能源系统发展目标：到2020年，能源消费总量低于50亿吨标准煤（tce），非化石能源占比15%；碳排放强度（单位GDP二氧化碳排放）比2015年下降18%；到2030年，能源消费总量低于60亿吨标准煤（tce），非化石能源占比20%，天然气占比15%左右，碳排放强度比2005年下降60%~65%，达到世界平均水平；碳排放总量达到峰值；到2050年，能源消费总量基本稳定，非化石能源占比超过50%。2020年的发展目标与"十三五"能源系统相关规划相吻合；2030年的发展目标则进一步重申了我国哥本哈根承诺，及向《巴黎协议》递交的《自主减排贡献预案（INDC）》相关内容。

（三）综合判断

本研究综合参照以上所述专家预测，分别按照低方案、高方案两种情景进行取值，见表3-10。

能源需求总量发展预测 表3-10

年份（年）	能源—低方案（亿吨标准煤）	能源—高方案（亿吨标准煤）
2020	45	50
2030	51	60
2050	45	55

六、经济全球化及我国"一带一路"倡议

随着经济全球化的进一步发展，中国经济越来越依赖对外贸易。中国货物进出口总额2013年首次超过美国，跃居世界第一位。2014年，货物进出口总额占世界的比重上升至11.3%。"十八大"以来，中国大力推进"一带一路"建设的贸易开放新战略，统筹国内区域开发开放与国际经济合作两个大局。中国已与30多个国家签订"一带一路"共建谅解备忘录，积极规划中蒙俄、新亚欧大陆桥、中国—中亚—西亚、中国—中南半岛、中巴、孟中印缅六大经济走廊建设。雅万高铁、中老铁路、中泰铁路、匈塞铁路等已经启动建设，莫斯科至喀山的高速铁路、巴西到秘鲁的两洋铁路已开始勘测。中缅油气管道开通、中俄油气管道开始启动工作，中俄西线油气管道也在商洽中。钢铁、有色、建材优质产能也开始规模化地向外转移。相关预测表明，随着经济全球化的进一步发展以及中国"一带一路"建设的实施，中国工业制成品出口仍将保持较快增长，同时经济增长、产业转型和消费升级对能源、粮食、先进设备、高端零部件、高档消费品仍有较强的进口需求，目前的进出口总量位居世界前列的格局短期内不会发生改变。中国货物进出口的流向也随六大经济走廊的贯通更加多元化。

对外贸易的增长将会带来货物进出口运输总量的增长，对港口、海关、铁路、公

路等国际运输通道的能力提出更高要求。货运总量增长也将对全国运网上的瓶颈造成更大压力。全球采购、全球生产的模式对跨越国界、跨越运输方式的货物运输的可靠性、无缝衔接和即时性都提出了更高要求。

七、科技发展趋势

技术同客货运输的发展密不可分，在运输发展变化中，持续涌现出新技术，对货物运输系统运行及其管理效率产生巨大影响。新技术的应用将会使客货运输更安全、更方便，也将改变客货运输的模式。

客运方面，GPS、互联网、节能汽车、自动驾驶汽车、船舶和飞机等创新为交通发展带来了新活力。电动车、燃料电池车，以及新交通系统的技术进步与发展将对交通系统的节能降碳产生深远影响。未来车联网、车对物通信等技术应用、防撞技术将大大减少交通事故及伤亡率。大数据、互联网技术也引发汽车共享、汽车合乘、定制公交等运输组织模式的创新。移动互联网技术的普及使人们可实时获取交通数据，选择交通方式和路径，这些都有助于交通运输的节能减排。

3D 打印技术使本地化生产和分散化生产成为可能，有可能打破传统供应链的空间布局。

货运方面，国外的成熟技术，包括铁路的驼背运输技术、铁路双层集装箱技术、美国的无缝货运中转站技术（允许起重机从铁路到铁路的运输，不再需要在火车站外隔夜存储货物）、甩挂运输技术在我国的推广应用将有效提高我国货运效率。一些能源领域的技术将对煤炭运输产生巨大的替代性。据统计目前每条特高压线路的建设可替代 2000 万~3000 万吨煤炭运输，而风能、太阳能等新能源的广泛利用将减少经济社会发展对传统化石能源的需求。另外管道运输技术的发展可能使油品、煤炭等大宗物品通过管道运输实现。电子商务、条形码识别技术、射频识别技术等将有效提高物流效率。

第四节　国外运输需求发展规律借鉴

一、典型国家客货运输需求发展情况

（一）美国

美国是世界上最大的发达经济体。按照钱纳里、库兹涅兹、赛尔奎等人的工业化阶段划分标准，美国在 20 世纪初就进入了工业化后期阶段，在 20 世纪 40 年代就进入了后工业化阶段。

1.货物运输

(1)运输总量

20 世纪 40 年代后,美国经济发展步入后工业化阶段,其全社会客货运输规模保持稳定增长,且与人均 GDP 变化趋势大体一致。

美国货物周转量自 1980 年以来一直保持较低速度的增长,大体可分为 1980—2008 年和 2008 年金融危机以来两大阶段。1980—1997 年间相对增长更快,增长速度出现连续小幅波动,年均增长 1.6%;在 1998—2008 年的 10 年间,货物周转量增速小幅下降并十分稳定,年增速一直保持在 0~1%之间,1997—2008 年年均增长 0.9%;2007 年美国货物周转量增至 26566 亿吨公里。在金融危机期间,货物周转量出现断崖式下降,并在之后逐步呈现恢复性增长,恢复期间增速较快,2016 年货运数据显示已恢复至经济危机之前水平,见图 3-16。

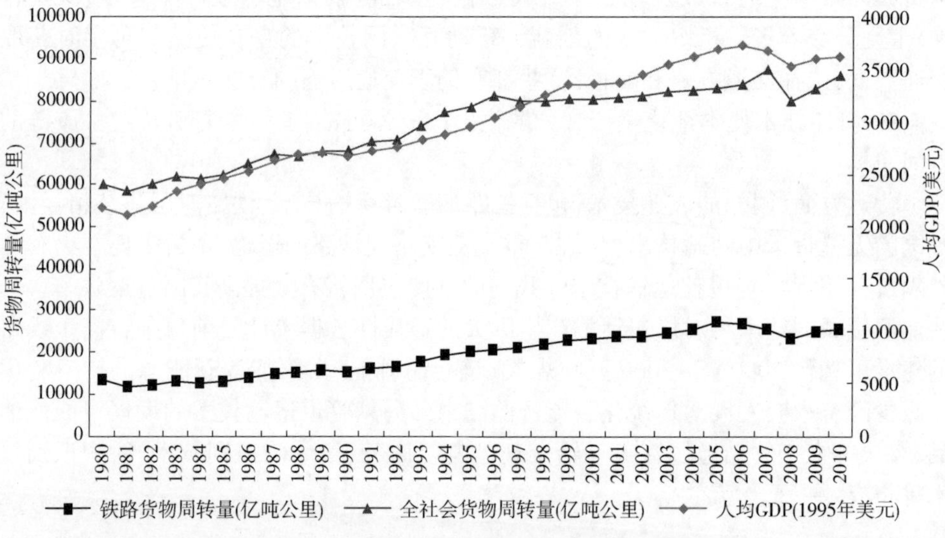

图 3-16　美国全社会、铁路货物周转量与人均 GDP

注:此处全社会货物周转量包括:铁路、航空、公路(货运汽车)、水运(国内水运)、管道。

数据来源:2015 National Transportation Statistics, U.S. Department of Transportation

(2)运输结构

美国 1980 年以来的货物周转量结构变化主要表现为铁路和公路比重逐渐上升并趋于稳定、水运和管道比重不断下降的特点。2011 年,铁路、航空、公路、水运、管道的货物周转量市场份额分别为 29.25%、0.21%、44.81%、8.47%、17.26%。其中,铁路受 1980 年《斯塔格斯法》和系列放松管制政策利好影响而重获新生,1980 年至 2011 年货物周转量年均增长 2.0%,货物周转量比重逐渐攀升而稳定在

30%左右；公路货物周转量在1980—2011年间年均增长2.4%，货物周转量占比最高，2008年达到45.9%的最高值；水运货物周转量和比重都呈现下降趋势，1980—2011年货物周转量年均下降2.0%，2011年货物周转量比重为8.5%；管道方式的货物周转量比重总体呈现下降趋势，2011年货物周转量比重为17.3%；民航货运以小件轻泡货物为主，所占比重极低，但增长方式最快，1980—2011年货物周转量年均增长3.2%，参见图3-17。

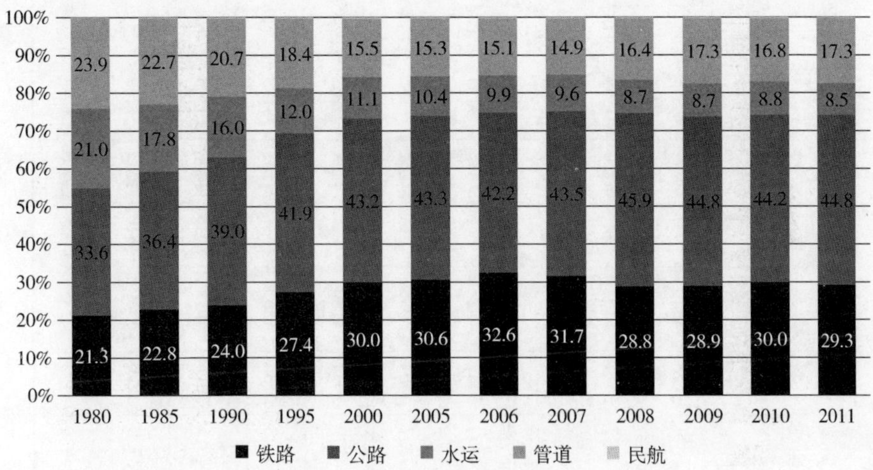

图3-17　美国货物周转量结构变化情况

数据来源：2015 National Transportation Statistics, U.S. Department of Transportation

(3)主要货类

美国货运品类与其国内大宗产品的产量密切相关。由图3-18显示了美国大宗产品产量变化情况，表3-11显示了2001—2015年美国铁路的分货类运输量。在美国的铁路货物运输中，煤炭为主要货运品类。2001—2015年间，铁路煤炭运量下跌趋势明显；化学制品为铁路货运第二大品类，2001—2015年间，铁路化学制品运量趋于上升，参见表3-12。

2.旅客运输

(1)运输总量

1960—2007年间，美国人均GDP保持增长趋势，全社会客运规模随之扩大，全社会旅客周转量自1960年21314.77亿人公里上升至90868.55亿人公里，增长了3倍。受2007年美国次贷危机、2008年世界金融危机影响，2008—2009年，全社会旅客周转量下跌了12.4个百分点，见图3-19。

美国铁路各类货运品类运量(万吨)

表 3-11

年份(年)	煤炭	化学制品及相关产品	非金属矿物	农产品	杂项及混运货物	食品及同类产品	金属矿产品	成品油及焦炭	金属及制成品	石头、黏土与玻璃制品	原油与天然气	废料	纸浆、纸制品及同类产品	木材与木制品	机动车辆与装备	服装与纺织品	半挂车	所有其他商品
2001	80101	15114	12274	13703	9196	9795	2483	4074	5426	4649	—	3748	3355	4573	3453	—	—	2253
2003	78404	16302	13255	14132	10388	10211	3269	4797	5517	5105	—	4150	3854	4747	3431	—	—	2345
2006	85206	16828	14087	14939	12588	10543	6060	5545	6226	5193	—	4828	3723	4296	3367	—	—	2229
2008	87857	17611	13235	15595	12028	10507	5999	4469	5442	4528	—	4885	3413	3086	2479	—	—	2244
2010	81447	18739	12253	15871	10990	10932	7145	4237	4503	3983	—	4267	3056	2462	2135	—	—	3082
2011	81599	19366	12779	15651	11656	10733	7604	4379	5034	4180	—	4278	3163	2545	2340	—	—	3237
2012	72157	17334	13008	13940	11180	10140	7535	4428	5133	4366	—	4158	3193	2558	1913	—	—	4928
2013	69379	17636	14224	13048	11514	10018	7207	4615	5014	4479	3926	4006	3303	2659	2023	—	—	2714
2014	71318	17774	16466	14573	12064	10103	7217	4710	5220	4580	4810	4033	3289	2844	2155	445	422	1992
2015	63805	17967	15977	14549	11997	10101	5939	4989	4574	4285	4048	3666	3273	2718	2299	459	450	2043

注:此处铁路采用I级铁路数据。

数据来源:2015 National Transportation Statistics, U.S. Department of Transportation

美国铁路货运构成比例情况(%)　　表 3-12

年份(年)	煤炭	化学制品及相关产品	非金属矿物	农产品	杂项及混运货物	食品及同类产品	金属矿产品	成品油及焦炭	金属及制成品	石头、黏土与玻璃制品	原油与天然气	废料	纸浆、纸制品及同类产品	木材与木制品	机动车辆与装备	服装与纺织品	半挂车	其他	人均 GDP(1995 年美元)
2001	45.98	8.68	7.05	7.87	5.28	5.62	1.43	2.34	3.11	2.67	0.00	2.15	1.93	2.63	1.98	0.00	0.00	1.29	33522
2003	43.58	9.06	7.37	7.86	5.77	5.68	1.82	2.67	3.07	2.84	0.00	2.31	2.14	2.64	1.91	0.00	0.00	1.30	34457
2006	43.55	8.60	7.20	7.64	6.43	5.39	3.10	2.83	3.18	2.65	0.00	2.47	1.90	2.20	1.72	0.00	0.00	1.14	36892
2008	45.43	9.11	6.84	8.06	6.22	5.43	3.10	2.31	2.81	2.34	0.00	2.53	1.76	1.60	1.28	0.00	0.00	1.16	36735
2010	44.00	10.12	6.62	8.57	5.94	5.91	3.86	2.29	2.43	2.15	0.00	2.31	1.65	1.33	1.15	0.00	0.00	1.67	35998
2011	43.28	10.27	6.78	8.30	6.18	5.69	4.03	2.32	2.67	2.22	0.00	2.27	1.68	1.35	1.24	0.00	0.00	1.72	36296
2012	41.00	9.85	7.39	7.92	6.35	5.76	4.28	2.52	2.92	2.48	0.00	2.36	1.81	1.45	1.09	0.00	0.00	2.80	36821
2013	39.47	10.03	8.09	7.42	6.55	5.70	4.10	2.63	2.85	2.55	2.23	2.28	1.88	1.51	1.15	0.00	0.00	1.54	37164
2014	38.76	9.66	8.95	7.92	6.56	5.49	3.92	2.56	2.84	2.49	2.61	2.19	1.79	1.55	1.17	0.24	0.23	1.08	37749
2015	36.85	10.38	9.23	8.40	6.93	5.83	3.43	2.88	2.64	2.47	2.34	2.12	1.89	1.57	1.33	0.27	0.26	1.18	38427

注:此处铁路采用 I 级铁路数据。

数据来源:2015 National Transportation Statistics, U.S. Department of Transportation

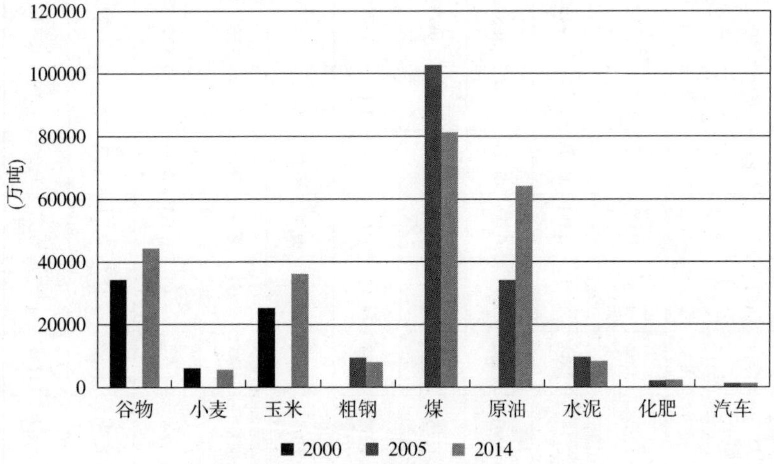

图 3-18　美国大宗产品产量变化

数据来源:2015 National Transportation Statistics,U.S.Department of Transportation

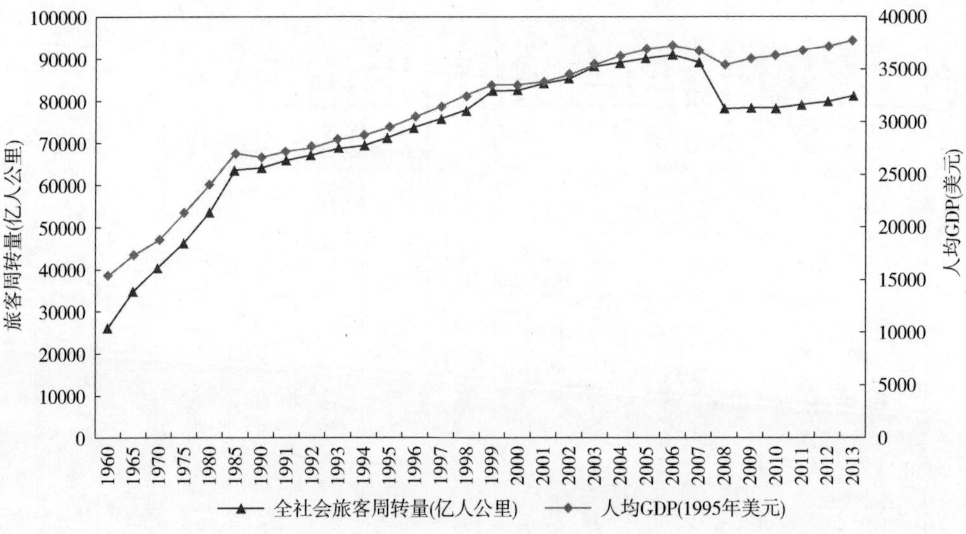

图 3-19　美国全社会旅客周转量与人均 GDP

注:全社会旅客周转量包括:铁路(城际铁路/Amtrak、通勤铁路、公共短途中的重轨铁路)、航空(国内航空)、公路、公共短途(轻轨、轮渡、公共汽车、无轨汽车等,剔除了重轨铁路)。

数据来源:2015 National Transportation Statistics, U.S. Department of Transportation

(2)运输结构

美国各种运输方式旅客运输的市场份额表现出较为稳定的发展趋势。1960—

2014 年间，按旅客周转量计算的公路市场份额占据绝对优势，且呈现出平稳下滑的趋势，2014 年公路运输的市场份额仍高达 86.68%。航空市场份额一直趋于上升，由 1960 年的 2.35%上升到 2014 年的 12.05%。美国铁路所占份额一直在 1%以下。2014 年，铁路、航空、公路、公共短途的旅客周转量市场份额分别为 0.73%、12.05%、86.68%、0.54%（图 3-20）。总体而言，公路在交通体系中占主导地位和绝对优势，上升到一定水平后趋于稳定。

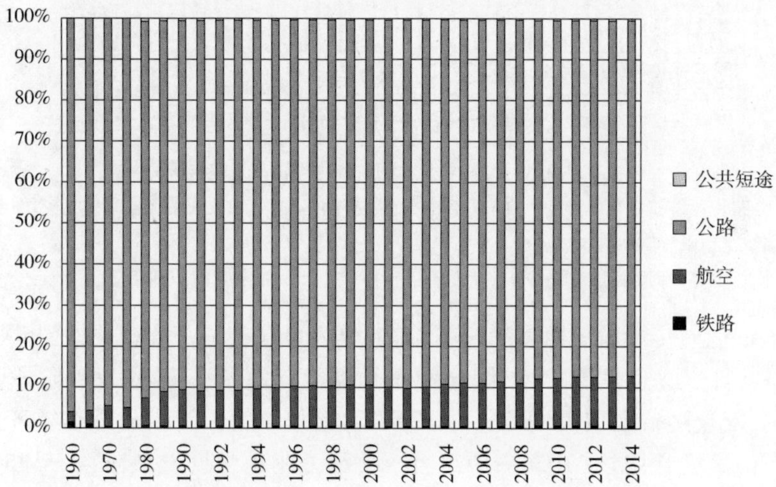

图 3-20　美国各种运输方式旅客周转量份额

注：铁路（城际铁路/Amtrak、通勤铁路、公共短途中的重轨铁路）、航空（国内航空）、公路、公共短途（轻轨、轮渡、公共汽车、无轨汽车、叫车等，剔除了重轨铁路）。

数据来源：2015 National Transportation Statistics，U.S. Department of Transportation

（二）日本

按照人均 GDP（美元，1995 年价格）衡量的工业化发展阶段划分，日本大体在 20 世纪 50 年代进入工业化初期，在 60 年代初进入工业化中期，60 年代末进入工业化后期，并于 20 世纪 70 年代初逐步进入后工业化阶段。

1. 货物运输

（1）运输总量

日本从 1955 年的高速复兴期开始到 2014 年的 59 年间货运周转量增长了4.83 倍，其中货运量于 1991 年达到峰值 69 亿吨，货运周转量于 2007 年达到峰值 5820 亿吨公里，2014 年货运量相当于 1991 年峰值期的 65.5%，货运周转量相当于 2007 年峰值期的 71.3%（图 3-21）。

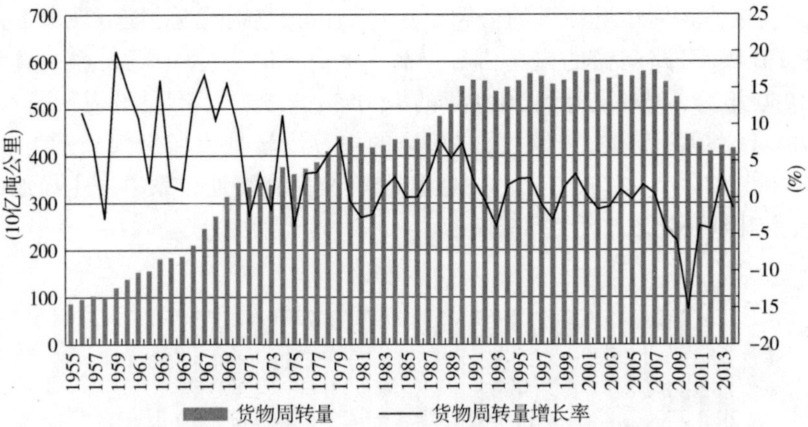

图 3-21　1955—2014 年日本国内货物周转量及其年增长率

注:1.公路货运量和货物周转量中,1975 年开始仅限有偿运输(之前含无偿运输),包括家用运输。

2.铁路数据仅限有偿运输。

数据来源:日本统计局网站

日本货运周转量增长速度和日本 GDP 增速间具有紧密的相关性,相关系数为 0.84。根据日本货运发展速度,综合考虑日本经济发展、工业化发展阶段、交通发展的特征,交通运输发展大致可分为以下几个阶段。第一阶段是日本经济、和货运需求的双高速增长阶段(1956—1973 年)以及工业化中期发展阶段。1956—1973 年,日本实际国内生产总值年均增长 9.1%,货物运输量年均增速 8.3%,是日本的大量化生产、大量化运输时代。第二阶段是经济和货运需求的中高速增长期(1973—1990 年)。该时期日本虽然经历两次石油危机,以及 1986 年的经济泡沫崩溃,但总体来说经济保持年均 4.0%的中高速增长。国内货运需求增长速度也随之放缓至年均 2.3%的增速。第三阶段是 1990 年至今的阶段。20 世纪 90 年代以来,日本经济跌跌撞撞,总体上停滞不前,进入“失去的 20 年”,2008 年又受全球金融危机的重大冲击。1990—2014 年实质年均 GDP 增长率仅为 0.67%,货运周转量则负增长 1.95%。同时日本从 20 世纪 70 年代将重化工业的海外转移直接使国内钢铁、等产品产量的减少,引起了运输量的下降。

(2)货运结构

日本国内货物运输主要由公路、沿海内航和铁路承担。其货运结构是日本的自然地理条件、运输技术发展、产业结构及布局等条件决定的。“二战”后支持国内货运物资运输的铁路作用有限,以四大工业地带为中心形成沿海工业带的进程中,海运发展迅速。从货物周转份额来看,铁路运输在后工业化阶段前仍高于公路,但其市场份额一直呈下降趋势,而公路市场份额则一直在持续上升,两者的市场份额于 1965 年发生了反转。此后随着公路运输继续蓬勃发展，日本形成了以公路运输和内航海运为主的货运结构，铁路运输的市场份额则一直在被挤压缩小。城市间物流领域，除海运继续起重要作用外，海运、铁路运输的终端运输还不得不依靠汽车运输承担，形成了没有汽车运输就没有日本物流的结构。城市内，各种各样货物的末端运输也离不开汽车运输。京都议定书后，日本鼓励铁路和水运等节能运输方式发展，铁路和水运的货运份额近年来有所提升。2014 年公路、沿海内航和铁路三种运输方式承担货物运输量的比例分别为 91.3%、7.8% 和 0.9%（图 3-22），承担货物周转量的比例分别为 50.6%、5.1% 和 0.3%（图 3-23）。

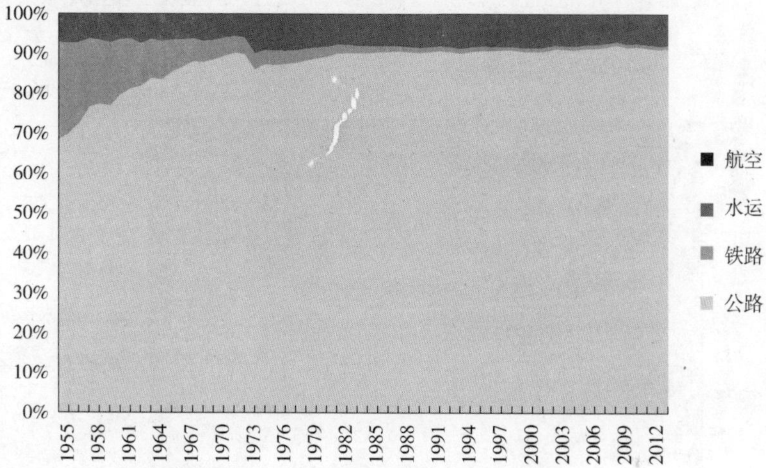

图 3-22　1955—2014 年日本国内货运量结构

注：1. 公路货运量和货物周转量中，1975 年开始仅限有偿运输（之前含无偿运输），包括家用运输。考虑东日本大地震的影响，不含北海道运输局和东北运输局管内 2010 年度、2011 年 3 月、4 月数据。

2. 铁路数据仅限有偿运输。

数据来源：日本统计局网站

（3）主要货类

日本在战后围绕重化工业化，进行了大规模的设备投资和设备更新，形成了偏重的产业结构。日本重化学工业在制造业中所占的比重（生产额）由 1955 年的 49.4% 增长到 1961 年的 65.9%。日本钢铁产业比重迅速上升，1973 年达到高峰，而汽车、电子产品在 20 世纪 70 年代初的比例明显偏低。

1973 年受第一次石油危机冲击，由于资源、能源供给的制约，日本经济社会向节约资源、节约能源的方向发展。日本工业化发展的重点从煤炭、钢铁、电力等基础材料型向附加值高的纺织、造船、汽车、机械、电子加工、电子计算机、宇航等加工工业转移。数年之内日本的重化学工业比重明显下降，产业结构向"资源节约型"

"加工技术选择型"方向发展。煤炭、铁矿等矿产品生产锐减,粗钢等产生运量较大的工业产品也在20世纪70年代初期后不再增长。同时日本的重化工业大规模向国外转移。与此相适应,日本货物运输量增速也在放缓。20世纪90年代之后日本又提出发展"创造性知识密集型"的目标,以及"新技术立国"、"科学技术立国"的方针,以制造业为中心向高附加值产业转移。货物运输也随之进入到"多品种、小规模、高密度"的运输时代。2008年一方面受金融危机影响日本消费不振、企业生产受到抑制;另一方面,日本国内耐用消费品基本普及并趋向饱和,从钢铁、到半导体、个人电脑、汽车的生产量都有所回落,使日本货运量不增反降。

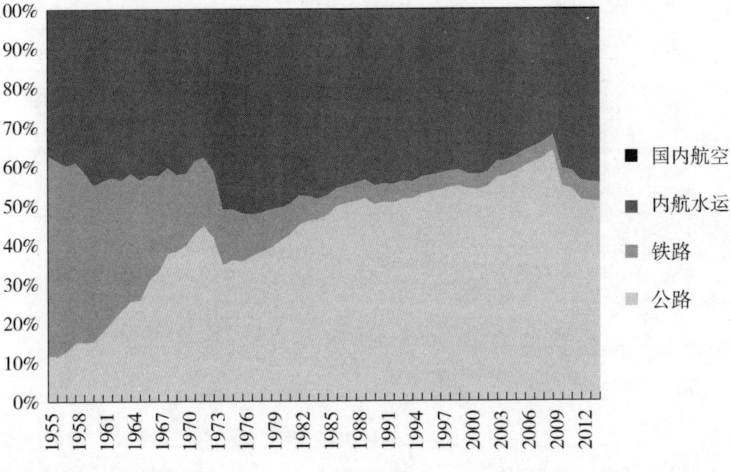

图3-23 1955—2014年日本国内货物周转量结构

注:1.公路货运量和货物周转量中,1975年开始仅限有偿运输(之前含无偿运输),包括家用运输。考虑东日本大地震的影响,不含北海道运输局和东北运输局管内2010年度、2011年3月、4月数据。

2.铁路数据仅限有偿运输。

数据来源:日本统计局网站

日本的不同产品的产量直接影响了不同品类的货运量。矿产品、金属和机械工业品、化学工业品、轻工业品、特殊品等构成了日本国内货运的主要品类。此类商品货运总量在1990年后随着人均GDP的上升大多呈现出下降趋势,其中矿产品货运量及其占比下降十分明显,特别是在1990年后下降趋势较为突出,仅有特殊品呈现出微弱的上升趋势;次要品类如农业和水产品、林产品等则保持了较为稳定的水平,未发生明显的波动,参见图3-24、图3-25。

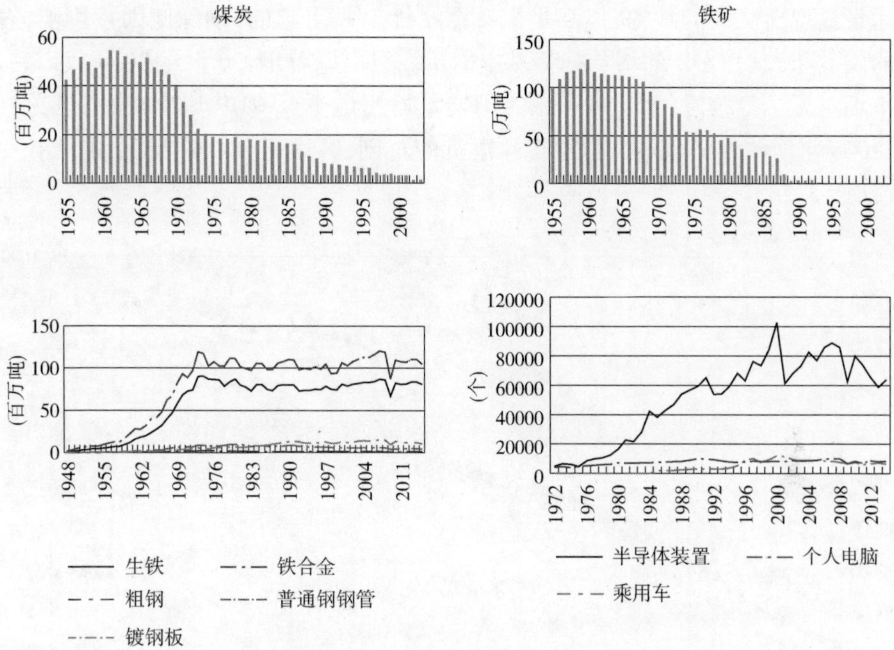

图 3-24　日本主要大宗物品生产量变化情况

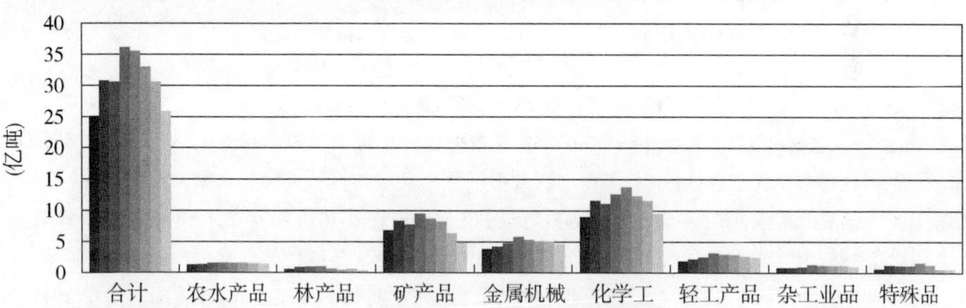

图 3-25　不同产业货物运输量

数据来源：日本国土交通省《全国货运量调查》

2.旅客运输

(1)运输总量

总体来看，日本客运变化趋势与日本经济增长趋势大体呈现了较高的同步性。

单纯从客运量数据上看，到20世纪80年代后期，客运量经历一次跃升，而2007年客运量显现出巨大的跌幅，但都是由数据统计口径引起的，剔除此因素影响，客运量的发展和人均GDP的增长趋势基本同步。但可以看出，20世纪80年代以后，客运市场发展十分缓慢，客运量和旅客周转量增速远不及GDP增速，特别是受1991年、2008年泡沫经济破裂和世界金融危机的重创，客运量、旅客周转量的增长更趋缓慢（图3-26）。

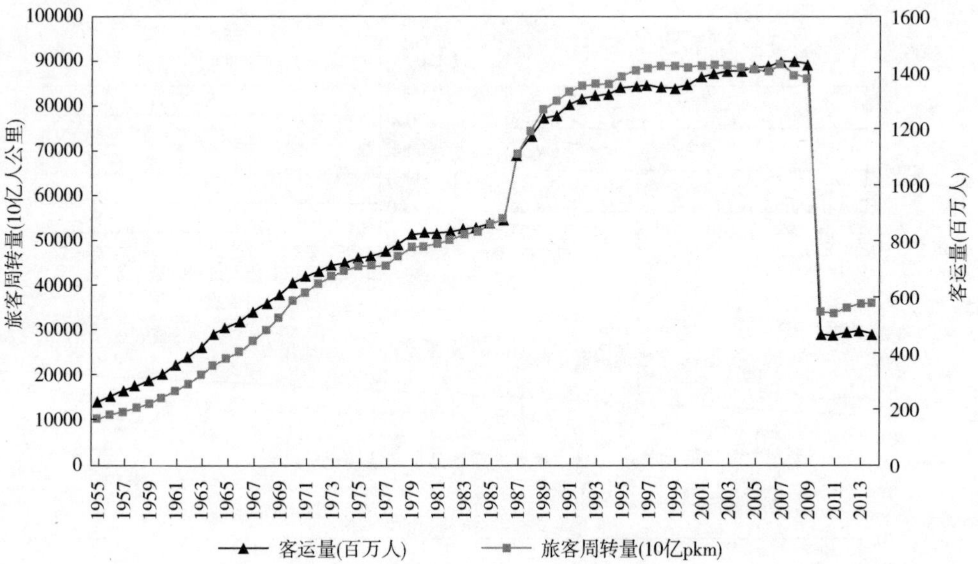

图3-26　日本全社会客运量和旅客周转量

注：1.公路客运量和旅客周转量中，1987—2009年数据含轻型机动车和私家货车（客货两用，定员同家庭轿车）数据，与之前数据无连续性；2010年度之后数据不含私家车和轻型机动车数据，与之前数据无连续性。考虑东日本大地震的影响，图中不含北海道运输局和东北运输局管内2010年度、2011年3月、4月数据。

2.铁路于1987年实施民营化改革，1990年数据与1985年数据无连续性。

3.客船的客运量，1945—1970年仅为定期，1975年之后为定期和不定期之和；旅客周转量中1945—1965年间按"客运量乘以27公里（人均运距）"推算而来。

数据来源：日本统计局网站

（2）运输结构

战后以来，日本旅客运输的各种交通运输方式的市场份额发生了较为显著的变化。工业化初期、中期和后期，铁路一直是日本运输市场比重最大的运输方式，进入后工业化时代后（1970年开始），铁路市场份额一直趋于下降，公路市场份额一路高涨，并于1970年二者的市场份额发生了反转，公路运输成为客运的主要方式,公路、铁路的市场份额从1970年的48.4%、49.2%发展为2009年的65.6%、28.6%;2010年公路运输的统计数据剔除私家车和轻型机动车后旅客周转量市场份额仍然为14.2%,公路运输(尤其是私家车)在日本客运市场中占据重要地位。之后日本形成了较为固定的客运市场份额结构,截至2014年,铁路、公路(去除私家车、轻型机动车等)、客船和航空的旅客周转量份额分别为71.9%、12.6%、0.5%和15.0%。若单纯考虑经营性公路客运服务的市场份额,则铁路占客运市场的主导地位;而若从全社会客运(包括经营性大巴、私家车、轻型机动车等所承担的客运服务)角度来看,则公路运输占主导地位,参见图3-27和图3-28。

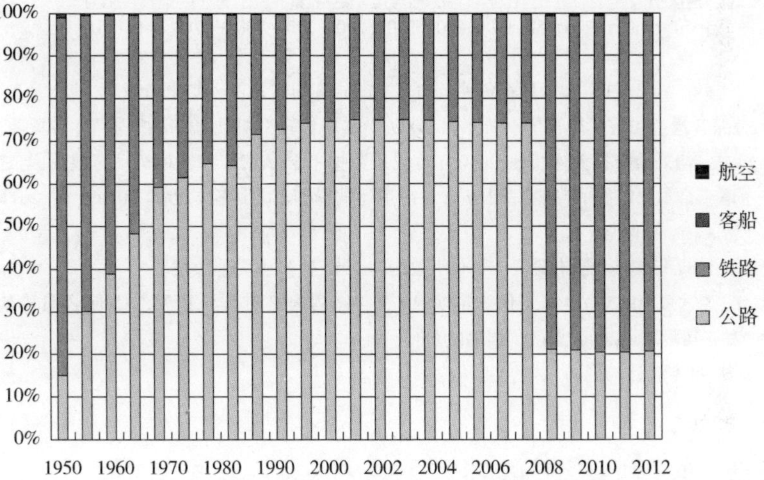

图3-27　日本各种运输方式的客运量份额变化趋势

注:1.公路客运量和旅客周转量中,1987—2009年数据含轻型机动车和私家货车(客货两用,定员同家庭轿车)数据,与之前数据无连续性;2010年度之后数据不含私家车和轻型机动车数据,与之前数据无连续性。考虑东日本大地震的影响,图中不含北海道运输局和东北运输局管内2010年度、2011年3月、4月数据。

2.铁路于1987年实施民营化改革,1990年数据与1985年数据无连续性。

3.客船的客运量,1945—1970年仅为定期,1975年之后为定期和不定期之和;旅客周转量中1945—1965年间按"客运量乘以27公里(人均运距)"推算而来。

数据来源:日本统计局网站

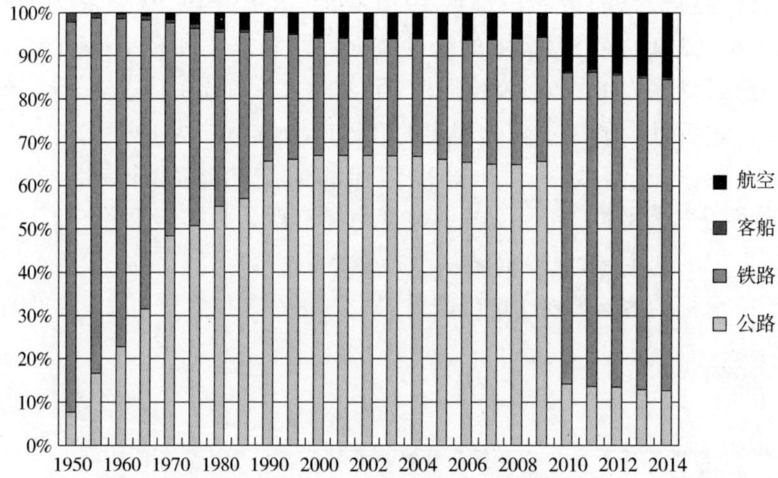

图 3-28　日本各种运输方式的旅客周转量份额变化趋势

注:1.公路客运量和旅客周转量中,1987—2009 年数据含轻型机动车和私家货车(客货两用,定员同家庭轿车)数据,与之前数据无连续性;2010 年度之后数据不含私家车和轻型机动车数据,与之前数据无连续性。考虑东日本大地震的影响,表中不含北海道运输局和东北运输局管内 2010 年度、2011 年 3 月、4 月数据。

2.铁路于 1987 年实施民营化改革,1990 年数据与 1985 年数据无连续性。

3.客船的客运量,1945—1970 年仅为定期,1975 年之后为定期和不定期之和;旅客周转量中 1945—1965 年间按"客运量乘以 27 公里(人均运距)"推算而来。

数据来源:日本统计局网站

(三)英国

1.货物运输

(1)运输总量

英国 1960 年以来的货物周转量增长大致可以分为三个阶段,即 1960 年至 20 世纪末、21 世纪初至 2008 年金融危机之前和 2008 年金融危机以来。在第一阶段,英国货物周转量增速呈现极缓慢的下降特征,在个别年份出现一定波动,20 世纪 60 年代、70 年代、80 年代、90 年代的年均增长率分别为 3.2%、2.6%、2.3%和 1.6%,全阶段的年均增长率为 2.4%;在第二阶段,英国货物周转量增长陷入停滞,其间伴有极小幅度的波动,年均增速几乎为零;第三阶段,英国货物周转量因金融危机而出现下降,在 2009 年陷入谷底后开始回升(图 3-29)。

从货物周转量增长速度与 GDP 增长速度的关系来看,英国货物周转量弹性系数总体稳定,大部分年份在 0~2 之间,平均值为 0.5,可见货物周转量的增长速度总体慢于 GDP 增长速度。

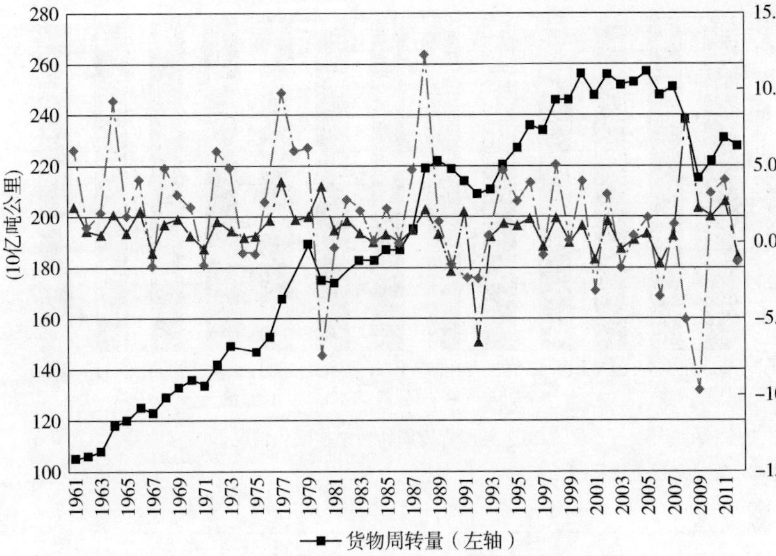

图 3-29　英国货物周转量增长变化情况

注：计算所用的 GDP 增速来自世界银行并以 2010 年美元标准计算。

数据来源：英国交通运输部网站

(2)运输结构

英国货物周转量结构变化主要表现为铁路比重持续下降、公路比重波动上升、水运比重先上升后下降、管道比重不断上升而趋于稳定的特点。其中，铁路比重从 1960 年的 30.3%下降到 20 世纪 80 年代初的 10%以下，之后绝对值虽有提高，但比重一直维持在个位数；公路比重波动上升，从 1960 年的 49%增长到 2012 年的 71%，1960 年至 2012 年货物周转量年均增速为 2.3%；水运比重先升后降，从 1960 年的 20%上升至 20 世纪 80 年代初的 33%，而后又连续下降至 2012 年的 15%，1960 年至 2012 年货物周转量年均增速为 1.1%；管道货物周转量的绝对值和比重都不断攀升，2012 年比重达到 4.4%(图 3-30)。

(3)主要货类

图 3-31 显示了英国部分产品产量变化情况，图 3-32 显示了英国铁路分货类运输量发展变化情况。扣除多式联运、国际运输货物，在英国的铁路货物运输中，煤炭为主要货运品类。1999—2014 年间，铁路煤炭运量下跌趋势明显；建材为铁路货运第二大货类，1999—2014 年间，铁路建材运量趋于上升。金属为英国铁路运输的第三大货类，第四大货类为原油、石油产品，这两类货物运输总量及运输份额的变化均不大。

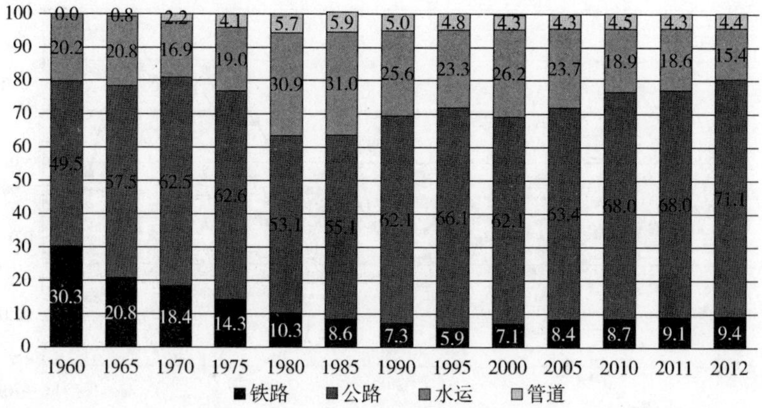

图 3-30　英国货物周转量结构变化情况

数据来源：英国交通运输部网站

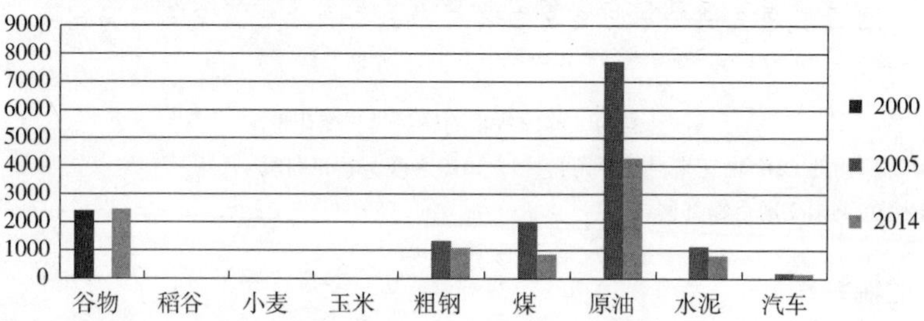

图 3-31　英国部分年份主要产品产量(单位：万吨)

数据来源：国际统计年鉴 2016

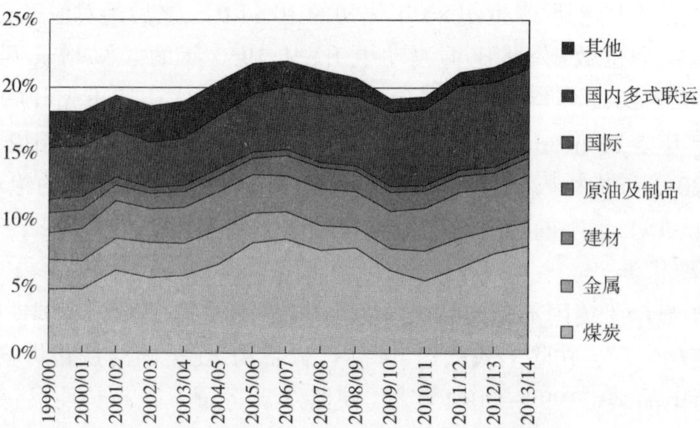

图 3-32　英国铁路货物运输主要货类变化情况

数据来源：英国交通统计网站 Rail Statistics（https://www.gov.uk/government/organisations/department-for-transport/series/rail-statistics）

2.旅客运输

(1)运输总量

1952年以来,英国全社会客运规模总体上看呈现增长态势。全社会旅客周转量自1952年2180亿人公里上升至2011年的7850亿人公里,其间增长了3.6倍(图3-33)。

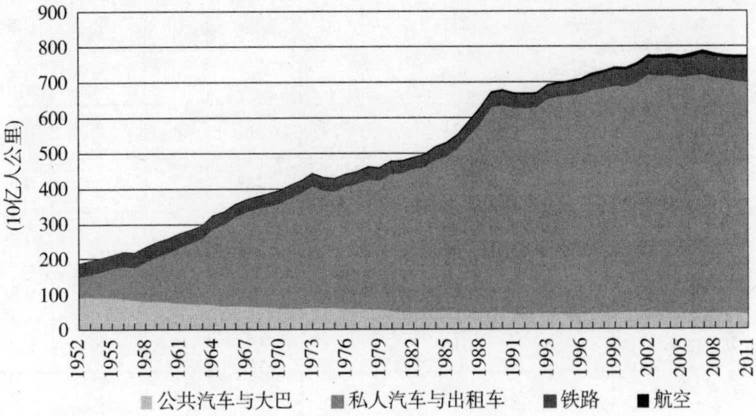

图3-33　英国客运周转量

数据来源:Transport Statistics Great Britain, Department for Transport Statistics

(2)运输结构

英国的旅客运输统计是包含小汽车出行的。英国客运中由公路完成的周转量占绝大多数,其中由公共汽车与大巴完成的周转量在20世纪50年代后持续下降,而由私人汽车和出租车完成的周转量持续上升,一直到21世纪才逐渐稳定。铁路完成的客运周转量一直在330亿人公里至420亿人公里之间徘徊,1998年后呈现稳定上升的趋势,2011年达到680亿人公里,但在总周转量中的比重仍然非常低。航空周转量的增长趋势也是非常明显的,从1956年的10亿人公里增长到2004年的100亿人公里,之后虽有所下降但也保持在80亿人公里以上(表3-13)。

英国客运周转量　　表3-13

年份(年)	公路				火车(10亿人公里)	占比(%)	航空(10亿人公里)	占比(%)	合计(10亿人公里)
	公共汽车与大巴(10亿人公里)	占比(%)	私人汽车与出租车(10亿人公里)	占比(%)					
1955	91	38	83	35	38	16	0	0.1	239
1960	79	28	139	49	40	14	1	0.3	282

续上表

年份（年）	公路				火车（10亿人公里）	占比（%）	航空（10亿人公里）	占比（%）	合计（10亿人公里）
	公共汽车与大巴（10亿人公里）	占比（%）	私人汽车与出租车（10亿人公里）	占比（%）					
1965	67	19	231	66	35	10	2	0.5	349
1970	60	15	297	74	36	9	2	0.5	403
1975	60	14	331	76	36	8	2	0.5	438
1980	52	11	388	79	35	7	3	0.6	491
1985	49	9	441	81	36	7	4	0.7	543
1990	46	7	588	85	40	6	5	0.8	690
1995	43	6	618	87	37	5	6	0.8	712
2000	47	6	639	85	47	6	8	1.0	749
2001	47	6	651	85	48	6	8	1.0	763
2002	47	6	673	86	48	6	8	1.1	786
2003	47	6	669	85	50	6	9	1.2	785
2004	45	6	673	85	50	6	10	1.2	788
2005	45	6	667	85	52	7	10	1.3	784
2006	43	5	673	85	55	7	10	1.2	791
2007	45	6	675	85	59	7	10	1.2	798
2008	44	6	667	84	61	8	9	1.1	790
2009	45	6	662	84	61	8	8	1.1	787
2010	45	6	656	84	65	8	8	1.0	783
2011	43	6	655	83	68	9	8	1.0	785

数据来源：Transport Statistics Great Britain，Department for Transport Statistics

（四）国外规律借鉴

我国经济发展进入新常态后，增长速度由高速向中高速转变，经济结构调整从增量扩能为主转向调整存量、做优增量并举。按照钱纳里对工业化阶段的划分标准来看，我国处于工业化中期向后期的过渡阶段。我国当前经济发展阶段与美国

20世纪60年代、日本和英国20世纪70年代时期第二产业比重达到峰值、第三产业比重开始反超第二产业的阶段相近,但各国又有自身发展特点,梳理各国当时的运输发展趋势,对分析我国当前阶段的运输需求发展具有重要参考价值。

1.工业化后期货运增速均有放缓

客货运输需求增长速度和GDP增速间具有紧密的相关性,在经济较高速发展时期,客货运输速度也较高。随着发达国家GDP由高速向中高速、低速发展阶段演变,客货运输需求增速也呈现同样的阶梯性增速下降趋势。工业化后期各国的货运增速均有放缓。美国第二产业比重在20世纪50年代达到47.2%的顶峰后开始缓慢下降,在工业化后期的20年时间里,全社会货物周转量增速稳定在3%~6%之间,20世纪80年代基本完成工业化后,开始转向更低速的缓慢增长,1980—2008年全社会货物周转量年均增速仅为1.2%,其间铁路和水运甚至在个别年份出现负增长。日本第二产业比重在20世纪60年代达到45.3%的顶峰后开始下降,但在20世纪70至80年代初,受两次石油危机冲击,经济大幅下滑,货物周转量增速由两位数迅速下跌至2%左右,20世纪80年代后期的经济复苏带动货运增速回升至5%左右,但90年代受经济大衰退影响,货运增速再次下滑到1%以下,21世纪以后基本增长停滞,2008年金融危机导致其货运量跌至20世纪70年代末期水平。英国1970—1990年全社会货物周转量年均增长2.41%,其间受偶然因素影响,个别年份出现了大幅增长或下跌,但总体上呈现长期低速增长,21世纪之后货物周转量基本稳定,并同样受2008年金融危机冲击而下滑明显。另外全球性的经济危机、金融危机、石油危机、债务危机、货币危机等成为影响各国经济增长,进而波及全社会客货运市场的影响因素。但从长期的客货运输趋势来看,这种影响是局部的、较短时间内的扰动因素,各国的GDP、客货运输需求会重新回到既有轨道。

2.客货运输强度均存在不同程度的下降

客运方面,美国、日本、英国等国的单位GDP对应的旅客周转量存在下降趋势。货运方面,单位GDP对应的货物周转量在各国间表现差异较大,如美国自20世纪80年代以来表现为明显的下降,截至2011年为0.76;第二次世界大战后日本也表现为持续的下降,1985年后一直在0.1~0.17间保持基本的稳定。

3.运输结构变化到一定阶段后保持基本稳定

各国的运输结构虽然由于其地理区位、资源禀赋、产业结构等不同而有较大的差异性,但运输结构演变也有共同特征。货运方面的运输结构变化特征有以下两个,一是公路运输比重上升到一定阶段后保持基本稳定,二是在工业化发展到一定水平时出现了铁路货运的长期下滑,并在工业化进程更迭的时期出现较为明显的铁路货运阶段性拐点。客运方面,各国铁路客运市场份额呈现下降趋势;而公路因其满足频繁短距离客运服务的灵活性则逐步成为市场主导;航空运输周转量份额一直保持上升趋势,但铁路客运市场份额并未表现出与某一工业化阶段直接对应的上升或下降拐点。

4.货物运输需求总量和结构受各国产业发展影响大

货物运输需求总量和结构均与各国产业发展密切相关。美国等在进入后工业阶段后虽然产业也在向国外转移,但由于其国土巨大,产业结构完整,钢铁、煤炭、矿石等大宗商品总产量有所上升,因此总体上看美国货运总量总体趋势依然是缓慢增长的,且使美国在后工业化阶段保持了一段时间的铁路货运份额增加。而日本重化工业的大规模海外转移造成原料、初级品需求等降低,煤炭、矿石生产规模的大幅下降,造成了货运总量的增速下降,以及铁路货运比重的持续下降,加之其岛国的地理区位特点,产业集中在东部沿海地带,水运+公路运输成为其主导的货运方式。

二、中国和其他国家客货运输需求对比分析

(一)货物运输

1.运输量

我国和其他国家的公路、铁路、航空货运周转量对比参见图3-34~图3-36。我国公路货运周转量远高于其他国家;我国铁路货运周转量(2014年)仅低于美国,略高于俄罗斯。2015年的我国航空货运周转量仅低于美国,位于全球第二。

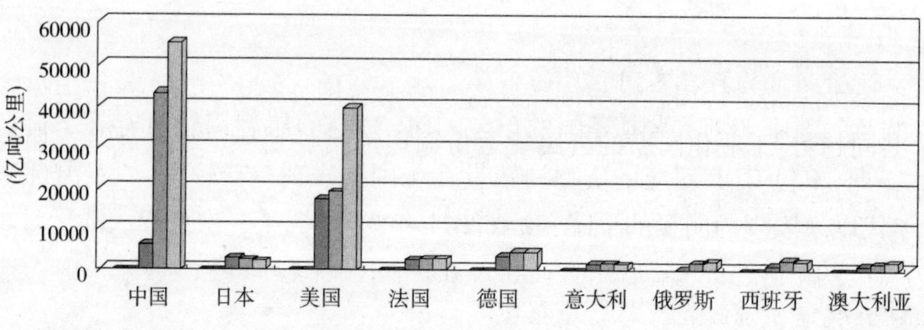

图3-34 中国和其他国家公路货运周转量比较

数据来源:国际统计年鉴2016

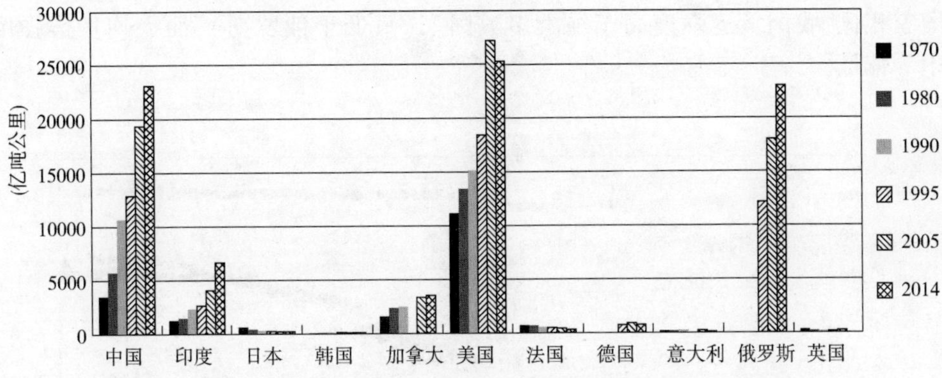

图 3-35 中国和其他国家铁路货运周转量比较

数据来源:国际统计年鉴 2016

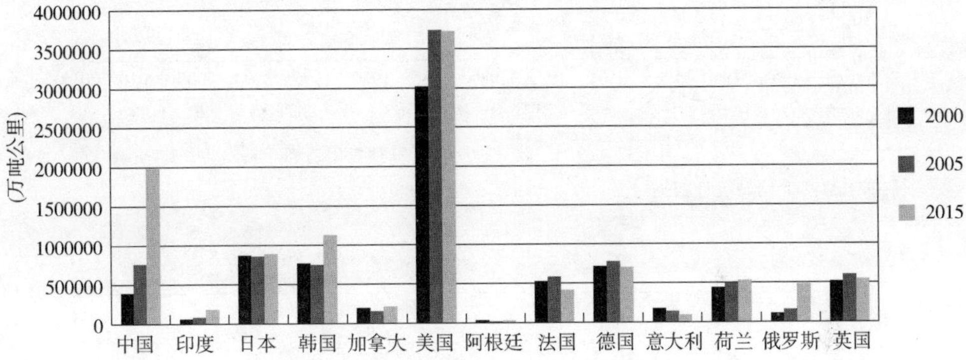

图 3-36 中国和其他国家航空货运周转量比较

数据来源:国际统计年鉴 2016

2.运输结构

部分国家的公路货运周转量份额详见图 3-37。各国公路货运周转量所占份额均有一个共同趋势:工业化国家的公路货运份额逐渐增长到一定水平后基本保持稳定,而印度这样的发展中国家的公路货运份额还处于缓慢上升阶段。

部分国家的铁路货运周转量份额详见图 3-38。工业化国家铁路货运周转量所占份额均有一个共同趋势:逐渐下降到一定水平后基本保持份额的稳定。而印度这样的发展中国家铁路货运周转量还处于一个下降阶段。

3.货运强度

部分国家的货物运输强度及人均货物运输强度变化情况详见图 3-39、图 3-40。无论是货物运输强度还是人均货物运输强度,除印度等个别国家外,均有一个持续下降的趋势，且随着时间的推移，下降趋势有趋于缓和的趋势。与其他国家相比，我国货运强度高于绝大多数国家（只低于俄罗斯），而人均货运强度中等偏低。

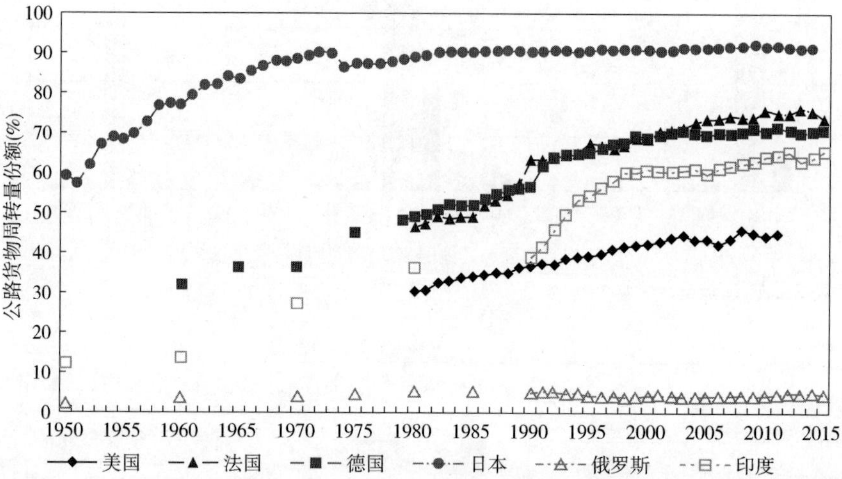

图 3-37　各国公路货物周转量份额变化趋势

数据来源：ITF 网站统计数据

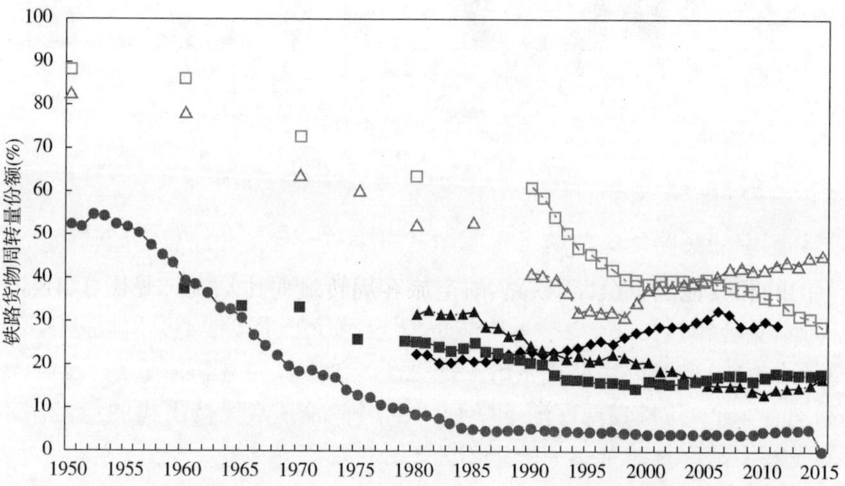

图 3-38　各国铁路货物周转量份额变化趋势

数据来源：ITF 网站统计数据

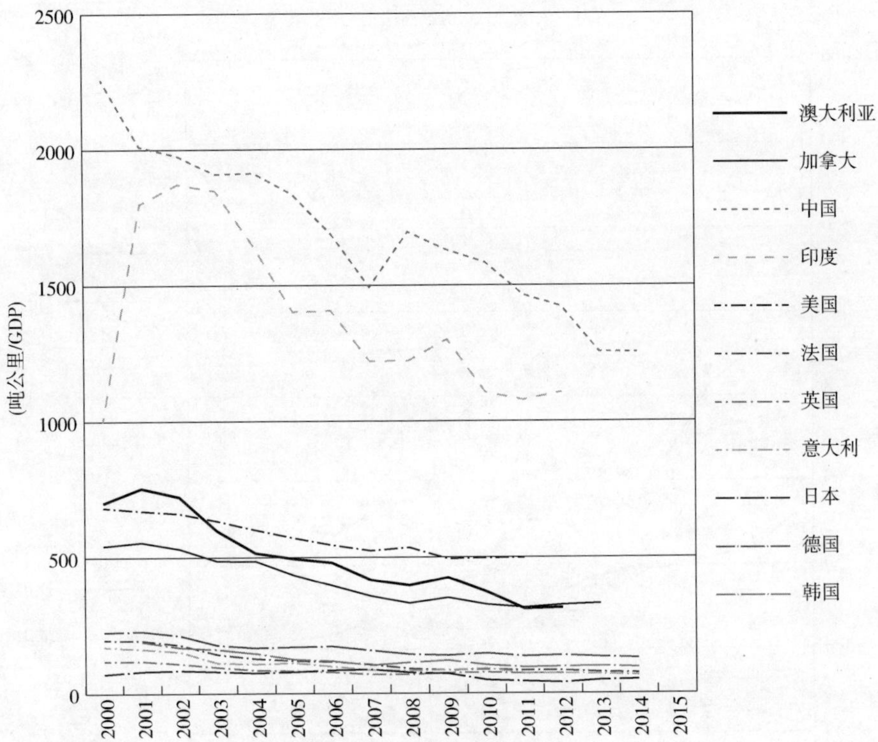

图 3-39　各国货物运输强度

注：货物运输强度指每千美元 GDP 产生的内陆货物周转量(包括公路、水路、铁路)按现价美元计算，数据指内陆运输。

数据来源：ITF 网站统计数据

(二)旅客运输

1.运输量

中国的和其他国家公路、铁路、航空旅客周转量对比情况详见图 3-41、图 3-42 和图 3-43。我国公路旅客周转量远低于美国；我国铁路旅客周转量(2014 年)仅低于印度。2015 年我国航空货运周转量仅次于美国，位于全球第二，但总量仅有美国的约 1/2。

2.运输结构

部分国家的公路旅客周转量份额详见图 3-44。各国公路旅客周转量所占份额均有一个共同趋势：工业化国家的公路客运份额发展到一定水平后基本保持平稳、略有下降的趋势，而印度这样的发展中国家的公路旅客运输份额还处于缓慢上升

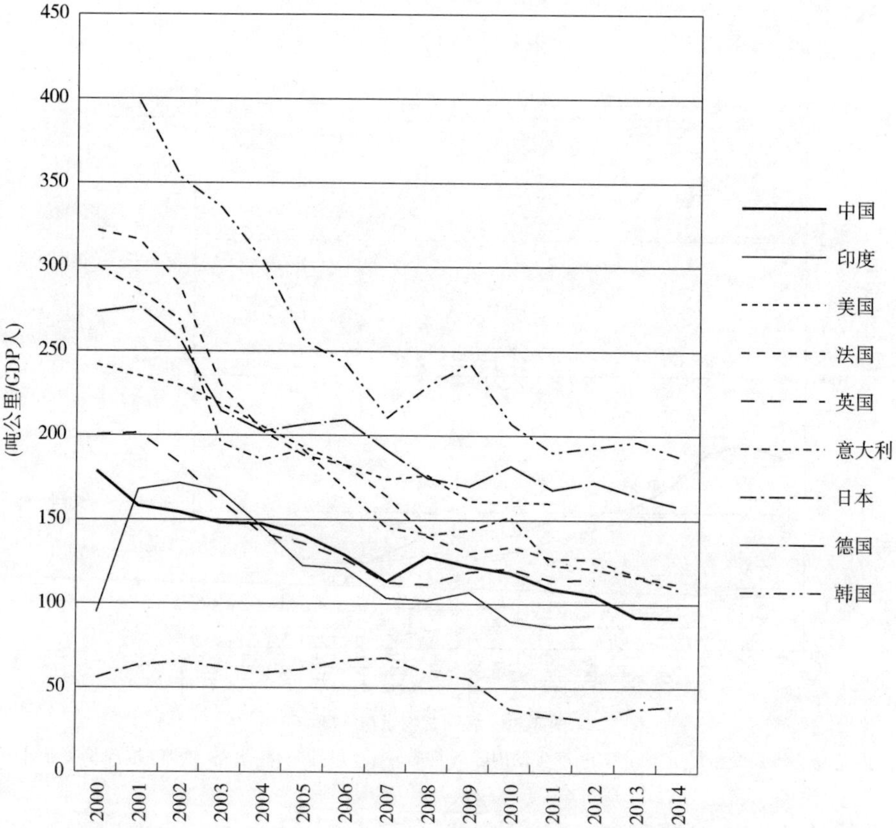

图 3-40　各国人均货物运输强度

注:货物运输强度指每千美元 GDP 产生的内陆货物周转量(包括公路、水路、铁路)按现价美元计算,数据指内陆运输。

数据来源:ITF 网站统计数据

阶段。

部分国家的铁路旅客周转量份额详见图 3-45。工业化国家铁路份额在工业化快速发展时期有个逐步下降的趋势,达到一定水平后基本保持稳定。

3.运输强度

中国和其他国家单位 GDP 产生的旅客运输周转量对比情况详见图 3-46。各国的客运强度在 2000 年以来均有一个持续下降、之后趋于平稳的趋势。与其他国家相比,2013 年经过口径调整的我国客运强度低于大多数国家。

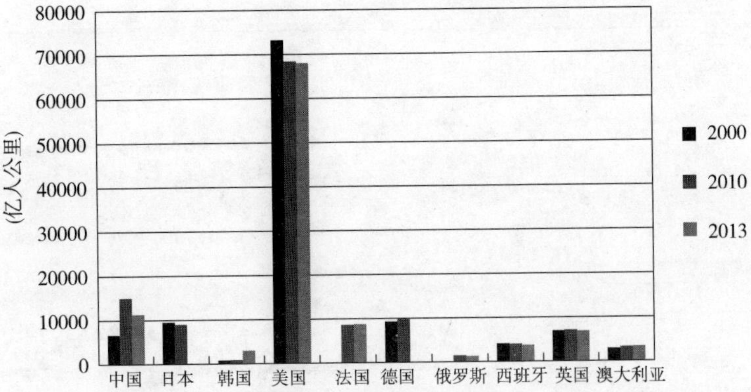

图 3-41　公路客运周转量

数据来源:国际统计年鉴 2016

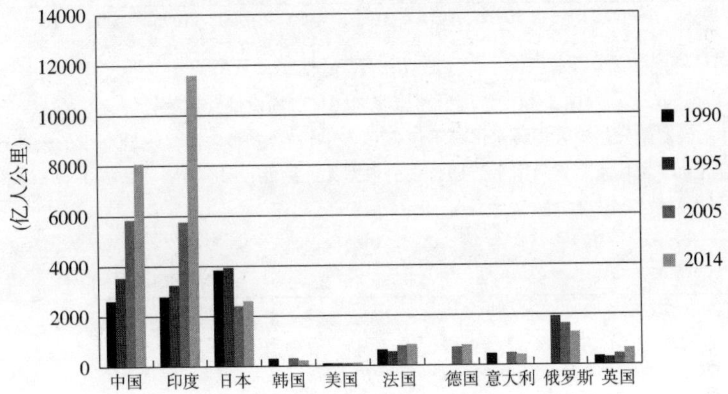

图 3-42　铁路客运周转量

数据来源:国际统计年鉴 2016

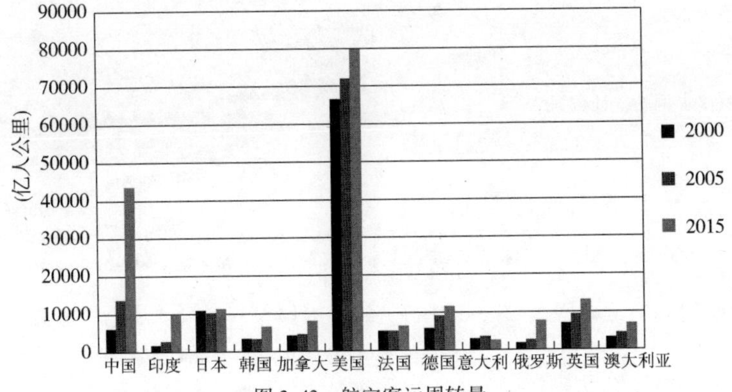

图 3-43　航空客运周转量

数据来源:国际统计年鉴 2016

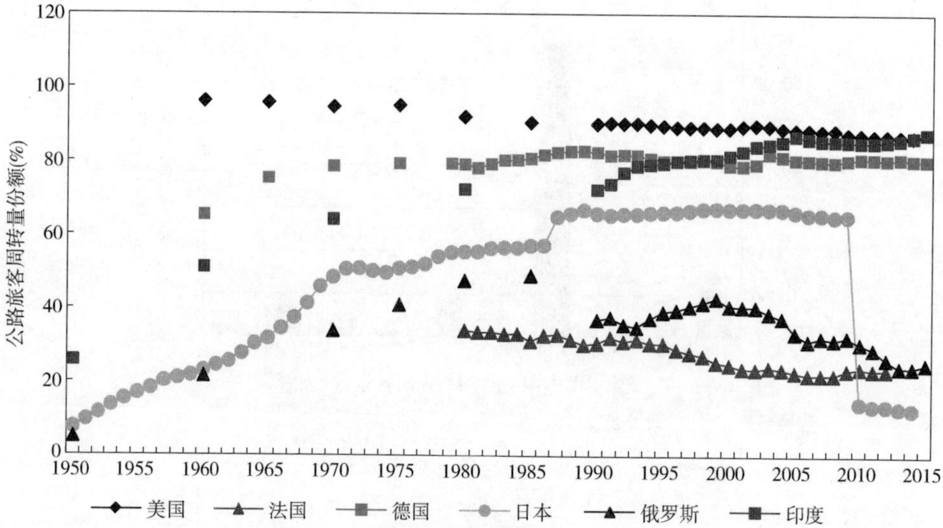

图 3-44　各国公路旅客周转量市场份额变化趋势

注:法国、俄罗斯公路旅客周转量份额不包含私人小轿车。日本 1987—2009 年的公路旅客周转量数据含轻型机动车和私家客货两用车数据与之前数据无连续性;2010 年之后数据不含私家车和轻型机动车数据,与之前数据无连续性。

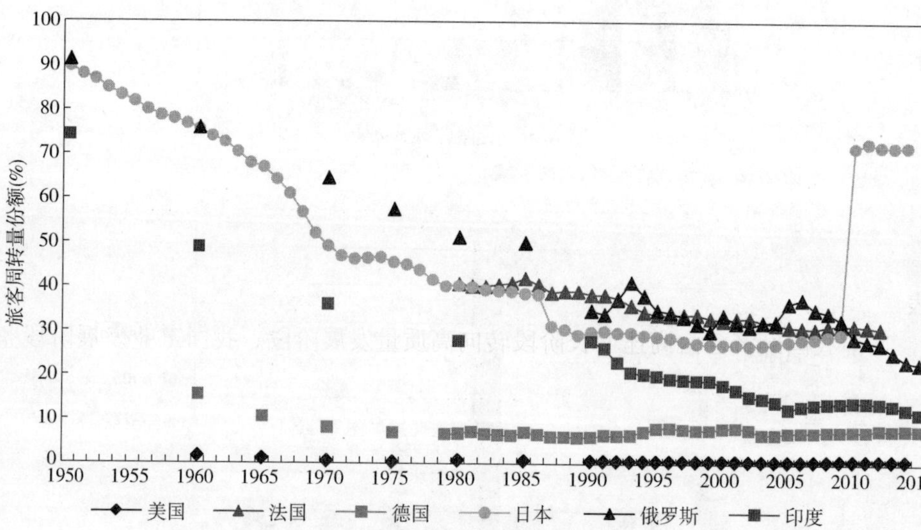

图 3-45　各国铁路旅客周转量份额变化趋势

注:日本铁路于 1987 年实施民营化改革,1985 年、1990 年数据无连续性。2010 年由于公路运输统计口径调整(参见图 3-44 注),份额发生突变。

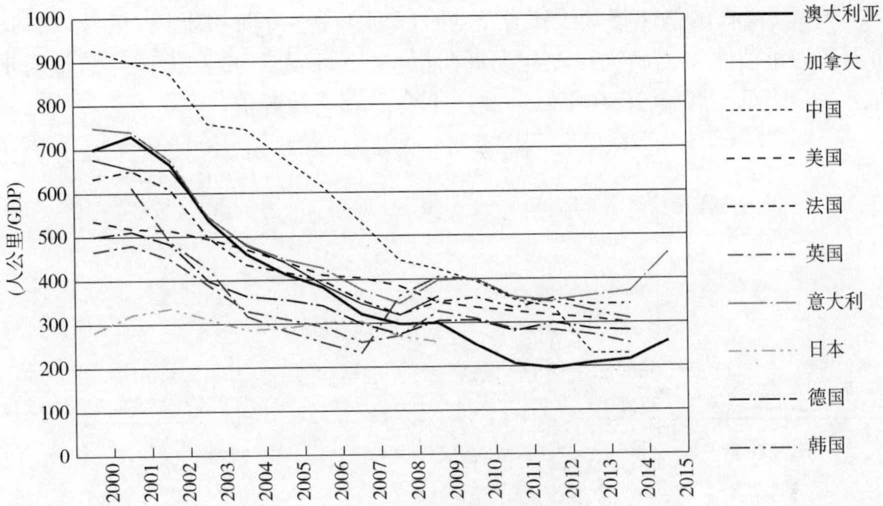

图 3-46　旅客运输强度

注:1.旅客运输强度指每千美元 GDP 产生的内陆旅客运输周转量(包括公路、水路、铁路),GDP 按现价美元计算。

2.数据指内陆运输。

数据来源:ITF

第五节　我国交通运输需求趋势分析

一、城际货运需求趋势分析

(一)货运需求将由高速增长转向平稳增长

荣朝和提出的运输化理论揭示了货物运输量在不同的经济社会发展阶段呈现出不同的特征(图 3-47),宋金鹏等也总结出工业化不同阶段的货物运输需求特征(表 3-14)。

当前我国经济已由高速增长阶段转向高质量发展阶段。我国工业发展阶段整体上对应工业 2.0 向工业 3.0 的过渡阶段,同时还交织着追赶工业 4.0,以及工业 2.0、工业 3.0 的“补课”阶段。未来 30 年,我国工业化进程还将完成工业 3.0 向工业 4.0 发展,总体看货运需求仍会有所增长,但货物运输需求增幅将较工业化 2.0 阶段有所下降,且增长速度在“十三五”时期、2020—2030 年、2030—2050 年三个时期呈阶梯下降趋势。2030 年以前,我国整体处于工业 2.0 向工业 3.0 的过渡时期。我国正在进行的供给侧结构性改革将进一步深化,货物运输需求增速将有所下降,但由于工业化和城镇化进程还在快速发展中,因此货运需求增幅仍将保持中速增长。2030 年后，我国整体将处于工业 3.0 阶段向工业 4.0 阶段发展，进入以科技进步和创新为重要支撑的新兴工业化发展阶段。工业产品产量及货物运输量需求增速将进一步降低。预计 2050 年以前我国不会出现货运峰值。

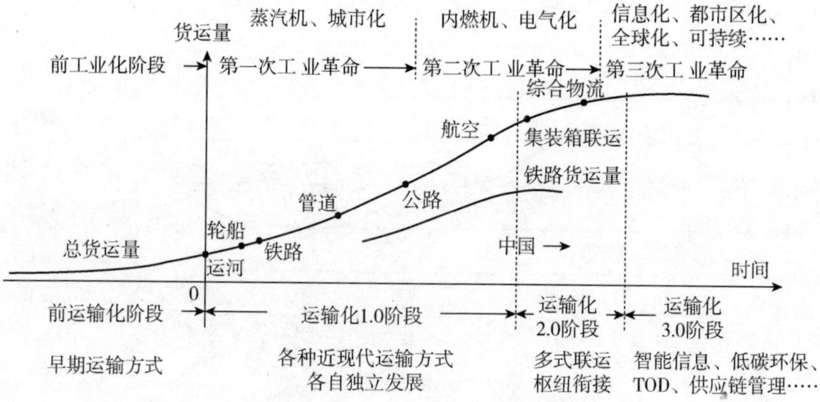

图 3-47　运输化阶段划分调整示意图

资料来源：荣朝和，《对运输化阶段划分进行必要调整的思考》，北京交通大学学报，2016 年 8 月

表 3-14 列出了工业化不同阶段货物运输的需求特征。

工业化不同阶段货物运输需求特征　　表 3-14

工业化阶段	货物运输需求				
	主要货物种类	货运需求类型	需求数量	需求质量	运输技术
前工业化阶段	农产品和手工业品	运输频率低，近距离运输	需求量比较小	较低	人力、畜力、马车、帆船
工业化前期	纺织品、煤炭、矿石、钢铁产品大宗、远途、低值、散装货物运输	大宗、远途、低值、散装货运需求增加	运输需求量急剧增长，增速空前	运输服务质量不高	运河、铁路
工业化中期	石油、天然气、化工原料、多种金属和非金属原材料、水泥等建筑材料	管道、油轮、厢车、罐车车运输等	运输需求量继续增长，但增长速度已不如前一时期	运输需求开始多样化，对运输速度要求较高	铁路、公路
工业化后期	汽车、飞机、精密仪器、电器电子产品	小批量、特种运输、专用运输	运输需求增长速度明显减缓	方便、及时、可靠、节约等运输质量要求突出	公路、航空、管道、综合运输
后工业化阶段	深度加工、高附加值产品	小批量、集装化、特种运输、多式联运	运输需求数量基本停止增长甚至出现下降	及时、方便、可靠等运输服务质量要求更高	一体化物流

资料来源：宋金鹏等，《工业化进程中货物运输需求变化分析》，武汉理工大学学报（社会科学版），2008 年第 21 卷第 6 期

(二)大宗散货运量将处于高峰平台期

我国"十三五"时期要实行供给侧结构性改革,实施"去产能、去库存、去杠杆、降成本、补短板"等重点任务,其中钢铁五年之内要去产能1亿~1.5亿吨,煤炭去产能5亿吨左右。供给侧改革将加速改变中国货物运输需求总量及结构。在这种态势下我国大宗物资运输需求量难以保持增长。但是随着中国城市化进程的继续推进,城市规模将继续扩大、旧城区扩建改造、城市基础设施及其他配套建设,将使钢铁、水泥、化工、冶金等运输需求保持一定速度增长。另外,由于我国中西部的工业化进程还会较快发展,需要大量的大宗物资运输,运输总量难以下降,因此初步判断,我国大宗散货运量未来一段时间将处于高峰平台期。

(三)能源运输格局有所变化

煤炭能源的运输格局仍将由三西地区运往东部沿海地区。而石油、天然气等进口来源多元化,近年来中国积极拓展对外能源合作渠道,推动与土库曼斯坦、俄罗斯、哈萨克斯坦、缅甸等陆上周边国家油气管道的建设,中国进口石油源集中于俄罗斯、中东、非洲等地区,中国还将通过"一路一带"战略布局进一步深化与环里海国家及俄罗斯的战略合作关系,实现西北、西南、东北和海上四大能源进口通道的战略目标。能源的消费总量及结构转变会增加管道运输的发展力度和管道运输的承担率,以适应天然气、原油消费增长的需求。

(四)运输结构受政策影响不确定因素增多

公路随着路网等级的不断提高,经济运输距离的不断延长,又加之其具有灵活的"门到门"运输优势,对铁路中长途货物运输的替代性也不断增强,传统被认为是铁路绝对优势的中长距离货物运输也逐步被公路货物运输所替代。同时公路对铁路运输替代的货种也发生了质的改变,传统被认为是铁路绝对优势的煤炭、粮食等大宗货物也大量由公路运输承担。预计"十三五"期间,这种趋势难以根本改变。但长期看,随着铁路设施、长江水道等基础设施,以及综合交通枢纽设施的完善,交通运输结构变化将有较大变数。交通结构变化情况将与政策力度有很大关系。基本判断是航空、管道所承担的货运总量及份额会有所上升,公路继续在货物运输中承担基础作用,铁路、水路运输的份额受政策力度影响较大。

二、城际客运需求趋势分析

(一)客运需求将由高速增长转向平稳增长

旅客运输和货运需求具有类似特征,客运需求发展与工业化和城镇化发展程度密切相关。樊桦将诺瑟姆(Ray M.Northman)曲线与旅客运输量的发展演变结合起来,根据城镇化各阶段客运需求增长的不同特征,描述了客运需求总量增长和增长速度变化的大致轨迹(图3-48):客运需求总量增长曲线与城镇化发展进程曲线类似,表现为一条被拉长的S形曲线;而客运需求增长率曲线大致表现为一条倒U形曲线。这表明:在城镇化初期阶段,客运需求具有总量水平和增长率呈“双低”特征,在城镇化中期阶段同时也是快速城镇化阶段,客运需求总量水平和增长率具有“双高”特征,在城镇化后期,客运需求则呈现出“总量高、增速低”的特征。

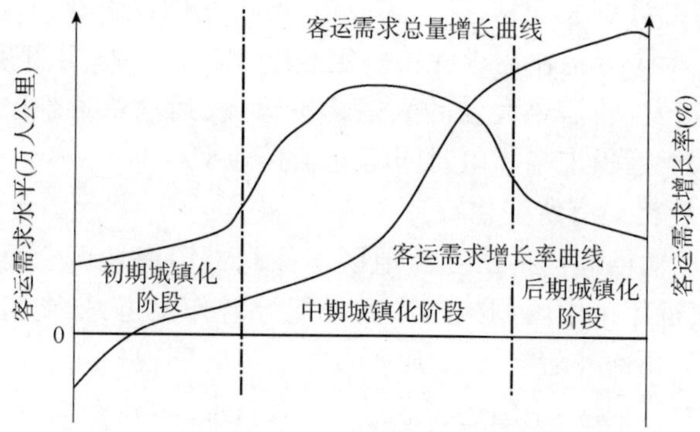

图3-48　城镇化阶段与客运需求增长曲线

改革开放至今我国处于城镇化中期阶段,客运需求增长率仍将较高。“十三五”时期以及后十年,我国处于工业化和城镇化中期向中后期发展的过渡期。2030—2050年前后我国将进入城镇化后期,进入高收入国家行列,客运需求增速将有所放缓。根据相关预测,我国2050年的城镇化率将达到70%以上,意味着未来35年中国还将增加3.5亿城镇居民。且我国人均出行次数、人均出行距离等反映客流活跃程度的指标和发达国家还有很大差距,意味着客运量及周转量还有巨大上升空间。

(二)运输结构继续发生变化

随着经济社会发展,人们收入水平不断提高,人们对出行快速性、便捷性、舒适性的要求也越来越高。预计未来民航占比仍将保持增长趋势,但公路占比受制于资源环境约束,增长幅度有限。高速铁路随着我国高铁陆续建设成网,从局部地区看产生了一定的诱增客流,并对具有竞争关系的民航航线造成重大影响。根据《中长期铁路网规划》2016版,中国计划完善高速铁路网络,形成八纵八横主通道。到2020年,我国将实现高速铁路运营里程3万公里;到2025年,高速铁路达3.8万公里左右。高速铁路的网络化发展将会使高铁客流进一步增长,不仅可以完全扭转铁路客运占比下降的态势,而且将会在干线客运中成为主要的客运方式之一。

(三)客流格局发生变化

我国城镇化的发展会引发人口向以城市群为核心带的区域转移,农村人口预计将持续下降。城市群内不同城市之间联系进一步加强，商贸活动和人员交流更加频繁，城际交通需求旺盛。包括商务出行、探亲访友和旅游在内的区域间和城市群间的客运需求占全社会客运需求比例将不断提高。东部沿海地区仍然是我国客流活动最多、最密集的区域，但中部和西部地区增长速度将加快。

三、城市客运需求特征

“十三五”期间每年将新增城镇人口2000万人左右，将引发城市人口不断膨胀，城市交通量也相应快速增长。未来我国城镇化率还将不断提升，2030年前我国将处于城镇化中后期阶段，城镇化快速发展，城市群加快形成。城市交通需求将进一步增长。

城市交通出行结构变动将受诸多因素影响，一是我国还处于机动化快速增长过程中，车辆行驶里程将快速增长；二是我国将继续坚持公交优先的城市交通发展导向。城市交通结构变化情况将受政策导向、基础设施、政策力度的巨大影响。2015年9月25日中美两国发表的《气候变化的联合声明》中，我国承诺“推动低碳交通，2030年大中城市公共交通占机动化出行比例达到30%”的目标，结合目前我国大中城市公交系统逐步完善、交通出行理念逐步转变的现状，我国将继续实施公交优先政策的导向，可以预计2030年该目标有望达成。2030—2050年城市群将向巨型城市群发展，城市交通运输量仍会继续增长。另外随着共享单车、顺风车、汽车分时租赁、互联网约车的发展，共享交通将成为城市交通的重要组成。

四、小汽车出行持续增长

近年来，在经济快速发展和人民生活水平提高的背景下，我国汽车保有量已进入快速增长时期，2003—2014年的年均增长速率达到18.2%。另一方面，虽然2014年我国千人小汽车拥有量达到107辆，但仍然远远低于发达国家的每千人汽车拥有量（表3-15）。未来30余年我国仍将处于快速机动化时期，且机动化增速呈现递减趋势和低碳绿色化趋势。总体看，车辆行驶里程将会增长，同时也会出现区域性特征，如中小城市的汽车保有量和行驶里程会双双上升，使车行驶里程迅速增长。在车辆结构方面，将呈现出绿色化特征，即大城市的新能源车保有量将飞速增长。

部分国家及地区小汽车千人拥有量　　表3-15

国家或地区	千人汽车拥有量（辆）	年份（年）
美国	812	2010
澳大利亚	730	2011

续上表

国家或地区	千人汽车拥有量(辆)	年份(年)
新西兰	718	2009
德国	634	2008
加拿大	620	2009
西班牙	608	2008
日本	589	2009
法国	575	2007
英国	525	2008
荷兰	523	2008
瑞典	522	2008
韩国	379	2011
阿根廷	314	2007
俄罗斯	271	2011
新加坡	156	2009
中国	110	2015

第六节　我国交通运输需求预测

预测的目的是为计算未来交通领域的能源消耗提供基础数据。本预测属于综合交通运输需求预测范畴,因为所有具有机动性的交通方式在运行时都需要消耗能源。为了计算的完整,同时考虑相关统计数据的分类,预测内容分为三个部分,一是城际客货运输需求,包括城市以外的铁路、公路、水运、民航和管道五种方式的客货运量和客货周转量;二是汽车保有量,包括民用汽车和私人汽车;三是城市交通需求,包括公共电汽车、出租车和轨道交通车辆。另外,由于与预测有关的能源消耗仅限于国内,因此在综合交通需求现状数据中需要剔除发生在国外的部分,即水运货运需求中的远洋运输部分和民航客货需求中的国际部分。

一、预测情景

(一)基准情景

基于我国客货运输方式结构的变化,并考虑经济发展和产业结构变化等影响因素的作用,由此预测未来客货运输方式结构。

(二)低碳情景

随着国家环保意识整体水平的提高,人们的出行将更多选择公共交通作为客运方式,货物运输也将向单位能耗较低的方式倾斜,从而改变了未来的客货运输方式结构。在低碳情景下,根据各种客货运输方式的能源消耗强度,优先发展能耗强度较小的客货运输方式,降低能源消耗强度较大的客货运输方式的发展速度。因此在节能低碳政策情景下,不论是客运还是货运,其未来运输方式结构中,能耗强度较小的方式比例将逐年提高,相反能源消耗强度较大的方式比例则不断降低。

二、城际客货需求预测

(一)预测流程

考虑到经济发展预测分为低方案和高方案,区域客货需求预测也相应分别采用低方案和高方案。预测首先采用定量分析方法,以低方案的经济增长速度和其他经济指标进行客货需求预测。定量分析方法选择产值系数法和回归分析等基于影响因素分析的方法,并利用客货需求与人口和经济增长之间的关系预测未来客货需求发展水平。具体过程是,通过定量计算和定性分析的方法得到预测初步结果,然后结合预测方法的特点,并考虑客货需求趋势和需求特征进行综合分析,最后确定低方案的客货需求预测结果。再利用低方案客货需求的弹性系数与高方案的经济增长速度相乘得到高方案客货需求增长速度,并以此预测高方案的客货需求。

在包含各种客货方式的低方案和高方案的客货需求预测结果下,将根据我国客货运输方式结构的变化趋势和低碳发展政策的影响,按基准情景和低碳政策情景分析预测未来客货运输方式结构。

关于两种情景的客货方式结构预测,基准情景确定各方式客货运量比例和客货周转量比例以及变化趋势,低碳政策情景在不改变各方式变化趋势的基础上,根据各方式的能耗强度调整其客货运量比例和客货周转量比例。

(二)客运需求预测

1.客运量和旅客周转量预测

低方案客运量和旅客周转量预测采用定量计算和定性分析相结合的方法。定量计算的过程是以人口和低方案国内生产总值为自变量分别建立基于人均出行次数和回归分析的模型,并预测根据两种方法得到的客运量和旅客周转量。在此基础上,通过定性分析确定客运量和旅客周转量的低方案预测结果。

高方案客运量和旅客周转量预测采用弹性系数法,其中客运量和旅客周转量弹性系数取低方案预测值,再与高方案国内生产总值增长速度相乘得到高方案客运量和旅客周转量增长速度,并由此预测高方案客运量和旅客周转量。

客运量和旅客周转量预测结果见表3-16。

客运量和旅客周转量预测 表3-16

年份(年)	客运量(亿人)		旅客周转量(亿人公里)	
	低方案	高方案	低方案	高方案
2014	194.3	194.3	27890	27890
2020	291.3	297.2	41560	42810
2030	405.6	427.9	67530	72930
2040	503.1	547.1	92570	104490
2050	565.6	633.2	109450	128770
增长速度(%)				
2014—2020	4.7	5.1	6.9	7.4
2020—2030	3.4	3.7	5.0	5.5
2030—2040	2.2	2.5	3.2	3.7
2040—2050	1.2	1.5	1.7	2.1

由表3-16知,我国未来客运量和旅客周转量与经济增长保持了同步和平稳的增长,而且旅客周转量增长速度又高于客运量,其中的主要原因是客运平均运距也将不断延长。从全部预测年度看,2014—2050年客运量低方案和高方案年均增长速度分别为2.7%和3.0%,2050年低方案和高方案客运量分别是2014年的1.8倍和1.9倍;2014—2050年旅客周转量低方案和高方案年均增长速度分别为3.9%和4.3%,2050年低方案和高方案旅客周转量分别是2014年的2.9倍和3.6倍。从年均增长速度看,虽然客运量和旅客周转量呈现逐年降低的趋势,但远期增速均高于1%,而且高方案旅客周转量超过了2%,说明客运需求仍有一定的增长空间。另外,由于采用了相同的弹性系数,低方案和高方案客运量和旅客周转量预测结果间的差距是由国内生产总值增长速度决定的。因此根据国内生产总值增长速度预测,2020年客运量高方案是低方案的1.02倍,旅客周转量高方案是低方案的1.03倍;2050年客运量高方案是低方案的1.12倍,旅客周转量高方案是低方案的1.18倍。

2.客运方式结构预测

客运方式结构预测采用定性分析方法,具体步骤是首先预测基准情景的客运量方式结构和旅客周转量方式结构,然后在此基础上分析低碳政策情景的各方式客运量和旅客周转量比例变化趋势,最后确定这两种情景下的客运量和旅客周转量预测结果。

在预测基准情景和低碳政策情景的客运方式结构后,将两种情景下各方式的客运量和旅客周转量比例分别与低方案和高方案的客运总量和旅客总周转量预测结果相乘,即可分别得到低方案和高方案中各方式在不同情景下的客运量和旅客周转量预测结果。

(1)基准情景客运方式结构预测

在现状基础上,通过分析铁路、公路、水运和民航四种方式的客运量和旅客周转量在基准情景下的发展变化预测客运方式结构。

①铁路。

除在中长途客运继续发挥优势外,未来城际铁路客运需求的高速增长也将促使铁路在中短途客运占有一定份额。另外,随着经济发展和人民生活水平的提高,客运方式的安全性、舒适性和经济性将更加得到重视,而铁路在这些方面的优势较大。因此,铁路客运量和旅客周转量都将保持较高的增长速度,而且在客运总量和旅客总周转量中的比例将不断提高。但城际铁路的增加从长期看将缩短铁路平均运距,并使铁路客运量增速相对高于旅客周转量。

②公路。

未来短途客运仍占我国客运需求中的绝大部分,而相对其他方式,公路点多、面广和机动性较强的特点最适合短途客运,因此公路仍将是我国客运最主要的客运方式。一方面,受铁路客运需求增加的影响,公路客运需求增长将进一步减缓,其增长速度将低于铁路。另一方面,公路旅客周转量增长速度将高于客运量,这是因为公路客运条件的改善,特别是高速公路里程的增加使公路客运平均运距不断延长。总之,在客运总量和旅客总周转量中,未来公路所占比例仍将高于其他方式,但增长速度将明显低于铁路和民航。

③水运。

我国水运客运需求主要分布在沿海、长江和珠江,其分布范围相对较小和客运速度较慢的特点决定了水运客运需求增长有限,而且铁路和公路的高速发展也分流了部分水运客运需求,但水运在休闲娱乐以及资源利用方面具有一定优势,因此预计未来客运需求将保持较低的增长速度。另外,受分布范围的限制,大部分水运客运需求仍集中在原有区域,其客运需求增长将主要取决于客运量,而旅客周转量的增长相对较小,这意味着水运客运平均运距将逐渐减少。

④民航。

随着经济发展和收入水平提高,人们在长距离客运上更倾向于选择时效性较高的客运方式。民航的优势在于高速、灵活和安全可靠,是我国长途客运的主要方式。未来我国长途客运需求将继续保持较快增长,除东部各区域外,东部和西部之间交流的增加不仅使民航客运距离延长,同时也成为民航客运需求来源的重要组成部分。从客运需求发展趋势看,高速铁路发展虽然分流了部分民航中长途客运量,但随着民航机场的增加,客运平均运距将不断减少,在一定程度上增加了这一距离段的民航客运需求。另外,民航长途客运需求受高速铁路增加的影响较小,将继续保持较高增长速度。综合分析,民航客运量和旅客周转量将继续保持快速发展的态势,并在我国长距离客运中发挥主导作用,其中平均运距的减少将使旅客周转量增长速度低于客运量。

综合以上各种客运方式客运量和旅客周转量比例变化趋势的分析,基准情景下客运方式结构预测结果见表3-17。

基准情景客运方式结构预测 表3-17

指　标	年份(年)	铁　路	公　路	水　运	民　航
客运量	2014	10.7%	86.5%	1.2%	1.6%
	2020	13.5%	83.2%	1.1%	2.2%
	2030	17.1%	78.3%	1.0%	3.6%
	2040	19.6%	74.3%	0.9%	5.2%
	2050	21.2%	71.0%	0.8%	7.0%
旅客周转量	2014	41.6%	43.0%	0.3%	15.2%
	2020	42.0%	41.3%	0.2%	16.5%
	2030	42.5%	38.8%	0.2%	18.5%
	2040	42.9%	37.3%	0.1%	19.7%
	2050	43.1%	36.1%	0.1%	20.7%

(2)低碳政策情景客运方式结果预测

一方面,随着节能新技术的不断采用和人们的环保意识日益提高,碳排放较少的客运方式比例将逐渐提高;但另一方面,客运方式的效率也会对客运方式比例变化产生影响。综合两方面因素,铁路和水运客运量和旅客周转量比例将高于基准情景,而公路和民航客运量和旅客周转量则低于基准情景。

①铁路。

铁路在节能降碳方面具有较大优势,因此在低碳政策情景下铁路客运需求将快速增长,并导致铁路客运量和旅客周转量比例不断提高,其中客运量增长速度又高于旅客周转量增长速度。

②公路。

虽然公路客运效率相对较高,但作为一种能耗较高的客运方式,公路客运在节能降碳方面没有竞争优势。此外,铁路客运的快速发展也分流了部分客运需求。综合分析,公路客运量和旅客周转量比例将出现降低的趋势,而且远期降低幅度将进一步扩大。

③水运。

在节能降碳方面,水运客运优于其他方式,是能耗最低的客运方式。但水运客运速度低,运营范围小,运输效率远远低于其他客运方式。另外,铁路和公路的竞争也对水运客运需求增长产生一定的影响。因此,虽然未来水运客运量和旅客周转量比例将有所提高,但提高幅度非常有限。

④民航。

民航速度快,运输效率高,未来客运需求增长潜力巨大。但民航能耗相对较大,而且铁路的竞争分流了大部分中距离的客运需求。同时在长距离客运需求上铁路对民航也形成了一定的竞争压力。考虑上述几方面的影响因素,民航客运量和旅客周转量比例将不断降低。

综合以上各种客运方式客运量和旅客周转量比例变化趋势的分析,低碳政策情景下客运方式结构预测结果见表3-18。

低碳政策情景客运方式结构预测 表3-18

指 标	年份(年)	铁 路	公 路	水 运	民 航
客运量	2014	10.7%	86.5%	1.2%	1.6%
	2020	16.0%	80.8%	1.2%	2.0%
	2030	23.6%	72.7%	1.2%	2.5%
	2040	30.8%	65.2%	1.1%	2.9%
	2050	35.6%	60.1%	1.1%	3.2%
旅客周转量	2014	41.6%	43.0%	0.3%	15.2%
	2020	48.0%	36.3%	0.2%	15.5%
	2030	54.5%	29.6%	0.2%	15.7%
	2040	57.5%	26.4%	0.1%	16.0%
	2050	60.2%	23.5%	0.1%	16.2%

3.客运需求预测结果汇总

将表3-16与表3-17和表3-18的相关数据相乘,即可分别预测低方案和高方案下的基准情景和低碳政策情景的铁路、公路、水运和民航的客运量和旅客周转量。预测结果分别见表3-19和表3-20。

低方案及相关情景客运需求预测结果汇总　　表 3-19

	年份(年)	基准情景				
		合计	铁路	公路	水运	民航
客运量低方案(亿人)	2014	220.5	23.57	190.8	2.6	3.5
	2020	291.1	39.3	242.2	3.2	6.4
	2030	405.6	69.4	317.6	4.1	14.6
	2040	503.1	98.6	373.8	4.5	26.2
	2050	565.6	119.9	401.6	4.6	39.6
	年份(年)	低碳政策情景				
		合计	铁路	公路	水运	民航
	2014	220.5	23.57	190.8	2.6	3.5
	2020	291.1	46.6	235.2	3.4	5.8
	2030	405.6	95.9	294.9	4.7	10.1
	2040	503.1	155.0	328.0	5.7	14.4
	2050	565.6	201.4	339.9	61791	18.1
旅客周转量低方案(亿人公里)	年份(年)	基准情景				
		合计	铁路	公路	水运	民航
	2014	27890	11605	11982	74	4229
	2020	41560	17455	17164	87	6853
	2030	67530	28700	26202	109	12519
	2040	92570	39713	34529	131	18198
	2050	109450	47173	39511	141	22624
	年份(年)	低碳情景				
		合计	铁路	公路	水运	民航
	2014	27890	11605	11982	74	4229
	2020	41560	19949	15086	83	6442
	2030	67530	36804	20021	101	10604
	2040	92570	53228	24438	120	14783
	2050	109450	65889	25742	131	17688

高方案及相关情景客运需求预测结果汇总　　表 3-20

指标	年份(年)	合计	铁路	公路	水运	民航
客运量高方案(亿人)		基准情景				
	年份(年)	合计	铁路	公路	水运	民航
	2014	220.5	23.6	190.8	2.6	3.5
	2020	297.2	40.1	247.3	3.3	6.5
	2030	427.9	73.2	335.0	4.3	15.4
	2040	547.1	107.2	406.5	4.9	28.4
	2050	633.2	134.2	449.6	5.1	44.3
		低碳情景				
	年份(年)	合计	铁路	公路	水运	民航
	2014	2204950	235700	1908200	26300	34750
	2020	2972280	476011	2401602	35222	59446
	2030	4278500	1011379	3110470	49689	106963
	2040	5470960	1685056	3567066	62435	156404
	2050	6331750	2254577	3805382	69175	202616
旅客周转量高方案(亿人公里)		基准情景				
	年份(年)	合计	铁路	公路	水运	民航
	2014	27890	11605	11982	74	4229
	2020	42810	17980	17681	90	7059
	2030	72930	30995	28297	118	13520
	2040	104490	44826	38975	147	20542
	2050	128770	55500	46486	166	26618
		低碳情景				
	年份(年)	合计	铁路	公路	水运	民航
	2014	27890	11605	11982	74	4229
	2020	42810	20549	15540	86	6636
	2030	72930	39747	21622	109	11452
	2040	104490	60082	27585	136	16687
	2050	128770	77520	30286	155	20810

根据表 3-19 和表 3-20,按基准情景和低碳政策情景下各种客运方式结构的变化趋势,与 2014 年相比较,2050 铁路客运需求和水运客运需求在低碳政策情景下增加较多,公路客运需求和民航客运需求在基准情景下增加较多。从低碳政策情景的预测结果看,低方案铁路客运量和旅客周转量分别增加 7.5 倍和 4.7 倍,高方

案铁路客运量和旅客周转量分别增加8.6倍和5.7倍；低方案水运客运量和旅客周转量分别增加1.3倍和0.8倍，高方案水运客运量和旅客周转量分别增加1.6和1.1倍。从基准情景的预测结果看，低方案公路客运量和旅客周转量分别增加1.1倍和2.3倍，高方案公路客运量和旅客周转量分别增加1.4倍和2.9倍；低方案民航客运量和旅客周转量分别增加10.4倍和4.3倍，高方案民航客运量和旅客周转量分别增加11.8倍和5.3倍。综合两种情景的预测结果，客运量和旅客周转量增长最快的是铁路和民航，增长最慢的是公路。另一方面，即使在基准情景下，远期高方案铁路客运量和旅客周转量的增长速度也分别达到2.3%和2.2%，而低碳政策情景下高方案公路客运量和旅客周转量的增长速度仅为0.6%和0.9%。因此，虽然公路客运需求仍占有较高比例，但随着国家有关环保的各项制度的不断完善，未来铁路将承担更多的客运需求，并成为主要的客运工具。

（三）货运需求预测

1.货运量和货物周转量预测

低方案货运量和货物周转量预测采用定量计算和定性分析相结合的方法。根据低方案国内生产总值的变化，采用产值系数法和回归分析模型分别预测基于以上预测方法的货运量和货物周转量，然后通过综合分析确定货运量和货物周转量的低方案预测结果。

高方案货运量和货物周转量预测采用弹性系数法，其中货运量和货物周转量弹性系数取低方案的预测值，再与高方案国内生产总值增长速度相乘得到高方案货运量和货物周转量增长速度，并由此预测高方案货运量和货物周转量。

货运量和货物周转量预测结果见表3-21。

货运量和货物周转量结果汇总表 表3-21

指标	货运量（亿吨）		货物周转量（亿吨公里）	
	低方案	高方案	低方案	高方案
2014年	431.2	431.2	129067	129067
2020年	501.9	507.7	154100	156200
2030年	608.5	627.4	193300	200300
2040年	695.1	730.4	225800	239200
2050年	748.9	801.7	245900	266100
增长速度（%）				
2014—2020年	2.6	2.8	3.0	3.2
2020—2030年	1.9	2.1	2.3	2.5
2030—2040年	1.3	1.5	1.6	1.8
2040—2050年	0.7	0.9	0.9	1.1

由表3-21知，在经济增长的同时，我国未来货运量和货物周转量也保持了平稳增长，而且由于货运平均运距的不断延长，货物周转量增长速度又高于货运量。从全部预测年度看，2014—2050年货运量低方案和高方案年均增长速度分别为1.5%和1.7%，2050年低方案和高方案货运量分别是2014年的1.7倍和1.9倍；2014—2050年货物周转量低方案和高方案年均增长速度分别为1.8%和2.0%，2050年低方案和高方案货物周转量分别是2014年的1.9倍和2.1倍。从年均增长速度看，货运量和货物周转量均呈现不断降低的趋势，而且远期货运量增速不到1%，货物周转量增速也仅仅略微高于1%。另外，低方案和高方案货运量和货物周转量预测结果间的差距是由国内生产总值增长速度决定的，因为低方案和高方案的预测采用了相同的弹性系数。因此根据国内生产总值增长速度预测结果，2020年货运量高方案是低方案的1.01倍，货物周转量高方案是低方案的1.02倍；2050年货运量高方案是低方案的1.07倍，货物周转量高方案是低方案的1.08倍。

2.货运方式结构预测

货运方式结构预测采用定性分析方法，具体步骤是首先预测基准情景的货运量方式结构和货物周转量方式结构，然后在此基础上分析低碳情景下各方式货运量和货物周转量比例变化趋势，最后确定低碳情景下的货运量和货物周转量方式结构预测结果。

在预测基准情景和低碳情景的货运方式结构后，将两种情景下各方式的货运量和货物周转量比例分别与低方案和高方案的货运总量和货物总周转量预测结果相乘，从而分别得到低方案和高方案中各方式在不同情景下的货运量和货物周转量预测结果。

(1)基准情景货运方式结构预测

在现状基础上，通过分析铁路、公路、水运、民航和管道五种方式的货运量和货物周转量在基准情景下的发展变化预测货运方式结构。

①铁路。

大宗货物运输需求是铁路货运量的重要影响因素。2030年以前，我国供给侧结构性改革将进一步深化，这将导致重化工业增速降低，从而减缓对大宗货物的需求。另外，我国仍处于城镇化和工业化的快速发展期，对大宗货物仍有一定需求。综合正反两方面因素，预计大宗货物运输需求将在2020—2030年处于高峰平台期，这使铁路运输量还有一定的增长空间。2030年以后，随着我国大规模城市化以及基础设施建设的完成，大宗物资运输将有所下降。但是我国国土面积大、人口多、资源禀赋不均衡，构建完整产业链的需要决定大宗货运不会显著下降，大宗物资的运输量仍将徘徊在一个相对稳定的规模。此外，件杂货和集装箱货将成为铁路货运需求新的增长点，这在一定程度上弥补了铁路货运需求下降的部分。综合分析，预测我国铁路货运量发展水平近期将略高于现状水平，远期则小幅增长。相对于货运量，货物周转量将保持稳步增长的态势。原因一是铁路运营里程不断增加有助于延长铁路货运距离；原因二是平均运距较低的煤炭运输占比减少，引起铁路货运平均运距总体上高于现状水平。总之，由于其他方式货运需求增长较快，铁路在货运总量和货物总周转量中的比例都将逐渐降低。”

②公路。

与铁路货运需求变化趋势不同，我国经济发展新常态和产业结构的升级换代在减少大宗货物需求的同时，将大幅度增加其他货物的需求，这将成为公路货运需求增长的重要来源。预计“十三五”期间，除大宗货物外的件杂货、集装箱货和零担货物都将继续保持较快增长，特别是小型化、多批次、有一定时效性、高附加值和短距离的货运需求将呈现较大幅度增长。此外，高速公路里程的增加和物流配送系统的完善也使公路在长途货运上具有一定的竞争优势，并使公路货物平均运距不断延长。因此，一方面公路货运需求的增加将提高公路在货运总量中的比例；另一方面，由于公路货运平均运距的延长，公路在货运总周转量中的比例也得到提高。总之，未来公路仍是我国主要的货运方式，不论是货运量还是货物周转量，绝大部分都是由公路完成的。

③水运。

水运主要运送运距较长和对时效性要求不高的大宗散货、件杂货物和集装箱货物。由于上述货物市场需求较大，因此未来水运货运需求仍具有一定的增长空间。此外，水运价格远远低于铁路和公路，在运费方面具有较大的竞争优势，这也是水运货运需求能够不断增加的重要原因。“十三五”期间，水运货运量和货物周转量都将继续保持较高的增长速度，在货运总量和货物总周转量中的比例将继续提高，并高于铁路货运量和货物周转量比例。

④民航。

民航货运的优势在于长距离、时效性、小批量和高附加值。由于民航货运价格远远高于铁路、公路和水运，而且民航货物运载能力有限，致使民航货运需求较低。未来民航货运量和货物周转量将以较高的速度增长，但在货运总量和货物总周转量中的比例仍远远低于其他方式。另外，民用机场的增加也在一定程度上减少了民航货运平均运距，使货运量增长速度高于货物周转量。

⑤管道。

管道是我国陆上石油和天然气运输的主要方式。近年来，随着我国石油和天然气消费量的不断增加，管道运输需求不仅以较高的速度增长，而且货运量和货物周转量比例也在稳步提高。从未来的发展趋势看，我国石油和天然气以及其他固体物料的消费量仍将继续增加,同时新技术的引进,还可以增加管道运输的货物类别。另外,管道运输运量大,在连续性、安全性和可靠性方面具有较大优势,而且运营费用低,占用土地少。因此,未来管道货运需求将保持较高增长,货运量和管道货物周转量比例将高于现状水平。但在货运方式结构中,管道货运量和管道货物周转量比例将低于铁路、公路和水运,这是因为管道运输的运力和灵活性相对较低,而且承运的货物类别和管道分布范围也少于或低于其他货运方式。

综合以上对各种货运方式货运量和货物周转量比例变化趋势的分析,基准情景下货运方式结构预测结果见表3-22。

基准情景货运方式结构预测　　表3-22

指标	年份(年)	铁路	公路	水运	民航	管道
货运量	2014	8.8%	77.3%	12.1%	0.0%	1.7%
	2020	7.9%	79.5%	10.6%	0.1%	1.9%
	2030	6.9%	81.6%	8.9%	0.3%	2.3%
	2040	6.3%	82.7%	7.9%	0.5%	2.6%
	2050	5.9%	83.1%	7.4%	0.6%	3.0%
货物周转量	2014	21.3%	47.4%	27.9%	0.1%	3.4%
	2020	18.6%	51.6%	25.2%	0.6%	4.0%
	2030	15.7%	55.4%	22.1%	2.0%	4.8%
	2040	14.0%	57.6%	20.5%	3.0%	4.9%
	2050	13.2%	59.3%	18.8%	3.7%	5.0%

(2)低碳政策情景货运方式结构预测

综合各种货运方式节能降碳和运输效率两方面的影响,铁路、水运和管道货运量和货物周转量比例将高于基准情景,公路和民航货运量和货物周转量则低于基准情景。

①铁路。

铁路在节能降碳方面具有较大的优势,但大宗货物需求的减少降低了铁路货运需求的增长速度。此外,公路货运的快速发展也分流了部分过去选择铁路的货运需求。因此在该情景下,虽然铁路货运量和货物周转量比例降低的趋势不会改变,但与基准情景相比,降低幅度小。

②公路。

一方面,低碳政策的实施使公路货运需求增长相对减缓,货运量和货物周转量比例均低于基准情景水平;另一方面,由于公路货运需求仍然呈现出增长的趋势,因此货运量和周转量比例将随之继续提高。

③水运。

一方面，在低碳政策情景下，水运货运需求将保持一定的增长；但另一方面，水运货运效率较低的特点也影响了货运需求的增长。综合分析，水运货运量和货物周转量比例将继续降低，但高于基准情景的比例。

④民航。

民航属于能耗相对较大的货运方式，节能降碳政策的实施将在一定程度上影响民航货运需求的增长。但民航运输效率较高，而且未来高附加值货运需求较大，民航货运需求增长仍有较大的空间。考虑上述两方面的因素，虽然民航货运量和货物周转量比例降低，但降低幅度将不断减少。

⑤管道。

作为能耗较低的货运方式，节能降碳政策的实施将促使更多石油以及其他液体和气体货物运输转向管道，而且因技术发展，管道运输也将吸引各种形态的货物。因此，未来管道货运需求将不断增长，管道货运量和货物周转量比例将高于基准情景水平。

综合以上对各种货运方式货运量和货物周转量比例变化趋势的分析，低碳政策情景下货运方式结构预测结果见表3-23。

3.货运需求预测结果汇总

将表3-21与表3-22和表3-23的相关数据相乘，即可分别预测低方案和高方案下的基准情景、政策强化情景的铁路、公路、水运、民航和管道的货运量和货物周转量。预测结果分别见表3-24和表3-25。

低碳政策情景货运方式结构预测 表3-23

指标	年份(年)	铁路	公路	水运	民航	管道
货运量	2014	8.8%	77.3%	12.1%	0.0%	1.7%
	2020	8.6%	77.4%	11.6%	0.0%	2.4%
	2030	8.0%	77.5%	11.2%	0.0%	3.3%
	2040	7.4%	77.6%	10.9%	0.0%	4.1%
	2050	7.0%	77.7%	10.6%	0.1%	4.6%
货物周转量	2014	21.3%	47.4%	27.9%	0.1%	3.4%
	2020	19.4%	47.9%	27.0%	0.1%	5.6%
	2030	17.4%	48.4%	26.0%	0.2%	8.0%
	2040	15.4%	48.8%	25.2%	0.3%	10.3%
	2050	14.3%	49.3%	24.4%	0.4%	11.6%

低方案及相关情景货运需求预测结果汇总　　表 3-24

	年份(年)	基准情景					
		合计	铁路	公路	水运	民航	管道
货运量低方案（亿吨）	2014	431.2	38.1	333.3	52.4	0.04	7.4
	2020	501.9	39.6	399.0	53.2	0.35	9.7
	2030	608.5	42.0	496.6	54.2	1.7	14.1
	2050	695.1	43.8	574.9	54.9	3.2	18.4
	年份(年)	低碳政策情景					
		合计	铁路	公路	水运	民航	管道
	2014	431.2	38.1	333.3	52.4	0.04	7.4
	2020	501.9	43.2	388.5	58.2	0.07	12.0
	2030	608.5	48.7	471.6	68.2	0.16	19.9
	2050	695.1	51.4	539.4	75.8	0.33	28.2
货物周转量低方案（亿吨公里）	年份(年)	基准情景					
		合计	铁路	公路	水运	民航	管道
	2014	129067	27530	61139	35946	124	4328
	2020	154100	28663	79516	38833	925	6164
	2030	193300	30348	107088	42719	3866	9278
	2050	225800	31612	130061	46289	6774	11064
货物周转量低方案（亿吨公里）	年份(年)	低碳政策情景					
		合计	铁路	公路	水运	民航	管道
	2014	129067	27530	61139	35946	124	4328
	2020	154100	29895	73814	41607	185	8599
	2030	193300	33634	93557	50258	367	15483
	2050	225800	34773	110190	56902	677	23257

高方案及相关情景货运需求预测结果汇总　　表 3-25

	年份(年)	基准情景					
		合计	铁路	公路	水运	民航	管道
货运量高方案（亿吨）	2014	431.2	38.1	333.3	52.4	0.04	7.4
	2020	507.7	40.1	403.6	53.8	0.36	9.8
	2030	627.4	43.3	5119829	55.8	1.76	14.6
	2050	730.4	46.0	604.0	57.7	3.36	19.3

续上表

	年份(年)	低碳政策情景					
		合计	铁路	公路	水运	民航	管道
货运量高方案（亿吨）	2014	431.2	38.1	333.3	52.4	0.04	7.4
	2020	507.7	43.7	392.9	58.9	0.07	12.1
	2030	627.4	50.2	486.3	70.3	0.17	20.5
	2050	730.4	54.0	566.8	79.6	0.35	29.6
货物周转量高方案（亿吨公里）	年份(年)	基准情景					
		合计	铁路	公路	水运	民航	管道
	2014	129067	27530	61139	35946	124	4328
	2020	156200	29053	80599	39362	937	6248
	2030	200300	31447	110966	44266	4006	9614
	2050	239200	33488	137779	49036	7176	11721
	年份(年)	低碳政策情景					
		合计	铁路	公路	水运	民航	管道
	2014	129067	27530	61139	35946	124	4328
	2020	156200	30303	74820	42174	187	8716
	2030	200300	34852	96945	52078	381	16044
	2050	239200	36837	116730	60278	718	24638

根据表3-24和表3-25，按基准情景和低碳政策情景下各种货运方式结构的变化趋势，与2014年相比较，2050年铁路、水运和管道在低碳政策情景下货运需求增加较多，而公路和民航货运需求在基准情景下增加较多。从低碳政策情景的预测结果看，低方案铁路货运量和货物周转量分别增加0.4倍和0.3倍，高方案铁路货运量和货物周转量分别增加0.5倍和0.4倍；低方案水运货运量和货物周转量分别增加0.5倍和0.7倍，高方案水运货运量和货物周转量分别增加0.6和0.8倍；低方案管道货运量和货物周转量分别增加3.7倍和5.6倍，高方案管道货运量和货物周转量分别增加4.0和6.1倍。从基准情景的预测结果看，低方案公路货运量和货物周转量分别增加0.9倍和1.3倍，高方案公路货运量和货物周转量分别增加1.0倍和1.5倍；低方案民航货运量和货物周转量分别增加117倍和72倍，高方案民航货运量和货物周转量分别增加125倍和78倍。综合两种情景的预测结果，预测年度货运量和货物周转量增长最快的是民航，其次是管道，而铁路和水运增长较慢。从环保的角度看，未来铁路和水运货运应得到较快发展，我国货运需求的变化趋势是煤炭、铁矿石、水泥以及金属和非金属原材料等大宗、长途和低附加值货物

的需求在逐渐达峰甚至减少，而小批量、多批次、短途和高附加值的货物运输需求在快速增加。相对于铁路和水运，公路更适合于运输这类货物，因此在我国有关环保制度不断完善和政策实施力度进一步加强的背景下，虽然铁路和水运货运需求的降幅呈现减少的趋势，但公路仍然是主要的货运方式，在货运中的作用将大于其他方式。

预计到2050年，低方案的客运周转量达到10.95万亿人公里，是2014年的3.9倍；货运周转量达到24.6万亿吨公里，是2014年的1.9倍。高方案下，到2050年客运周转量将达到12.88亿人公里，是2014年的4.6倍；货运周转量达到26.6万亿吨公里，是2014年的2.06倍。高、低两个方案对比，到2050年，高方案的客运周转量是低方案的1.18倍，高方案的货运周转量是低方案的1.08倍分别见表3-26、表3-27和图3-49。

低方案下的周转量变化假设　　表3-26

指标	单位	2014年	2020年	2030年	2040年	2050年
客运周转量	亿人公里	27890	41560	67530	92570	109450
货运周转量	亿吨公里	129067	154100	193300	225800	245900

高方案下的周转量变化假设　　表3-27

指标	单位	2014年	2020年	2030年	2040年	2050年
客运周转量	亿人公里	27890	42810	72930	104490	128770
货运周转量	亿吨公里	129067	156200	200300	239200	266100

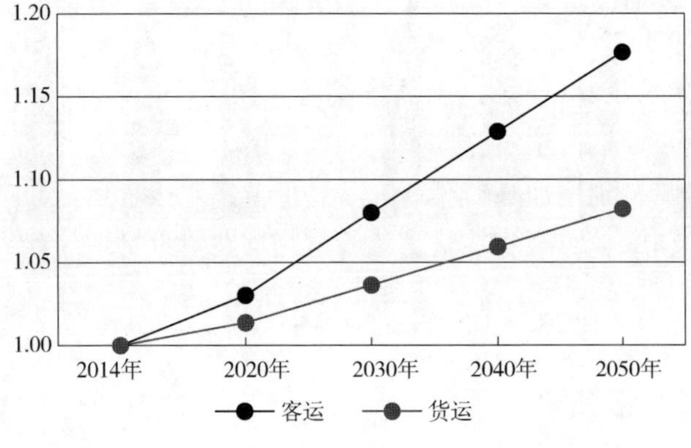

图3-49　高方案下客货运周转量是低方案下客货运周转量的倍数

城际客运方面，未来铁路占比将不断上升，2050年基准情景、低碳情景铁路周转量占总周转量比重分别达到43%和60%；公路占比不断下降，2050年基准情景、低碳情景公路周转量占比分别下降到36%和24%（图3-50）。

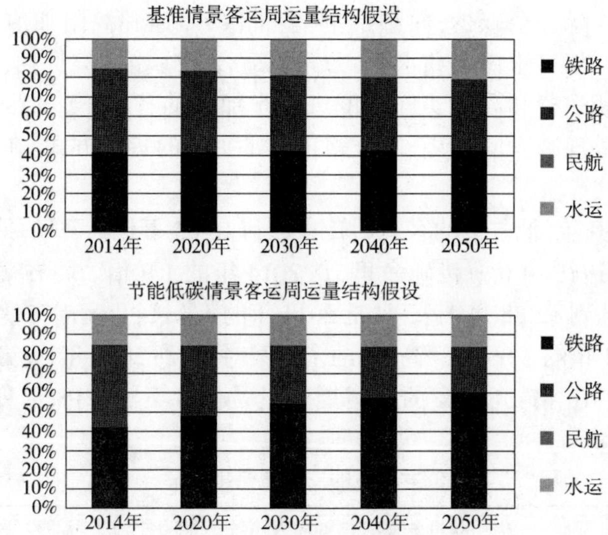

图 3-50　基准和节能低碳两种情景客运结构预测

(四)小结

货运方面,未来公路依然是主要的货运方式,2050 年基准情景、低碳情景公路周转量占总周转量比重分别达到 59%和 49%;低碳情景下将更多采用水运方式,到 2050 年水运占比达 24%,比基准情景高 6%;低碳情景下管道运输将有较大发展,到 2050 年占比达 11.5%,比基准情景高 6.5%(图 3-51)。

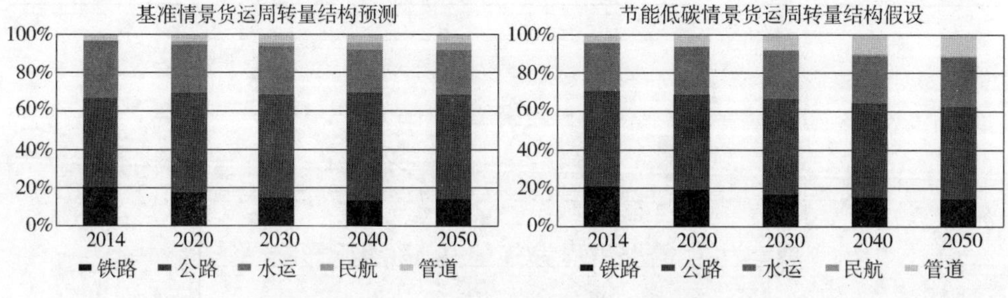

图 3-51　基准和节能低碳两种情景货运结构预测

三、汽车保有量预测

(一)民用汽车保有量预测

1.我国汽车保有量发展趋势分析

近年来,在经济快速发展和人民生活水平提高的背景下,我国汽车保有量已进入快速增长时期,2005—2015 年的年均增长速度达到 17.8%。构成汽车保有量发展的主要影响因素包括人均GDP、城镇居民人均可支配收入、城镇化发展水平、汽车生产量、汽车价格和公路里程等。

基于现状判断,未来汽车生产量仍将保持增长态势。由于汽车生产能力已超过需求、汽车单位生产成本减少和消费者购车趋于理性,预计汽车价格将呈现下降的趋势。但另一方面,汽车保有量的快速增长也带来了诸如环境污染、城市交通拥堵以及土地和能源资源的制约等方面的问题,这促使有关方面采取行政和经济手段来控制汽车的销售和使用,从而影响到汽车保有量的增长。综上所述,未来我国汽车保有量将保持较高的增长速度,但受各种问题影响,与现状比较增长速度将有较大回落。

2.预测模型

作为一种耐用消费品,汽车保有量随时间的变化遵循“缓慢增长—快速增长—饱和”的发展规律,符合S形曲线的变化特点,故可以用S形曲线建立模型进行汽车保有量预测。

通过分析影响汽车保有量的相关因素,选择国内生产总值和公路里程作为汽车保有量预测的自变量。

国内生产总值:反映一个国家或地区的经济发展总体水平,对汽车保有量增长有直接影响。

公路里程:公路是汽车出行的基本保障,近年我国公路通车里程的不断增加为民用汽车消费增长起到了重要作用。

S形曲线的一般方程为:

$$y=\frac{1}{a+b\mathrm{e}^{-x}} \tag{3-1}$$

经参数变换,式(3-1)可变为:

$$y=\frac{C}{1+C\mathrm{e}^{-x+b_0}}\left(其中\ C=\frac{1}{a},\mathrm{e}^{b_0}=b\right) \tag{3-2}$$

设国内生产总值为 x_1,公路里程为 x_2。为消除量纲影响,将自变量 x_1 和 x_2 取自然对数,并变量代入公式(3-2),有

$$y=\frac{C}{1+C\mathrm{e}^{b_1\lg x_1+b_2\lg x_2+b_0}} \tag{3-3}$$

设 $\lg x_1=X_1$,$\lg x_2=X_2$,$\ln\left(\frac{1}{y}-\frac{1}{C}\right)=Y$,则式(3-3)可转化成:

$$Y=b_1X_1+b_2X_2+b_0 \tag{3-4}$$

这是一个线性回归模型。但为了计算方便,需要对多个变量做对数变换。因此,采用的汽车保有量预测模型公式如下:

$$\ln Y = \beta_1 \ln x_1 + \beta_2 \ln x_2 + \beta_0 \tag{3-5}$$

式中：β_1、β_2——回归系数；

β_0——回归常数；

Y——民用汽车保有量；

x_1——国内生产总值；

x_2——公路里程。

选取1990—2014年的汽车保有量、国内生产总值和公路里程作为预测的样本数据（表3-28）。

预测样本数据 表3-28

年份(年)	民用汽车保有量(万辆)	国内生产总值(亿元)	公路里程(万公里)
1990	551	18718	103
1991	606	21826	104
1992	692	26937	106
1993	818	35260	108
1994	942	48108	112
1995	1040	59811	116
1996	1100	70142	119
1997	1219	78061	123
1998	1319	83024	128
1999	1453	88479	135
2000	1609	99215	168
2001	1802	109655	170
2002	2053	120333	177
2003	2383	135823	181
2004	2694	159878	187
2005	3160	184937	335
2006	3697	216314	346
2007	4358	265810	358
2008	5100	314045	373
2009	6281	340903	386
2010	7802	401513	401
2011	9356	473104	411

续上表

年份(年)	民用汽车保有量(万辆)	国内生产总值(亿元)	公路里程(万公里)
2012	10933	519470	424
2013	12670	568845	436
2014	14598	636139	446

将以上数据进行对数化处理,结果见表3-29。

对数化处理后的预测样本数据　　表3-29

年份(年)	$\ln Y$	$\ln x_1$	$\ln x_2$
1990	6.3124	9.8373	4.6331
1991	6.4071	9.9909	4.6454
1992	6.5392	10.2013	4.6603
1993	6.7063	10.4705	4.6854
1994	6.8480	10.7812	4.7165
1995	6.9470	10.9989	4.7510
1996	7.0031	11.1583	4.7756
1997	7.1059	11.2652	4.8093
1998	7.1849	11.3269	4.8509
1999	7.2813	11.3905	4.9065
2000	7.3833	11.5050	5.1238
2001	7.4967	11.6051	5.1346
2002	7.6271	11.6980	5.1734
2003	7.7761	11.8191	5.1984
2004	7.8987	11.9822	5.2315
2005	8.0582	12.1278	5.8127
2006	8.2154	12.2845	5.8456
2007	8.3798	12.4905	5.8816
2008	8.5369	12.6573	5.9216
2009	8.7452	12.7394	5.9560
2010	8.9621	12.9030	5.9935
2011	9.1438	13.0671	6.0177
2012	9.2995	13.1606	6.0491
2013	9.4470	13.2514	6.0768
2014	9.5886	13.3632	6.1012

采用表 3-29 的数据，线性回归分析结果见表 3-30～表 3-32。

模型汇总 表 3-30

模 型	R	R 方	调整 R 方	标准估计的误差
1	0.989	0.978	0.976	0.1539447

方差分析 表 3-31

模 型		平方和	df	均方	F	Sig.
1	回归	23.449	2	11.725	494.734	0.000
	残差	0.521	22	0.024		
	总计	23.971	24			

系 数 表 3-32

模 型		非标准化系数		标准系数	t	Sig.
		B	标准误差			
1	（常量）	−2.895	0.382		−7.580	0.000
	ln *GDP*	0.667	0.096	0.693	6.962	0.000
	ln 公路里程	0.625	0.175	0.307	3.568	0.005

综合以上各表，建立回归方程（3-5）所用的自变量个数 $t=2$，样本数记录 $n=25$。所得多元线性回归方程为：

$$\ln Y=0.667\ln GDP+0.625\ln \text{公路里程}-2.895 \tag{3-6}$$

为了保证汽车保有量预测结果的准确，还需要对方程（3-6）的回归方程显著性和回归方程系数显著性进行统计检验。

（1）回归方程的显著性检验

由表 3-31 知，$F=494.73$。按多元线性回归方程的显著性检验假设，在给定显著性水平 α 下，如果 $F>F(t,n-t-1)$，则回归方程（3-6）是显著的，因而是可以接受的。设显著性水平 $\alpha=0.05$，对于 $F_{1-\alpha}(t,n-t-1)$，查 F 分布表，$F_{0.95}(2,22)=3.44$，即 $F=494.73>3.44=F_{0.95}(2,22)$，说明方程（3-6）通过回归方程显著性假设检验。

（2）回归系数的显著性检验

由表 3-32 知，$t_{\ln GDP}=6.962$，$t_{\ln\text{公路里程}}=3.568$，$t_{\text{常量}}=-7.580$。按多元线性回归方程系数的显著性检验假设，在给定显著性水平 α 下，如果 $|t|>t_{1-\frac{\alpha}{2}}(n-t-1)$，则方程（3-6）中各系数是显著的，因而回归方程系数是可以接受的。设显著性水平 $\alpha=$

0.05，对于 $t_{1-\frac{\alpha}{2}}(n-t-1)$，查 t 分布表，$t_{0.975}(22)=1.717$。由于 $t_{\ln GDP}=6.962$，$t_{\ln 公路里程}=3.568$ 和 $t_{常量}=-7.580$ 的绝对值均大于 $t_{0.975}(22)=1.717$，因此方程（3-6）通过回归方程系数假设检验。

根据回归方程的显著性检验和回归方程系数的显著性检验结果，方程(3-6)可以用于我国民用汽车保有量水平预测。

3.民用汽车保有量预测

由于我国节能环保和低碳发展政策将对未来民用汽车保有量产生较大影响，因此在两种情景下进行民用汽车保有量预测，即基准情景和低碳政策情景。

基准情景：按经济增长水平和其他影响因素与民用汽车保有量的相关关系进行民用汽车保有量发展水平预测。

低碳政策情景：在该情景下我国民用汽车保有量增长将逐渐降低，因此预测以基准情景预测结果为基础，首先推算各预测年度民用汽车保有量占基准情景的比例，然后与基准情景民用汽车保有量预测结果相乘得到政策强化情景下的民用汽车保有量预测结果。

(1)基准情景

①总量预测

将自变量预测带入方程(3-6)，预测 2020 年、2030 年和 2050 年我国民用汽车保有量将分别达到 2.6 亿辆、3.9 亿辆和 5.7 亿辆，2014—2020 年、2020—2030 年和 2030—2050 年的年均增长速度分别为 10.3%、4.1%和 1.8%。

②载客汽车和载货汽车预测

首先，我国居民收入水平的不断提高是载客汽车保有量增加的主要影响因素。未来在经济稳步增长的同时，我国居民收入水平必将继续提高。以此判断，载客汽车保有量也将保持同样的发展趋势。其次，城镇人口的增加将对载客汽车保有量有较大影响，这是因为我国载客汽车的消费大都集中在城镇，未来城镇化进程的加快使城镇人口增长加快，因而载客汽车保有量规模将进一步扩大。最后，我国载客汽车价格不断降低也对载客汽车保有量增加起到了推动作用。另一方面，虽然未来载货汽车保有量也将逐渐增加，但载货汽车保有量与经济发展和产业结构关联度较高，相比之下，与载客汽车保有量相关的居民收入和人口等因素的影响更为直接，因而能够保持更高的增长速度。

总之，载客汽车与载货汽车在民用汽车保有量中的比例将延续目前的发展趋势，而且两者之间的差距将会继续加大。由此预测，2020 年、2030 年和 2050 年载客汽车和载货汽车比例分别为 85.6%和 13.5%、86.7%和 12.7%、87.8%和 11.8%。

我国基准情景民用汽车保有量预测结果见表 3-33。

基准情景民用汽车保有量预测

表 3-33

年份 (年)	合计 (万辆)	载客汽车 (万辆)	载货汽车 (万辆)	人口 (亿人)	千人汽车拥有量 (辆)
2014	14598	12327	2011	13.68	107
2020	26268	22485	3546	14.09	186
2030	39387	34149	5002	14.67	268
2050	56635	49725	6683	15.42	367
增长速度(%)					
2014—2020	10.3	10.5	9.9	0.5	9.7
2020—2030	4.1	4.3	3.5	0.4	3.7
2030—2050	1.8	1.9	1.5	0.2	1.6

(2)低碳政策情景

相对于基准情景下的民用汽车保有量预测结果,低碳政策实施力度的加强将会使民用汽车保有量水平相对于基准情景下出现一定程度的下降,而且随着时间推移下降幅度将不断加大。因此,预测 2020 年、2030 年和 2050 年低碳政策情景下民用汽车保有量比例分别是基准情景的 0.9、0.88 和 0.85。按这一比例预测,我国低碳政策情景民用汽车保有量预测结果见表 3-34。

低碳情景民用汽车保有量预测

表 3-34

年份 (年)	合计 (万辆)	载客汽车 (万辆)	载货汽车 (万辆)	千人汽车拥有量 (辆)
2014	14598	12327	2011	107
2020	23641	20237	3192	168
2030	34661	30051	4402	236
2050	48139	42266	5680	312
增长速度(%)				
2014—2020	8.4	8.6	8.0	7.8
2020—2030	3.9	4.0	3.3	3.5
2030—2050	1.7	1.7	1.3	1.4

(二)私人汽车保有量预测

如前所述,有关私人汽车保有量的预测包括三部分内容,一是总量预测,二是载客汽车预测,三是载客小汽车预测,而且所有预测均采用比例法。

为了预测上述私人汽车保有量预测的三部分内容,必须确定私人汽车保有量占民用汽车保有量的比例、私人载客汽车保有量占私人汽车保有量的比例和私人载客小汽车占私人载客汽车保有量的比例。

(1)私人汽车保有量占民用汽车保有量的比例预测

由于上一节已经得到民用汽车保有量预测结果,因此利用私人汽车保有量占其中的比例即可预测私人汽车保有量。民用汽车保有量预测分基准情景和低碳政策情景,私人汽车保有量比例预测以基准情景民用汽车保有量预测结果为基础。

预计未来影响私人汽车保有量的主要因素如人口、人均可支配收入和城市化水平等都将高于现状水平,因此以私人汽车为主的民用汽车保有量结构不会发生变化,而且由于上述影响因素对私人汽车发展的影响更为直接,因而其保有量比例将继续提高,但提高幅度与现状相比有所降低。2020 年、2030 年和 2050 年私人汽车保有量占民用汽车保有量比例预测结果见表 3-35。

(2)私人载客汽车保有量占私人汽车保有量比例预测

私人汽车保有量包括私人载客汽车和私人载货汽车。由于私人载客汽车对人口、人均可支配收入和城市化水平等影响因素的敏感程度高于私人载货汽车,因此随着人口和人均可支配收入增加以及城市化水平的提高,私人载客汽车增长相对更快,在私人汽车保有量中的比例也将继续提高。2020 年、2030 年和 2050 年私人载客汽车保有量占私人汽车保有量比例预测结果见表 3-35。

(3)私人载客小汽车保有量占私人载客汽车保有量比例预测

私人载客小汽车指私人载客汽车中的小型和微型车,两者相加在私人载客汽车中的比例远远超过大型和中型车,近年比例甚至超过 99%。在载客汽车中,未来人口和人均可支配收入增加以及城市化水平的提高对小汽车保有量的影响远远大于中型客车和大型客车,这是因为小汽车保有量的变化属于个人消费范畴,上述因素对小汽车的影响更为直接。因此,未来小汽车保有量比例与现状水平基本持平,但略微有所提高。2020 年、2030 年和 2050 年私人载客小汽车保有量占私人载客汽车保有量比例预测结果见表 3-35。

私人汽车保有量构成比例预测　　表 3-35

年份(年)	私人汽车保有量比例(%)	私人载客汽车保有量比例(%)	私人载客小汽车保有量比例(%)
2014	84.5	88.7	99.5
2020	85.9	89.8	99.6
2030	87.1	90.2	99.7
2050	88.2	92.1	99.9

(4)预测结果

基于表3-35中的比例,私人汽车保有量各部分内容预测的顺序为总量、载客汽车和载客小汽车。将表3-35与表3-33和表3-34中基准情景和低碳政策情景下的民用汽车保有量相乘,即可预测私人汽车保有量。以此类推,也可分别预测基准情景和低碳情景下的载客汽车保有量和载客小汽车保有量,见表3-36、表3-37。

基准情景私人汽车保有量预测　表3-36

年份(年)	合计(万辆)	载客汽车(万辆)	小汽车(万辆)
2014	12339	10945	10896
2020	20727	18620	18546
2030	34306	30944	30851
2050	49952	46006	45960
增长速度(%)			
2014—2020	9.0	9.3	9.3
2020—2030	5.2	5.2	5.2
2030—2050	1.9	2.0	2.0

低碳情景私人汽车保有量预测　表3-37

年份(年)	合计(万辆)	载客汽车(万辆)	小汽车(万辆)
2014	12339	10945	10896
2020	20319	18254	18181
2030	30189	27231	27149
2050	42459	39105	39066
增长速度(%)			
2014—2020	8.7	8.9	8.9
2020—2030	4.0	4.1	4.1
2030—2050	1.7	1.8	1.8

我国基准情景和低碳情景民用汽车保有量预测结果见表3-38和表3-39。

相对于基准情景下的民用汽车保有量预测结果,节能减排政策实施力度的加强会使民用汽车保有量水平相对于基准情景下出现一定程度的下降,而且随着时间推移下降幅度将不断加大。因此,预测2020年、2030年和2050年低碳情景下民用汽车保有量比例分别是基准情景的0.9、0.88和0.85。

基准情景民用汽车保有量预测　　表 3-38

年份（年）	合计（万辆）	载客汽车（万辆）	载货汽车（万辆）	人口（亿人）	千人汽车拥有量（辆）
2014	14598	12327	2011	13.68	107
2020	26268	22485	3546	14.09	186
2030	39387	34149	5002	14.67	268
2050	56635	49725	6683	15.42	367
增长速度（%）					
2014—2020	10.3	10.5	9.9	0.5	9.7
2020—2030	4.1	4.3	3.5	0.4	3.7
2030—2050	1.8	1.9	1.5	0.2	1.6

低碳情景民用汽车保有量预测　　表 3-39

年份（年）	合计（万辆）	载客汽车（万辆）	载货汽车（万辆）	人口（亿人）	千人汽车拥有量（辆）
2014	14598	12327	2011	13.68	107
2020	23641	20237	3192	14.09	168
2030	34661	30051	4402	14.67	236
2050	48139	42266	5680	15.42	312
增长速度（%）					
2014—2020	8.4	8.6	8.0	0.5	7.8
2020—2030	3.9	4.0	3.3	0.4	3.5
2030—2050	1.7	1.7	1.3	0.2	1.4

四、城市交通车辆预测

城市交通需求预测涉及公共电汽车、出租车和轨道交通三类车辆的未来发展水平。城市交通需求预测按三类车辆分别进行。

（一）城市交通需求发展趋势分析

随着城市建设规模的扩大和城市人口的增加，未来我国城市交通需求也将随之保持一定增长。由于构成城市交通需求的三类车辆在城市发展中的地位和作用各不相同，因此将呈现不同的发展趋势。

1.公共电汽车

对于占我国城市数量绝大多数的中小城市来说，未来公共电汽车仍将是主要的城市交通出行工具。我国特大城市由于人口数量大，居民出行问题必须依靠轨道交通解决,因此公共电汽车保有量将逐渐减少。虽然轨道交通在其他城市也将得到较快发展,但公共电汽车在城市交通中的作用将远远大于轨道交通,其保有量水平也将不断提高。另一方面,我国城市规模不可能无限扩大,城市人口远期的增长将进一步降低,加上私人小汽车大量增加使公共电汽车行驶缓慢,这一切都对公共电汽车发展产生了负面影响。总之,未来除特大城市外,我国其他城市的公共电汽车保有量将继续增加,但受特大城市公共电汽车保有量减少和其他负面因素的影响,全国公共电汽车增长速度将逐渐放缓,远期则基本停止增长。

2.出租车

我国城市用地面积的扩大使居民出行距离随之延长,同时居民对城市交通出行质量要求也在不断提高,这为出租车发展提供了很大的空间,并保证出租车需求量能够在未来不断增加。不论是特大城市,还是其他城市,在城市某一发展阶段,出租车都是必不可少的方式。另一方面,出租车在城市公共交通系统中是一种辅助方式。随着公共交通体系的逐渐完善,出于城市交通可持续发展的考虑,出租车发展必将受到限制。另外,私人小汽车的增加也将分流城市居民对出租车的需求。总之,受以上因素影响,未来我国出租车保有量水平将高于现状水平,但增长速度将逐渐放缓,而且低于公共电汽车的增长速度。

3.轨道交通

与公共电汽车和出租车相比较,轨道交通是解决城市交通问题的有效方式,因为轨道交通基本不受地面交通影响,而且单位时间运量远远大于其他交通方式。轨道交通不仅适合特大城市,即使对于大城市和中小城市,轨道交通也是一种合理的选择。因此,目前国内规划修建轨道交通的城市较多。预计 2020 年我国轨道交通运营里程将达到 6000 公里,轨道交通车辆也将随之呈现高速增长。2020 年后特大城市轨道交通发展虽然有所放缓,但在其他大中城市新线不断开通运营的推动下,我国轨道交通运营里程将继续保持较高的增长速度。

(二)公共电汽车预测

1.公共电汽车保有量预测

公共电汽车保有量预测包括两部分内容,一是总量预测,二是分车型保有量预测。预测的步骤是首先根据公共电汽车的发展趋势,采用定性分析方法确定预测年度公共电汽车的增长速度,并预测公共电汽车保有量;然后在以不同燃料为动力的公共电汽车中,基于现状比例和车型是否环保,分析各车型保有量未来比例的变化趋势和确定各车型保有量比例;最后将各车型比例与前面的总量相乘,所得结果即为各车型的保有量。

在轨道交通需求高速增长的影响下,近年我国公共电汽车保有量增长速度不断降低。根据公共电汽车发展趋势分析,未来轨道交通需求仍将对公共电汽车增长产生较大影响,因而公共电汽车增长速度也将低于现状水平。由此推断,2020年前公共电汽车保有量增长略低于现状水平,2020以后则进一步降低。因此,预测公共电汽车保有量2014—2020年、2020—2030年和2030—2050年的平均增长速度分别为3.5%、2.4%和0.8%,2020年、2030年和2050年的公共电汽车保有量分别为650034辆、824016辆和966376辆。

近年公共电汽车各种车型比例的变化说明,相对节能环保的车型增长更快。按这一趋势推断,未来比例提高的车型包括:液化石油气、天然气、双燃料、纯电动和混合动力,比例降低的车型包括汽油、乙醇汽油、柴油和无轨电车。而且各车型比例未来变化趋势与现状一致,即如果车型比例提高,则未来车型保有量将大于现状水平;反之,如果车型比例降低,则未来车型保有量将小于现状水平。据此分析,预计柴油、天然气和纯电动三种车型的比例变化较大,而液化石油气和无轨电车两种车型的比例变化相对较小。以燃料划分的公共电汽车车型比例预测结果见表3-40。公共电汽车各车型保有量预测结果见表3-41。

公共电汽车各车型比例预测 表3-40

年份(年)	汽油(%)	乙醇汽油(%)	柴油(%)	液化石油气(%)	天然气(%)	双燃料(%)	无轨电车(%)	纯电动(%)	混合动力(%)
2014	2.5	0.9	52.9	1.6	30.2	4.6	0.4	1.4	5.5
2020	2.0	0.72	42.2	1.62	36.5	4.8	0.3	6.1	5.8
2030	1.5	0.52	32.6	1.67	39.4	5.1	0.2	12.1	6.9
2050	1.0	0.34	23.8	1.71	41.2	5.6	0.1	17.9	8.3

公共电汽车保有量预测 表3-41

年份(年)	公共电汽车合计(辆)	汽油(辆)	乙醇汽油(辆)	柴油(辆)	液化石油气(辆)	天然气(辆)	双燃料(辆)	无轨电车(辆)	纯电动(辆)	混合动力(辆)
2014	528803	13294	4600	279927	8408	159785	24168	1995	7297	29320
2020	650034	13001	4680	274314	10531	237262	31202	1885	36857	40302
2030	824016	12360	4285	268629	13761	316422	42025	1730	103002	61801
2050	966376	9664	3286	249325	16525	388483	54117	1353	148919	94705

2.公共电汽车运营里程预测

从近年公共电汽车与总运营里程的变化关系看,随着公共电汽车保有量的增加,其总运营里程也在相应增加,但每辆公共汽车或电车的年均运营里程却呈现降低的趋势。分析原因,主要是城市内其他车辆,特别是私人小汽车保有量的大量增加极大延长了公共电汽车的周转时间,而为了保证按时发车必须增加一定量的公共电汽车。此外,城市公交服务水平不断提高,如车辆更新报废时间的缩短和保养次数的增加也需要投入更多的公共电汽车。因此,2010—2014 年,虽然城市公共电汽车运营里程从 317.9 亿公里增加到 346.7 亿公里,但同期车辆平均运营里程则从 2010 年的 7.6 万公里减少到 2014 年的 6.6 万公里。从未来发展趋势看,城市公交服务水平需要进一步提高,同时城市道路状况对公共电汽车运行的限制也将继续存在。受以上因素的影响,未来城市公共电汽车保有量增长仍将高于运营里程增长。以现状变化趋势为依据,结合城市公共电汽车保有量预测,预计运营里程增长速度将逐渐降低,远期增长基本停止。城市公共电汽车运营里程预测结果见表 3-42。

公共电汽车运营里程预测

表 3-42

年份(年)	运营里程(万公里)	年均行驶里程(万公里)
2014	3466881	6.8
2020	3953705	6.1
2030	4498821	5.5
2050	4872737	5.0

(三)出租车预测

1.出租车保有量预测

出租车保有量预测包括两部分内容,一是总量预测,二是分车型保有量预测。与公共电汽车保有量预测步骤相同,出租车保有量预测也是首先确定预测年度出租车的增长速度,然后预测各车型保有量比例,最后将各车型比例与总量相乘,得到各车型的保有量预测结果。

在城市公交体系不断完善和私人小汽车增加的影响下,我国出租车保有量增长速度将不断降低,而且低于同期公共电汽车的增长速度。因此,预测出租车保有量 2014—2020 年、2020—2030 年和 2030—2050 年的平均增长速度分别为 2.5%、1.8%和 0.5%,2020 年、2030 年和 2050 年的公共电汽车保有量分别为 1588905 辆、1899222 辆和 2098442 辆。

出租车中以燃料为动力的车型与公共汽车基本相同,因此对出租车各车型比例预测采用相同的方法,即不仅各车型比例未来变化趋势与现状一致,而且各车型保有量水平未来变化趋势也与现状一致。首先,比例提高的车型包括液化石油气、双燃料和纯电动,比例降低的车型包括汽油、乙醇汽油、柴油和天然气。其次,从变化较大的车型比例看,虽然汽油车型比例降低较大,但由于汽油应用广泛,而且具有一定的经济性,因而未来仍将保持较高比例;另外,双燃料车型将成为未来出租车中比例最高的车型，按现状趋势推算双燃料车型比例将超过50%；最后，未来纯电动车的增长速度高于其他车型，但所占比例将低于汽油和双燃料车型。出租车各车型比例预测结果见表3-43。出租车各车型保有量预测结果见表3-44。

出租车各车型比例预测　　表3-43

年份（年）	汽油（%）	乙醇汽油（%）	柴油（%）	液化石油气（%）	天然气（%）	双燃料（%）	纯电动（%）
2014	37.7	15.2	3.6	1.4	3.3	40.4	0.3
2020	31.1	12.2	3.0	1.5	2.7	46.6	2.9
2030	25.8	9.6	2.4	1.8	2.2	48.9	9.3
2050	22.6	7.9	1.8	2.5	1.9	50.7	12.6

出租车各车型保有量预测　　表3-44

年份（年）	出租车合计（辆）	汽油（辆）	乙醇汽油（辆）	柴油（辆）	液化石油气（辆）	天然气（辆）	双燃料（辆）	纯电动（辆）
2014	1370108	505342	204321	48902	19123	44886	540779	3980
2020	1588905	494150	193846	47667	23834	42900	740430	46078
2030	1899222	489999	182325	45581	34186	41783	928720	176628
2050	2098442	474248	165777	37772	52461	39870	1063910	264404

2.出租车运营里程预测

出租车运营里程的变化与公共电汽车基本相同，即随着出租车保有量的增加，总运营里程也随之增加，但每辆出租车的年均行驶里程则呈现相反的变化趋势，从2010年的12.1万公里减少到2014年的11.8万公里，其中的主要原因是城市公交体系的完善和私人小汽车保有量大幅度增加使出租车平均运营里程不断减少，以及出租车保有量增速较快以便保持较好的服务水平。未来上述因素对出租车运营里程的影响仍将继续存在，出租车行驶里程预测结果见表3-45。

出租车运营里程预测　　表3-45

年份（年）	运营里程（万公里）	年均运营里程（万公里）
2014	16181143	11.8
2020	17693162	11.1
2030	19544258	10.3
2050	20750943	9.9

（四）轨道交通预测

由于我国轨道交通主要由地铁和轻轨组成，因此轨道交通预测分为两个步骤：一是基于现状和发展趋势确定预测年度地铁和轻轨在轨道交通中的比例；二是在此基础上预测轨道交通需求以及地铁和轻轨需求。

1.地铁和轻轨比例预测

我国城市发展轨道交通的主要目的是解决日益严重的交通拥堵问题，以便更为有效地满足城市居民的各种出行。比较轨道交通中的两种主要方式，轻轨受地面交通影响较大和标准较低，因而单位时间断面通过的客流量较小；相反，地铁不仅运能大，而且完全不受地面交通影响，单位时间内通过较大的客流量。因此，在满足城市交通需求方面地铁的作用要远远大于轻轨，我国绝大多数城市在轨道交通发展规划中更倾向于修建地铁，轻轨在城市轨道交通体系中只起辅助作用。由此分析并结合轨道交通发展趋势，地铁在轨道交通运营里程中的比例将进一步提高，2020 年增长幅度较大，2020 年后增长相对平稳，同时轻轨比例则继续降低。在运营里程增加的同时，地铁和轻轨车辆也必将随之增加。结合现状两种方式运营里程和车辆保有量之间的关系，预测未来地铁和轻轨在轨道交通车辆中的比例，预测结果见表 3-46。

地铁和轻轨比例预测 表 3-46

年份（年）	地铁（%）	轻轨（%）
2014	90.7	7.9
2020	94.0	5.5
2030	95.5	4.0
2050	97.0	2.5

2.轨道交通预测

预计 2020 年前我国轨道交通将继续保持较高年平均增长速度，总体上接近现状水平；2020 年以后受特大城市轨道交通需求增长放缓的影响，年平均增长速度将明显低于前期水平。

据此预测，轨道交通车辆年平均增长速度 2014—2020 年为 10.5%，2020—2030 年为 6.0%，2030—2050 年将达到 2.5%。再将前述预测年度地铁和轻轨在轨道交通中的比例与轨道交通相乘即可得预测地铁和轻轨车辆。轨道交通车辆及其构成预测结果见表 3-47。

轨道交通预测车辆　　表 3-47

年份(年)	轨道交通合计(辆)	地铁(辆)	轻轨(辆)
2014	17300	15696	1372
2020	31493	29604	1732
2030	56400	53862	2256
2050	92418	89645	2310

第四章
我国交通运输低碳发展的潜力分析

Woguo Jiaotong Yunshu Ditan Fazhan de Qianli Fenxi

第一节　研究方法

一、减碳潜力分解方法

减碳潜力包括三个方面：一是节能的贡献，由于节能导致化石能源消耗总量的差异，进而产生减碳效果；二是发展非化石能源（即能源结构调整）的贡献，由于非化石能源消耗量的差别，导致的减碳效果；三是单位化石能源排放因子的贡献，优化化石能源结构，导致单位化石能源的碳排放因子发生变化，进而产生减碳效果。具体计算公式分别为：

$$\Delta C_{节}=(E_{A}-E_{B})\times EF_{A}=\Delta E\times EF_{A}$$

$$\Delta C_{非}=(E_{非B}-E_{非A})\times EF_{B}=\Delta E_{非}\times EF_{B}$$

$$\Delta C_{EF}=(E_{B}-E_{非A})\times(EF_{A}-EF_{B})=(E_{B}-E_{非A})\times\Delta EF$$

其中，$\Delta C_{节}$、$\Delta C_{非}$、ΔC_{EF}分别是节能、发展非化石能源和单位化石能源排放因子变化导致的减碳潜力，ΔE、$\Delta E_{非}$ 和 ΔEF 分别是 A、B 两个不同情景直接的能源消耗总量、非化石能源消耗总量和单位化石能源排放因子的变化。

二、节能潜力分解方法

交通部门节能潜力包括结构节能和技术节能两方面。

（一）结构节能

结构节能是指经济发展方式向绿色低碳方向转变带来的节能效果，包括产业结构、行业结构、产品结构等的优化调整，交通部门的用能服务可以用交通工具的周转量来表征，其变化也受到两方面的影响，一是分类型（本书分为城际客运、货运、城市交通三部分）交通服务量的变化，二是交通服务量结构的变化，即各类交通工具（客运分为水路、铁路、公路、民航 4 种，货运分为水路、铁路、公路、民航、管道 5 种，城市交通分为私人交通、公共交通 2 种）提供的服务量在总服务量中所占比例的变化。对某一类的交通服务量来说，其节能减碳量是指在不同约束情景下由于采取不同程度的措施来引导和控制带来的交通服务量变化而产生的节能减碳量；对于服务量结构变化来说，其节能减碳量是指在约束情景下，不同交通工具服务量占服务量总量比重变化所带来的节能减碳量。将这两方面的节能减碳量进行加总，就得到了交通部门结构调整带来的节能减碳量。

（二）技术节能

技术节能是指通过技术手段降低单位产品或服务的化石燃料消费，既包括了各交通工具单位周转量能源强度的下降，还包括了各类交通工具燃料消耗结构的调整优化（包括电力、化石燃料占比的变化）。交通部门的技术节能包括推广天然气车船、铁路电气化、提高燃油经济性、混合动力汽车、纯电动汽车、燃料电池汽车等先进技术带来的节能减碳效果。

本研究中对这些贡献要素的定义及其节能减碳量具体计算公式如下：

$$\begin{aligned}\Delta E_{\text{trp}} &= \sum_{i=1}^{n}[(T_i)_{\text{AS},x}\times(te_i)_{\text{o}}]-\sum_{i=1}^{n}[(T_i)_{\text{BS},x}\times(te_i)_x]\\ &=\{\sum_{i=1}^{n}[(T_i)_{\text{AS},x}\times(te_i)_{\text{o}}]-\sum_{i=1}^{n}[(T_i)_{\text{BS},x}\times(te_i)_{\text{o}}]\}+\\ &\quad\{\sum_{i=1}^{n}[(T_i)_{\text{BS},x}\times(te_i)_{\text{o}}]-\sum_{i=1}^{n}[(T_i)_{\text{BS},x}\times(te_i)_x]\}\\ &=\sum_{i=1}^{n}\{[(T_i)_{\text{AS},x}-(T_i)_{\text{BS},x}]\times(te_i)_{\text{o}}\}+\sum_{i=1}^{n}\{(T_i)_{\text{BS},x}\times[(te_i)_{\text{o}}-(te_i)_x]\}\\ &=\Delta TE_{\text{str}}+\Delta TE_{\text{eff}}\end{aligned}$$

式中：ΔE_{trp}——节能减碳量；

$(T_i)_{\text{AS},x}$——A 情景下第 x 年第 i 种交通方式的服务量（周转量或汽车保有量）；

$(T_i)_{\text{BS},x}$——B 情景下第 x 年第 i 种交通方式的服务量；

$(te_i)_x$——第 x 年第 i 种交通方式单位服务量的能源消耗强度；

ΔTE_{str}——交通部门内部服务量及其结构变化带来的节能量；

ΔTE_{eff}——交通部门内部单纯由技术效率变化（技术进步）带来的节能量。

第二节　交通运输能源消耗和二氧化碳排放趋势

一、情景设定

建设低碳交通运输体系，就是在使交通运输体系满足经济社会发展需求的基础上，用低碳的理念对综合交通运输体系进行全面塑造，使低碳发展融入综合交通规划、基础设施建设、运输工具能效提升、运输服务引导、交通运输管理的全过程。

（一）情景描述

在不同力度政策情景下，未来交通运输体系将呈现不同的发展过程，同时将产生不同水平的碳排放。综合考虑交通运输低碳发展的影响因素，我们在交通运输需求预测时设计了高方案、低方案两种方案以及基准情景、低碳情景两种运输结构情景，并在此基础上分析不同情景的能源消耗和碳排放特征。

1.高方案和低方案

为反映不同经济发展情景对交通需求的影响，第三章运输量预测设定了高方案和低方案。高方案是在经济增长速度较高情景下的交通需求情景,低方案是经济发展速度较低情景下的交通运输需求。

2.基准情景和低碳情景

(1)基准情景

基准情景的核心思想是交通运输发展仍旧延续现有的发展模式和政策,未来虽然能够对交通运输需求提供足够支撑,但可能无法对宏观经济的绿色、低碳、可持续发展提供有效支撑。到2050年,各种交通运输方式仍旧按照现在各自固有的方式发展,运输结构出现微小变化,技术效率提升有限。

(2)低碳情景

低碳情景的核心思想是在保证运输服务水平基本稳定的情况下,用低碳理念全面引导交通运输体系的转型升级。按照适度超前、改革创新的总体思路,结合我国经济社会中长期发展形势对交通运输体系的要求,我国将逐步构建如下低碳交通运输体系:

第一,从宏观来看,综合交通运输体系将为经济的健康、协调、可持续发展发挥重要的支撑作用。为此,综合交通运输体系骨架结构将与未来主体功能区布局、城镇人口布局、产业发展布局相适应。以综合交通运输骨架为脉络,以重要交通枢纽为节点,引导人口、产业在全国范围内的均衡分布,并实现工业产品的近距离生产、近距离消费。届时,煤炭等主要能源产品和钢铁水泥等高耗能产品的大批量、长距离输送将逐渐减少,产业布局的改变将使全国范围内的类似"春运"的短时间、大规模、高强度人口流动现象逐渐减少。

第二,从中观来看,五种交通运输方式将在区域范围内充分发挥各自的优势,逐步实现各种运输方式的"无缝衔接"。届时,煤炭等主要能源产品和钢铁水泥等高耗能产品将更多以铁路、水路等高效方式进行输送;高附加值产品更多采用公路、航空等方式进行输送。公众则根据旅行距离更加灵活地选择运输方式,长距离主要以航空、铁路运输为主,同时可以在车站灵活选择转运方式;中短距离主要以汽车、铁路输送为主,同时可以实现便捷的换乘;公交、轨道在城市交通中的比例将进一步上升,城市居民主要以就近生活、就近工作为主,全市范围内的上下班的"潮汐式"流动现象将有所降低。

第三,从微观来看,节能低碳技术将在交通工具、装备中得到更广泛的应用,电动汽车将加速发展,清洁能源和可再生能源将得到更大范围普及。

(二)情景假设

1.能效变化情况

本书假设基准情景下各种运输方式的单耗不发生改变,而低碳情景下各种运输方式的单耗逐步发生变化。假设到2050年,铁路、公路、水运、民航单耗比2014

年分别下降 32%、27%、28%和 25%,参见图 4-1。

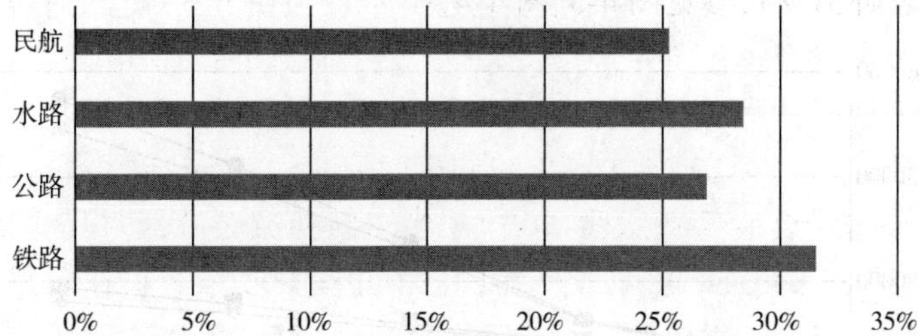

图 4-1　低碳情景下各种运输方式单耗变化情况假设

2.电力结构变化情况

电力特别是清洁电力代替油品,是未来能源结构优化的主要方式。本文预测到 2050 年,单位电力二氧化碳排放比 2014 年下降 59%,参见图 4-2。

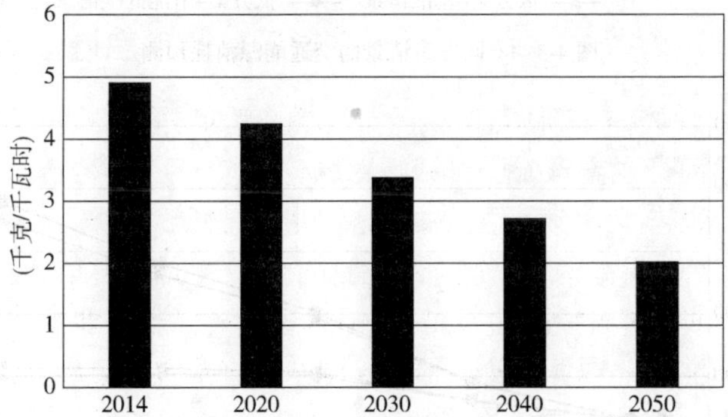

图 4-2　我国电力二氧化碳排放量情况假设

二、不同方案和情景下的交通能源消耗和二氧化碳排放变化趋势

(一)高方案能源消耗量和二氧化碳排放量比低方案高 6%~7%

按照上述假设,分别计算了高、低方案和基准情景、低碳情景下的交通能源消耗量和二氧化碳排放量。可以看出,由于高方案的交通活动量较低方案仅增加 8%~18%,导致两个方案下的能源消耗量和二氧化碳排放量相差不大,高方案仅比低方案高 6%~7%。

(二)低碳情景和基准情景能源消耗和二氧化碳排放量差距大

由于低碳情景较基准情景的交通运输结构有较大变化,导致两个情景下的能源消耗和二氧化碳排放量相差较大。到 2050 年,基准情景下的能源消耗量比低碳情景下的能源消耗量均高 91%,排放量则比低碳情景高 115%。值得一提的是,低方案下的低碳情景的二氧化碳排放量将在 2030—2040 年进入峰值平台期,2040 年的碳排放量16.3亿吨(比2014年增加54%),到2050年这一数值下降到16.0亿吨(比2014年增加51%),参见图4-3、图4-4。

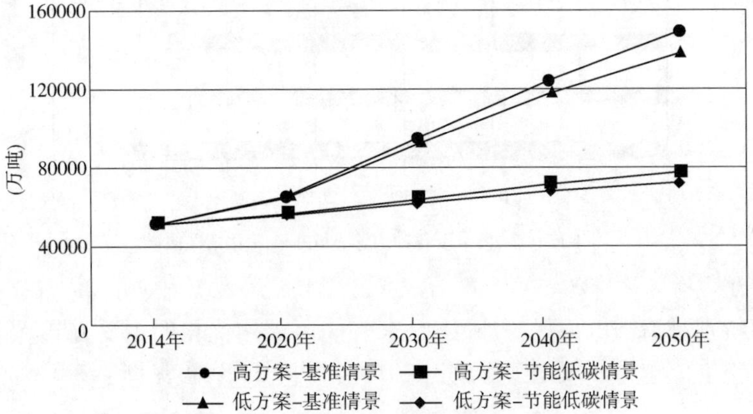

图4-3 不同方案情景的交通能源消耗预测

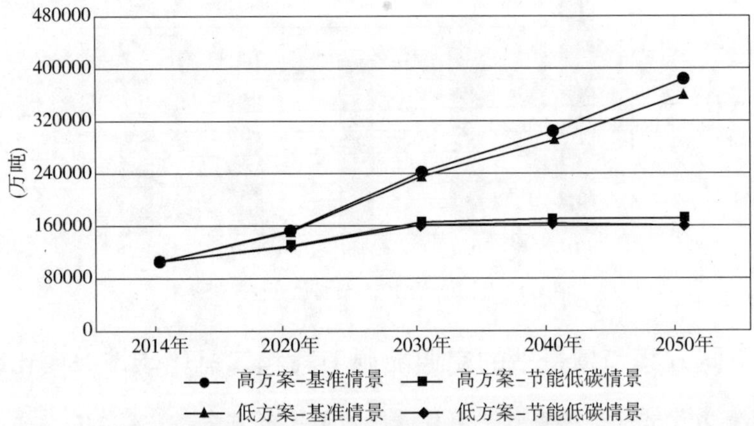

图4-4 不同方案情景的交通二氧化碳排放预测

三、不同情景下的交通能源消耗和碳排放结构

考虑到高、低方案仅是活动量出现一定差距,并且这种差距造成的能源消耗量和二氧化碳排放量不大,本节仅以低方案为例,对基准情景和低碳情景下的能源消耗量和二氧化碳排放量进行比较分析。

(一)能源消耗结构对比分析

1.货运能耗依然占一半以上

货运占交通能耗的比例稳中有升,到2050年基准情景下货运占交通能耗总量的 63%；低碳情景下货运占能耗比重呈先下降后上升趋势，到 2030 年将下降到 56%，2050 年再上升到 62%左右，见图 4-5 和图 4-6。

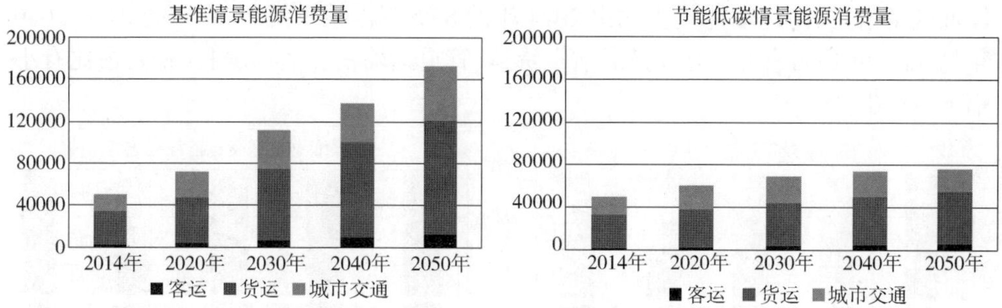

图 4-5　不同情景的交通能耗预测(单位：万吨)

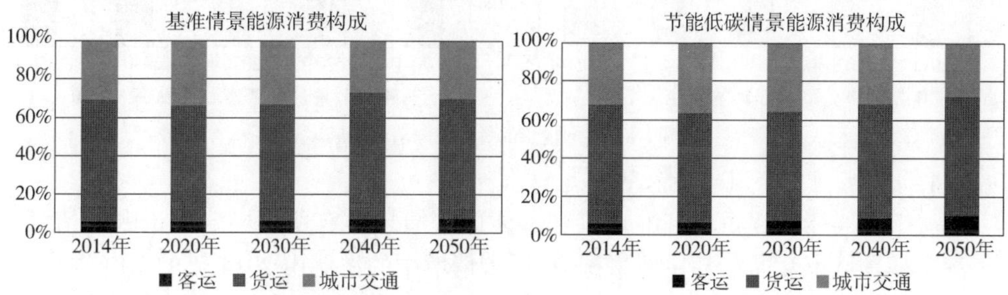

图 4-6　不同情景的交通能源消耗构成(单位：万吨)

2.航空客运占城际客运的能耗比重快速上升

城际客运中无论是基准情景还是节能低碳情景，航空客运能耗所占比例增长都较快。节能低碳情景下，航空客运能耗所占比例从 2014 年的 42%增长到 2020 年的 46%，到 2030 年达到 52%、到 2050 年的 54%，占城际客运能源消耗的比重超过一半，到 2050 年达到 54%。而公路客运能源消耗占比则逐步下降，铁路客运则由于更多高速铁路的运营和旅客运输向铁路等转移，能耗有所增长(图 4-7)。

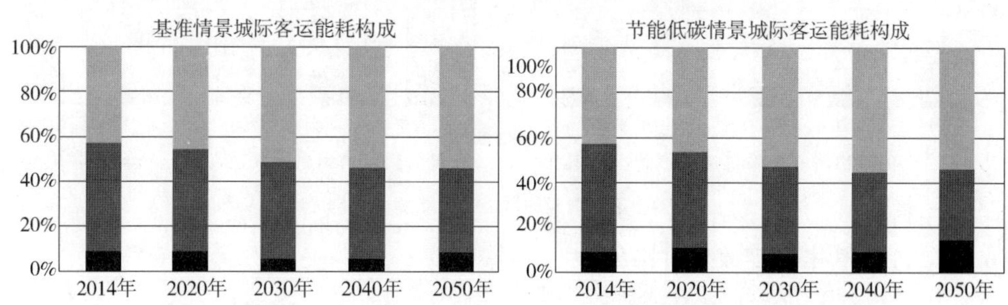

图 4-7　不同情景的城际客运能源消耗构成

3.公路占货运能耗比重有所下降

各种运输方式货运能耗比重在基准情景和节能低碳情景中有很大不同。在节能低碳情景，公路运输能耗占比由2014年的85%缓慢减少至2030年的84%、2040年的82%和2050年的81%，同时航空货运、管道运输占比有所增长，铁路占比有小幅下降(图4-8)。

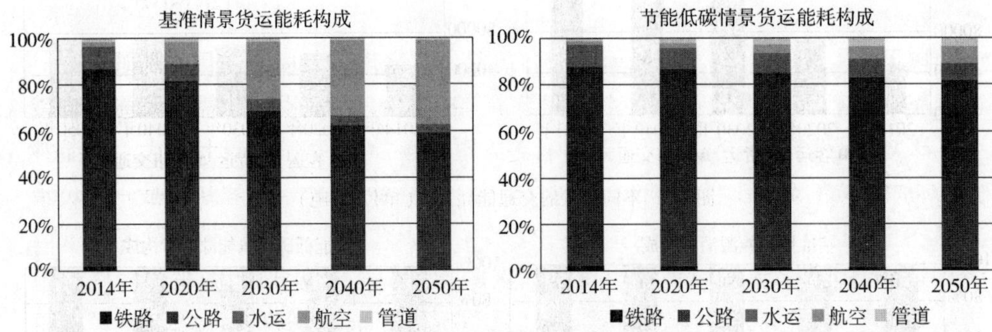

图4-8　不同情景的货运能源消耗构成

4.城市交通中小汽车能耗占八成以上

城市交通能耗比重在基准情景和节能低碳情景中有所不同。无论哪种情景，小汽车都是城市交通能耗主要来源，在低碳情境中的占比由2014年的70%逐步增长到2020年、2030年、2040年和2050年的81%、86%、86%和86%。如政策不加强，即在基准情景下，小汽车能耗占比将于2020年、2030年、2040年、2050年分别达到81%、87%、87%和91%(图4-9)。

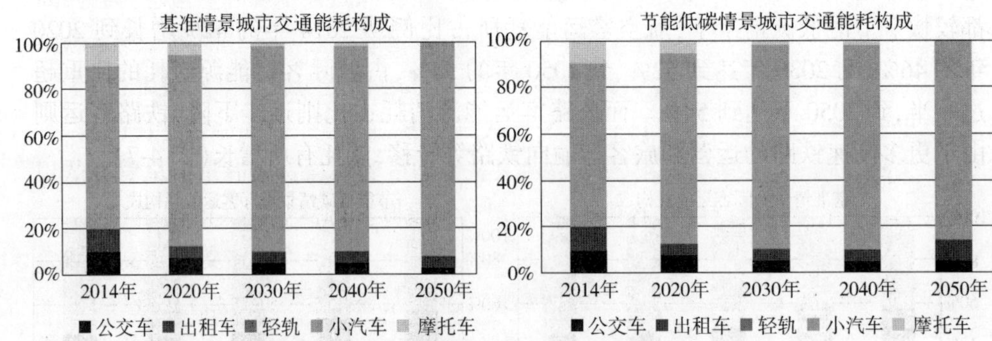

图4-9　不同情景的城市交通能源消耗构成

(二)二氧化碳排放量对比分析

1.货运排放约占交通总排放的一半以上

货运占交通碳排放的比例一直占交通碳排放的一半以上。基准情景下，2020年、2030年、2040年和2050年货运占交通碳排放总量的比例分别为62%、62%、67%和

64%;低碳情景下货运占交通碳排放比重分别为 60%、54%、59%和 64%(图 4-10、图 4-11)。

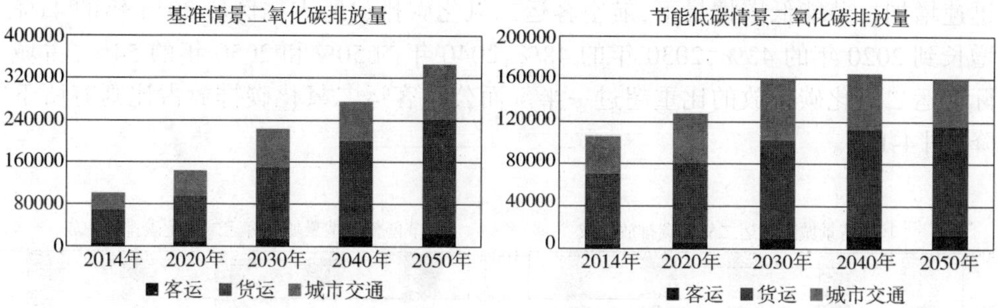

图 4-10　不同情景的交通二氧化碳排放量(单位:万吨)

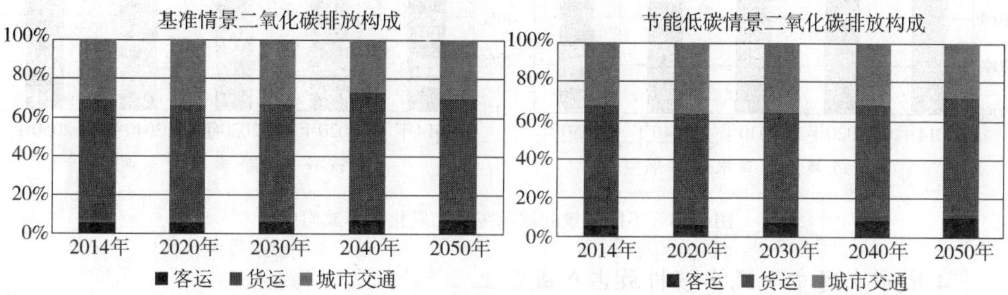

图 4-11　不同情景的二氧化碳排放构成(单位:万吨)

2.货运碳排放中公路占比有所下降

各种运输方式货运碳排放比重在基准情景和节能低碳情景中有很大不同。在节能低碳情景下,公路运输能耗占比由 2014 年的 83%缓慢减少至 2030 年的 82%、2040 年、2050 年的 81%,同时航空货运、管道运输占比有所增长,铁路占比有小幅下降(图 4-12)。

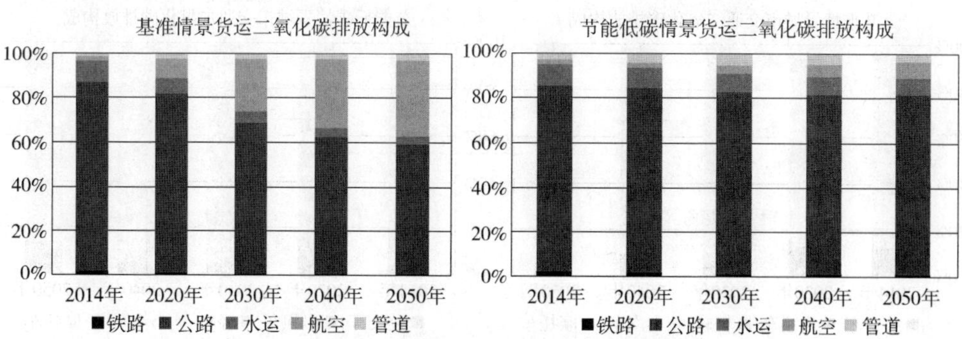

图 4-12　不同情景的货运二氧化碳排放构成

3.城际客运碳排放占比在交通总排放的10%以下,呈现航空增公路减的趋势

城际客运碳排放占比在交通总排放的10%以下。在城际客运中,航空占比迅速增加。节能低碳情景下,航空客运二氧化碳排放所占比例从2014年的41%增长到2020年的43%,2030年的48%、2040年的50%和2050年的54%,占城际客运二氧化碳排放的比重超过一半。而公路客运二氧化碳排放占比则有所下降(图4-13)。

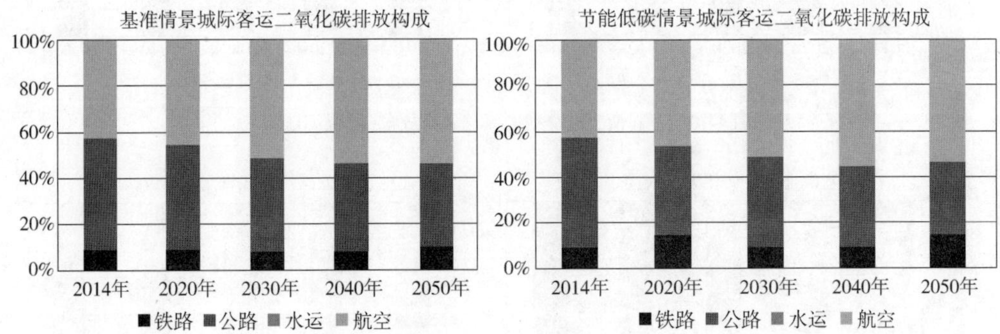

图4-13　不同情景的城际客运二氧化碳排放构成

4.城市交通中小汽车碳排放占八成以上

城市交通碳排放比重在基准情景和节能低碳情景中有所不同。无论哪种情景,小汽车都是城市交通碳排放的主要来源,在节能低碳情境中的占比由2014年的73%逐步增长到2020年、2030年、2040年和2050年的81%、89%、88%和87%。如政策不加强,即在基准情景下,小汽车碳排放占比将于2020年、2030年、2040年、2050年分别达到80%、87%、87%和91%(图4-14)。

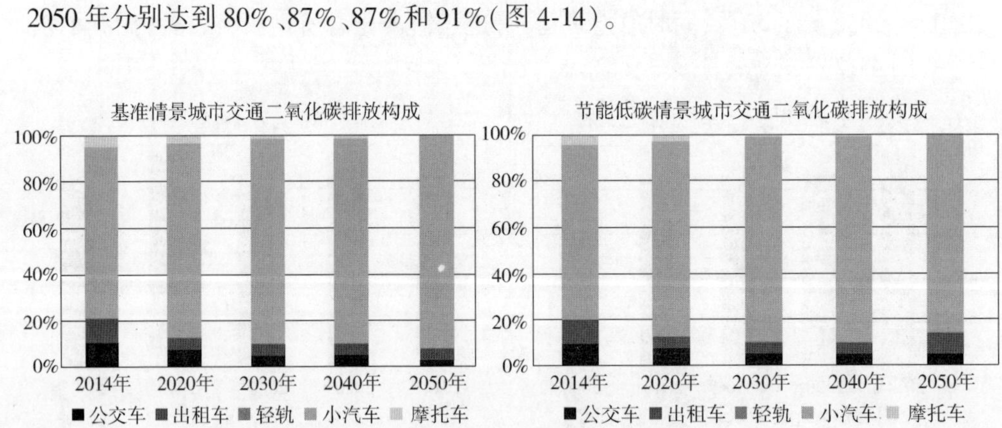

图4-14　不同情景的城市交通二氧化碳排放构成

第三节　交通运输节能减碳潜力

一、货运节能减碳潜力巨大

本节以低方案为例,将基准情景下的交通运输能源碳排放量与低碳情景下的交通运输能源碳排放量进行相减,可以看出,随着时间的推移,低碳情景相对基准情景的节能减排潜力不断增加,到 2050 年节能潜力增加到 9.6 亿吨标准煤,减碳潜力增加到 20 亿吨。将节能减碳潜力分解,可以发现货运部门具有最大的节能减排潜力,其节能量、减碳量分别占总节能量、总减碳量的 63%和 65%(图 4-15)。

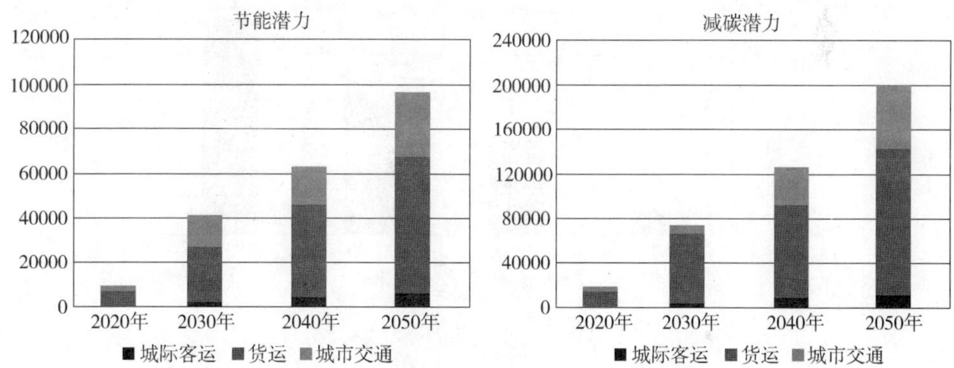

图 4-15　节能潜力和减碳潜力(单位:万吨)

二、交通结构调整是减碳潜力的最主要组成

将总减碳潜力进行分解,发现:交通结构调整是形成减碳潜力的最主要因素,到 2050 年两个情景下节能产生的减碳潜力达 24 亿吨,约占总减碳潜力的 112.6%;发展非化石能源对减碳有较小的贡献,化石能源排放因子变化的贡献为负(图 4-16)。

三、技术和结构潜力分别在不同阶段发力

将总节能潜力进行分解,发现:2020 年前技术节能潜力达 5314 万吨,是交通节能工作的重点任务;结构节能潜力较小,说明现有的结构调整政策尚未起到足够的效果,未来结构调整还有广阔的空间。2030 年以后,结构节能占节能潜力的比重稳定在 60%之上且呈升高趋势(图 4-17)。

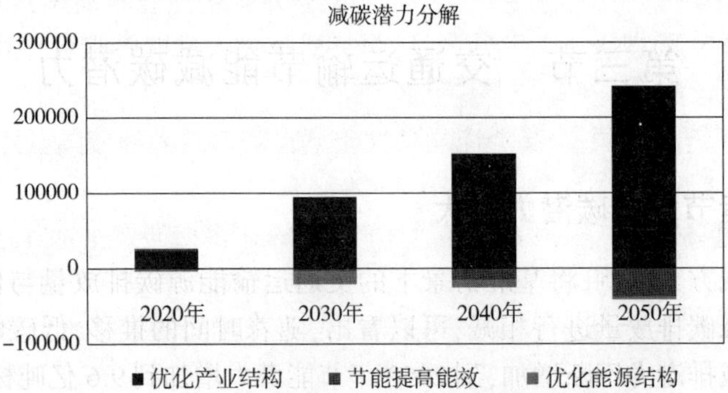

图 4-16　减碳潜力分解(单位:万吨)

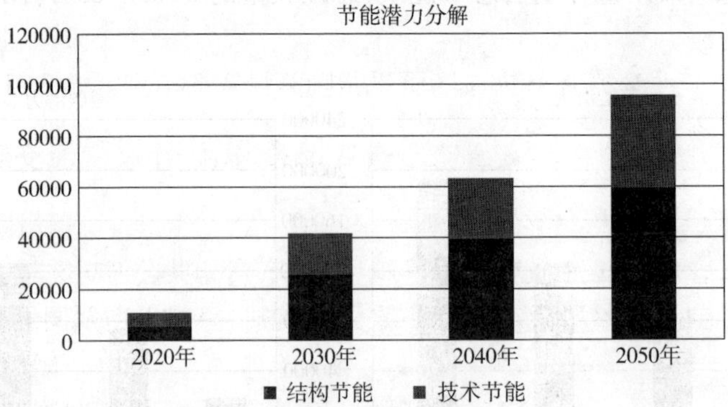

图 4-17　节能潜力分解(单位:万吨)

四、小结

进一步梳理本研究结果,得到以下结论。

(一)不同的发展情景对于交通能源消耗和二氧化碳排放的影响巨大

2050 年基准情景的能耗量将比低碳情景的能源消耗量高 91%,二氧化碳排放量高 115%。这说明,不同的发展情景对于交通能源消耗和二氧化碳排放的影响巨大。

(二)低碳情景下交通运输二氧化碳排放在 2030—2040 年达到峰值平台期

未来在交通运输量以低方案增速增长、较大幅度优化交通运输结构(铁路占客运周转量比重上升 20 个百分点、公路占货运周转量比重保持稳定且管道运输占比达 12%左右)、降低单位周转量能耗的情况(到 2050 年下降 30%左右)和清洁电力不断被采用(2050 年单位电力二氧化碳排放量比 2014 年下降 59%)的情况下,交通运输二氧化碳排放在 2030—2040 年进入峰值平台期。这与《中国 2050 年低碳发展之路》课题组研究的"交通碳排放峰值要晚于 2035 年"结论基本一致。

(三)结构调整是实现未来交通节能减碳的主要途径

由于不同交通活动水平对应的运输结构和能源效率不发生变化,交通活动水平的变化仅对交通能源消耗和二氧化碳排放产生影响,但并不影响结构调整、能源效率提高、能源结构优化在减碳中的相对地位。因此,结构调整是未来实现交通节能减碳的主要途径(占总节能潜力的60%以上),要积极从优化综合交通运输体系、完善交通运输组织方式、发展智能交通等方面积极探索优化交通结构的途径。

(四)弹性分析

上述交通碳排放预测是基于交通量预测、交通结构预测,以及一定能效水平的假设进行的,其值具有一定参考价值。但是无论是交通量、交通结构以及技术进步引起的运输能效值的变化偏离假定值,交通碳排放都会发生较大变化。

第五章
发达国家交通低碳发展政策借鉴

Fada Guojia Jiaotong Ditan Fazhan Zhengce Jiejian

第一节　主要国家低碳交通发展政策及效果

一、欧盟

(一)交通碳排放

根据欧盟环保署(European Environment Agency,EEA)发布的《欧盟2013年碳减排、可再生能源与能效目标趋势与预测》,截至2012年,欧盟28国[包括国际航空但不包括LULUCF(土地利用、土地利用变化及森林)]的温室气体排放达到46.78亿吨二氧化碳当量,比1990年减少18%,已经接近实现其2020年温室气体排放量削减20%的目标。1990—2012年欧盟28国的单位GDP温室气体排放强度下降了44%,人均温室气体排放由1990年的11.8吨二氧化碳当量下降到9.0吨二氧化碳当量,成功实现了经济发展和碳排放的脱钩。尽管如此,交通部门碳排放尚未与经济发展脱钩,是1990年以来欧盟唯一碳排放增长的部门。

欧盟交通运输部门是仅次于能源部门的第二大排放部门。2012年欧盟28国包括国际航空的交通温室气体排放占总排放的24%,不包括国际航空的交通温室气体排放占总排放的20.1%(图5-1)。交通部门温室气体排放在金融危机前的2007年达到阶段峰值(图5-2),其后除航空运输碳排放在2011年又创新高后,其

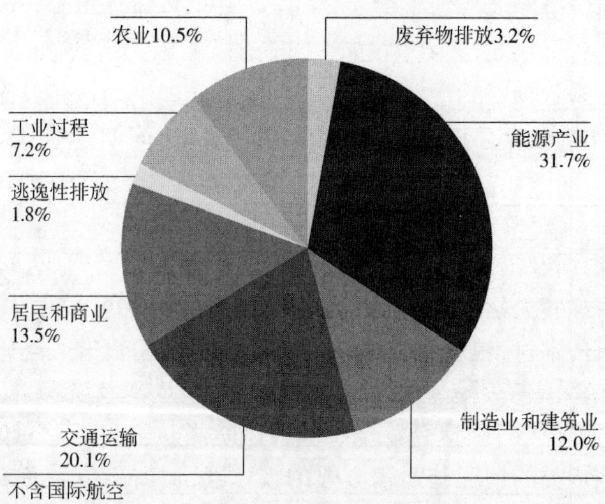

图5-1　2012年欧盟28国各部门温室气体排放构成

数据来源:Eurostate(2014)

他几种运输方式碳排放呈下降趋势(图 5-3)。

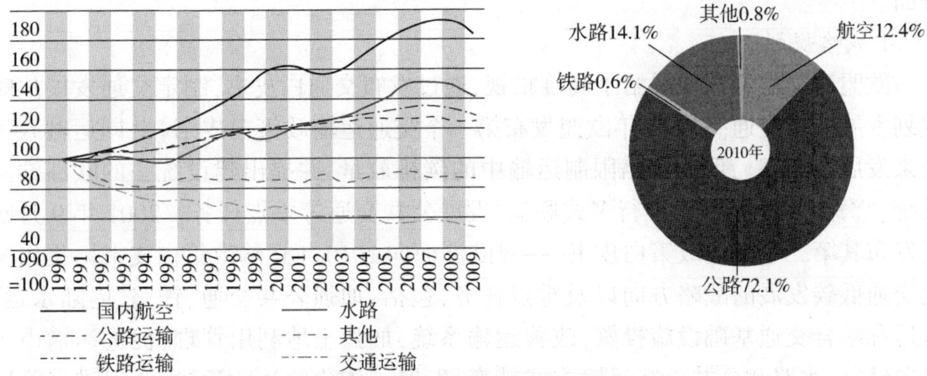

图 5-2　欧盟交通部门温室气体排放指数和构成

数据来源:The EU Explained : Transport(2014)

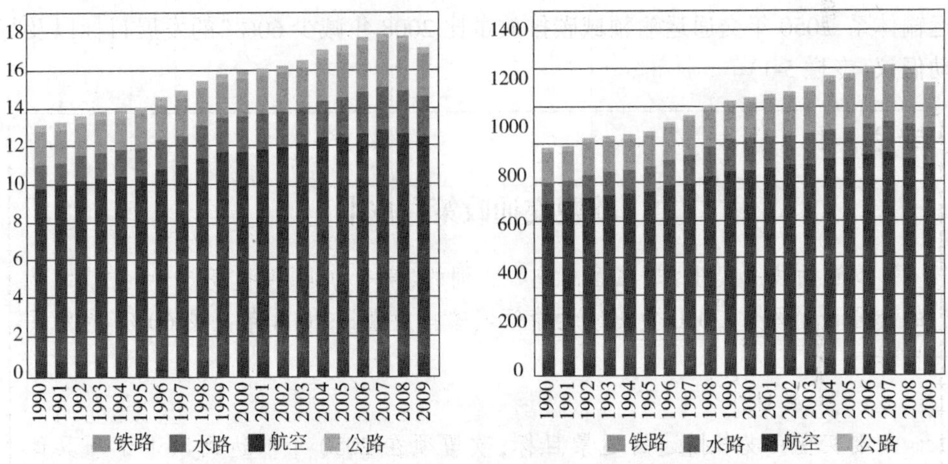

图 5-3　1990—2009 年欧洲交通部门分运输方式能源消耗(左,EJ)及碳排放(右,单位:百万吨)

数据来源:IEA, International Union of Railways, Railway Handbook 2012

(二)交通低碳发展政策措施

欧盟一直是环境领域的先行者,在低碳理念和政策创新方面走在世界前列。欧盟认为未来社会必将向低碳经济转变,低碳经济将促使可再生能源的大发展和能源效率的稳步提升,不仅可使欧盟摆脱对化石燃料的依赖,确保能源安全,而且可通过抢占未来低碳经济和技术的制高点,确保欧盟在未来全球限排时代的国际竞争优势。欧盟不断调高温室气体排放控制目标。在哥本哈根国际气候变化大会上,欧盟提出到 2020 年温室气体排放比 1990 年降低 20%,到 2050 年温室气体排放减少 80%~95%的目标。交通是欧盟重要的节能降碳部门,其减排成效直接关系气候变化承诺能否实现,欧盟交通温室气体排放控制的政策措施集中在以下几方面。

1.战略规划

欧盟对交通低碳发展给予高度重视,通过发布交通白皮书,制定交通发展战略规划发展低碳交通。1992 年欧盟发布第一个交通运输政策白皮书《共同运输政策未来发展白皮书》,明确严格限制运输中的碳排放量,并提出建设统一的欧洲铁路系统、"海上高速公路"、推行多式联运、发展公共交通等重点任务。2001 年 9 月欧盟发布其第二个交通政策白皮书——《欧洲面向 2010 年运输政策白皮书》,提出深化交通低碳发展的战略方向以及重点任务,包括:加强公共交通、铁路、内陆水运、海运和综合交通基础设施投资;改善运输系统,加强土地利用管理;促进运输由公路向铁路、水路和公共旅客运输方式转变;发展一体化的泛欧运输网,促进多式联运等。2011 年欧盟发布其第三个交通政策白皮书——《2010—2020 年欧盟交通政策白皮书》,提出"建立面向统一欧洲的、竞争力强、便捷高效、可持续发展的交通运输体系,2050 年交通运输领域碳排放量比 2008 年减少 60%"的发展目标以及行动倡议(专栏 5-1)。

专栏 5-1

欧盟交通政策白皮书

交通白皮书提出"建立面向统一欧洲的、竞争力强、便捷高效、可持续发展的交通运输体系,2050 年交通运输领域碳排放量比 2008 年减少 60%"的发展目标。

一、发展目标

要实现白皮书描述的远景目标,欧盟须在 2050 年前达到以下十项具体目标。

(一)发展可再生燃料和动力推进系统

1. 2030 年,城市中传统燃料汽车占全部车辆的比例实现比 2008 年减半,2050 年传统燃料汽车全部退出城市。2030 年主要城市中心城市物流配送基本实现零碳排放。

2. 2050 年航空业使用低碳燃料比例达到 40%,海运的二氧化碳排放量比 2008 年减少 40%~50%。

(二)优化物流链、充分利用节能高效的运输方式

3.建设高效的绿色货运通道,2030 年,30%运距超过 300 公里的公路货运

转移到铁路或水路运输。2050年超过50%运距在300公里以上的公路货运转移至铁路或水路运输。

4. 2030年高速铁路网里程达到目前的3倍,在所有成员国形成高密度的铁路网络。2050年完成欧洲高速铁路网建设。2050年大部分中远途旅客运输由铁路承担。

5. 2030年在欧盟范围内建成功能齐全、多运输方式组成的交通走廊核心网络(TEN-T core network)。2050年建成高品质、高容量的网络和相应的信息服务系统。

6. 2050年所有机场与铁路网络特别是高速铁路网络连接;所有重要海港与铁路网和内河水运系统连接。

(三)应用信息系统和市场激励手段提高运输效率

7. 2020年完成欧洲空中交通控制系统的现代化建设,完成欧洲共同航空区;部署水陆交通智能管理系统,包括欧洲铁路运输管理信息系统、道路运输智能交通系统、内河信息服务系统、安全海运信息系统、长距离船舶识别及跟踪系统。部署名为"伽利略"(Galileo)的欧洲全球卫星导航系统。

8. 2020年建立欧洲统一的多种运输方式一体化的信息、管理和支付系统框架。

9. 2020年交通意外伤亡人数减半,2050年公路运输接近零死亡。确保欧盟在航空、铁路和海上等各种运输方式的安全性方面世界领先。

10.遵循"使用者付费"及"污染者付费"原则。消除不适当的补贴。吸收私营资本参与到交通建设中,确保未来交通运输投融资来源。

二、行动倡议

为达到上述总体目标和具体目标,保持欧洲交通系统的世界领先优势,白皮书倡议欧盟各成员国在下列四个方面尽快采取行动。

(一)实现统一的欧洲交通区域市场

主要措施包括:在整个欧洲构建公平、开放、统一的交通建设、招投标、运营、管理、服务市场;消除客货运输无缝衔接的障碍和瓶颈,促进客运和货运的全程化、一体化运输;采用多种运输方式的"电子货运系统"、实现一票到底运输;发展、普及推广驾驶辅助系统,使道路运输实现"零死亡"。

(二)科技创新和交通行为模式

科技创新方面的措施主要有:优先发展替代燃料、新材料、信息技术和智能交通管理;重点发展小型、轻量化乘用车;公共交通使用低排放运输工具;建立零排放城市物流系统。在改变交通行为模式方面的主要措施包括:进行旅客及货物的碳足迹计量;实施节能驾驶及道路限速等措施。

(三)基础设施建设投融资

主要措施包括:按照"谁使用谁付费,谁污染谁付费"的原则,将外部成本内部化,由使用者承担;建立联合发展基金为欧洲核心交通网络建设融资;吸取民间资本进行交通基础设施投融资;改革交通税费等。

(四)外部环境

主要措施有:与国际合作伙伴和国际民航组织ICAO、国际海事组织IMO等国际组织一起工作,在交通领域国际标准、先进运输理念、运输技术手段推广等方面发挥领导作用,促进欧洲交通运输的竞争力和减排目标达到世界领先水平。

资料来源:李茜《发达国家及地区交通运输长期发展战略分析》,综合运输2016(7)

欧盟的交通规划与土地利用和空间布局紧密配合。洲际层面,通过海港和航空港(国际性门户)的合理布局、泛欧交通走廊核心网络(TENs)的完善,推进欧盟洲际交通设施在空间上更加均衡发展。国家与区域层面,采取一体化的交通规划理念,通过建设大容量交通体系,加强二级交通网络与泛欧网络(TENs)的联系。城市层面,强调城市总体规划对城市交通需求的调控作用,通过构架合理的城市空间形态、进行多中心空间布局、公共交通导向性土地开发等,从源头上避免产生不必要的交通需求。欧洲还实行大型基础设施项目的领土影响评估机制,以更好地协调土地利用规划和交通规划之间的关系。

2.标准标识

(1)车辆燃油经济性标准

早在2000年欧盟委员会曾与欧洲汽车生产商协会以签订自愿协议的方式削减乘用车二氧化碳排放量,然而效果不理想。2009年4月欧盟议会颁布了《关于建立新乘用车排放绩效标准的法规》,开始在欧共体各国强制实施机动车燃油经济性标准,该法规规定2015年起所有新注册车辆的CO_2排量应不超过130克。2013年欧盟环境委员会宣布将从2020年开始在欧盟国家执行95g/km CO_2的小汽车排放标准,取代欧盟2015年的130克排放标准。该标准是目前世界上最严格的汽车排放标准。厢式货车排放标准也从2007年的203克降至2017年的175克和2020年的147克。2014年5月,欧盟委员会表示将限制重型车辆的碳排放,这是欧盟为减少道路交通碳排放采取的第二步行动方案。首先重点完成对重型车辆碳排放的监测、报告及核证。

(2)燃油质量标准

2009年,欧盟颁布燃油质量指令(EC Directive 2009/30),规定了道路交通和航运的燃料质量标准,目标是到2020年把燃油在生产、输配和使用整个生命周期的温室气体排放强度降低10%以上。

(3)汽车能效标签

早在1999年12月,欧盟就以指令的方式,责成各成员国制定细则,要求汽车销售点必须在新车的醒目处贴上油耗与碳排放量的标签,供顾客购车时参照和比较。这项法律于2001年1月18日在欧盟范围内全面实施。

(4)多式联运装备体系标准化

目前已经发展起了统一标准的多式联运载荷单元(Standardized Loading units),即:海运集装箱、厢式半挂车等遵循国际通用标准,而半挂车和高腿箱则由欧洲标准化委员会统一制定其外廓尺寸、总重和轴载限值标准,并建立了欧洲载货汽车货运模块化系统EMS(European Modular System)。同时实现多种运输方式的无缝衔接。如芬兰赫尔辛基乌萨里港,该港口有效实现了水公铁的无缝衔接。港区内铁路直接贯通到各个泊位,集装箱可以直接在船舶和列车之间进行吊装,半挂车则由场内拖车直接拖运到滚装船上,而在港口海关监管区外设有专门的集装箱拆装箱仓库,对不直接运输的集装箱经过重新拼箱通过甩挂运输集疏运。

3.财政税收

(1)投资补贴

欧盟于1995年颁布了“公平有效价格”绿皮书,主要思路是调整运输价格体系,确保不同运输方式的价格反映外部成本。主要制订了公路运输收费补贴铁路运输的政策,即公路运输收费收入中的一部分用于解决铁路或其他运输方式基础设施建设资金不足。欧盟通过对公路运输在税收、路桥费、燃油费等方面的增收,用于补贴铁路基础设施的建设、铁路经营中的亏损等,资金可以达到总投资额的20%,而公路运输和其他项目资助比例一般不超过总投资的10%。最新的《欧盟交通白皮书》也再次强调按照“谁使用谁付费,谁污染谁付费”的原则,将外部成本内部化,由使用者承担,并提出改革交通税费,将交通税收纳入新建立的联合发展基金,作为欧洲核心交通网络建设的资金。

(2)机动车碳税

欧洲各国从20世纪90年代初就开始了环境税改革,其中碳税改革是环境税改革的核心内容之一。2005年欧盟委员会提出以碳税为乘用车税收体系改革方向的提案。目前,机动车碳税已在欧盟范围内确立起来。机动车碳税可以分为一次性税收(one-off tax)和常规性税收(recurrent tax)两个部分,一次性税收是指在车辆购置时一次性缴纳的碳税，常规性税收是指在车辆使用时期内每年定时缴纳的碳税。机动车碳税都是基于单位行驶里程 CO_2 排放水平确定的，即属于从量税。西班牙、爱尔兰、奥地利等国家，先是根据单位行驶里程 CO_2 排放量划分税率计算方式，然后基于机动车税前价格计税，无论如何计税，都需计算不同车型的单位行驶里程 CO_2 排放水平。丹麦、法国、爱尔兰、葡萄牙是在征收购置一次性碳税的同时，每年征收常规性碳税。而德国、卢森堡、瑞典和英国则未征收购置一次性碳税，仅每年征收常规性碳税。机动车总碳税水平相当高，以 CO_2 排放水平为 120g/km（欧盟 2012 年机动车 CO_2 排放目标）的机动车为例，16 个国家的平均碳税水平达到 37 欧元/吨 CO_2。

（3）能源碳税

2003 年 10 月，欧盟部长理事会通过了旨在重建欧共体能源产品和电力税收框架的能源税指令 2003/96/EC。该指令扩大了能源产品征税范围，即从矿物油扩展到包括煤、天然气在内的所有能源产品和电力。指令分别对不同能源设置了最低税率，即成员国所适用的税率不应低于指令中所规定的最低税率标准。表 5-1 列出了 2013 年下半年欧盟 28 国石油制品不含税价格和零售价格（即含税价格），以 95 号汽油为例，税收占到 57.5%。

欧盟 28 国石油制品零售价格（2013 年下半年）　　表 5-1

燃料	95 号汽油		机动车柴油		LPG 车用燃料	
项目	不含税	零售价	不含税	零售价	不含税	零售价
价格（欧元/升）	0.65	1.53	0.71	1.43	0.49	0.74

数据来源：EU Transport Energy, Environment

（4）鼓励发展新能源车

欧盟以税费杠杆为主要工具，对于那些使用生物燃料和其他可再生能源为动力的汽车，给予部分或全部的税费减免，甚至还给予一定的财政补贴。

（5）鼓励发展公共交通

1992—1996 年期间，欧洲各国政府对购买公交汽车的补贴比例为 38%，对轨道交通的补贴比例则更高。如德国、奥地利和瑞士修建轨道交通享受 50% 的财政补贴。德国各城市在道路建设和轨道交通建设方面，均能得到联邦、州的投资补助，一般补助资金为投资额的 75%，有的项目甚至补助 90% 以上。德国对公交企业的补贴则主要是税费优惠等隐形补贴，包括公共交通销售税（增值税）减征 50%、减免公共汽车的燃油税、免除公共交通的车辆税。法国根据公共交通基础设施的类型提供不同比例的资助。对于有轨电车资助比例可达 35%，资助额可达 1500 万法郎/公里。对地铁资助比例可达 20%，资助额可达 3500 万法郎/公里。

4.技术政策

(1)汽车发动机的改造技术

为了降低温室气体二氧化碳的排放,欧盟曾一度致力于柴油混合动力车的开发,发动机相比汽油发动机能耗可以降低35%。由于欧洲大部分地区的氮氧化物污染来自于柴油发动机,欧盟正在研究该政策是否合理。目前氢气燃料与生物燃料汽车是欧盟新能源汽车发展的重点方向。此外,在以生物燃料为基础的新能源汽车上,欧盟已经掌握了相对而言比较成熟的技术与基础配套设施。

(2)节能船舶

在船舶系统的改进方面,欧盟研制STX欧洲"Eoseas"号环保概念邮轮。该船使用液化天然气作为燃料,并设计有5个巨大船帆可利用风能动力,安装了太阳能储电板,能利用太阳能供电。邮轮采用双重外壳板设计,可起到天然空调系统的效果。

(3)可再生能源

欧盟把发展生物燃料作为遏制交通运输业排放持续增长的重点。2003年3月,欧洲议会和欧盟理事会通过了旨在提高生物燃料在交通运输业中使用比例的指令,要求各成员国采取措施,到2010年将生物燃料在交通运输业中的使用比例至少提高到5.75%。2009年发布了促进可再生能源发展指令(EC Directive 2009/28),确定2020年欧盟可再生能源对能源消耗总量的贡献率达到20%以上,并将该目标分解落实到各成员国,规定到2020年每个成员国交通能源消耗中生物燃料所占比例至少应达到10%。

(4)铁路能效

欧盟提出通过技术改造实现单位运输量铁路运营的终端能源消耗到2012年比1990年降低30%,到2030年比1990年降低50%的目标。

(5)智能交通

欧盟通过电子技术和卫星导航系统,增强城市交通的透明度和安全性,降低拥堵的概率。此外,欧盟还通过对轮胎质量和内胎气压设定一套国际标准,结合设置在城市街道、公路及车辆上安装的监测装置,及时地检查车况和胎压。据测算,车辆内胎每下降0.5个标准大气压,就要多耗费2.5%的燃料。胎压不足时也会导致更多的交通事故。

5.价格政策

根据日本对外贸易组织所做的一个调查,计算出英国、德国和法国的公路与铁路的货运运费率(表5-2)。其中英国的铁路运费费率最低,与公路的比价关系是1:6.86;德国的铁路运费费率最高,与公路的比价为1:1.6。

欧洲三国公路、铁路货运运费率

表 5-2

国　　家	公路(美分/吨公里)	铁路(美分/吨公里)
英国	0.28	0.04
德国	0.22	0.14
法国	0.30	0.11

数据来源:The Survey on Actual Conditions Regarding Access To Japan Regulations and Domestic Costs Related to the Distribution of Imported Goods

客运方面,由于英国铁路客运得到政府补助,而航空未得到政府补助,因此铁路客运运费率远低于航空,铁路和航空运输比价在1∶6~1∶8之间(表5-3)。

英国铁路与航空客运运费率单位

表 5-3

年度(年)	铁路运费率(便士/人公里)	航空运费率(便士/人公里)	铁路与航空比价
2000		92.12	
2001		85.29	
2002	9.23	68.74	1/7
2003	9.54	73.96	1/8
2004	9.97	73.41	1/7
2005	10.41	70.50	1/7
2006	10.86	64.50	1/6
2007	11.35	63.09	1/6
2008	11.86		
2009	12.09		
2010	12.24		
2011	12.70		

铁路数据来源:Revenue per passenger kilometre and revenue per passenger journey, Great Britain 2002-03 Q_1 to 2012-13 Q_2, www.rail-reg.gov.uk

航空数据来源:The Future of Aviation, House of Commons, Transport Committee

6.组织管理

(1)铁路复兴

欧盟希望通过复兴欧洲的铁路系统,挖掘其运能潜力,分流公路和航空运输,从而在总体上减少整个运输系统的排放量。欧盟为此发布了"共同体铁路的复兴战略"白皮书,主要内容包括:加大对铁路的补贴力度,确保铁路商业运营;通过技术协调,实现各国铁路系统的一体化等。欧洲实行铁路优先政策,如瑞士改善铁路运营方式,用客运方式开行货运列车,增加班次密度和运行速度,参见图5-4。

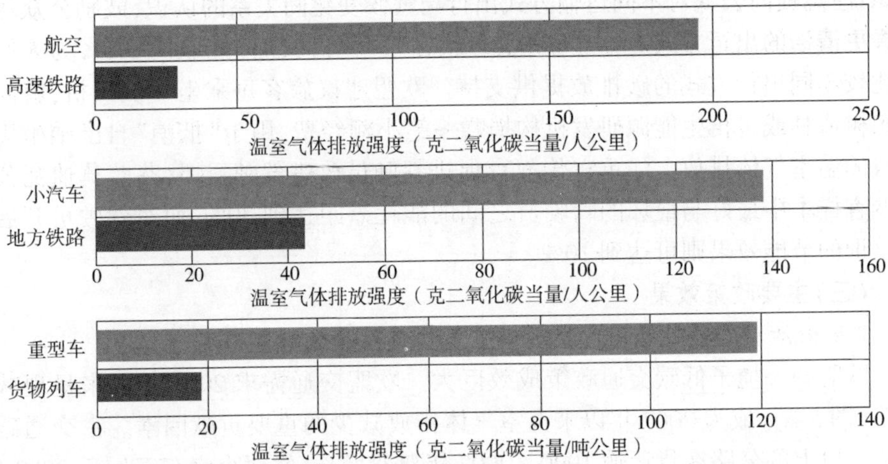

图 5-4 欧盟铁路相对于其他交通方式的温室气体排放(欧盟平均)

注:燃料生命周期的排放,即使考虑不同基础设施建设的成本,碳强度只是增加了 5 二氧化碳/人公里,对结果影响不大。

数据来源:IEA,International Union of Railways,Railway Handbook 2012

(2)发展水运

内陆水运和近海航运也是比公路交通排放强度低的运输方式。欧盟充分发挥其内陆水网密集、海岸线漫长的优势,通过财政税收政策鼓励它们的发展。此外,欧盟还致力于多式联运的发展。多式联运可充分发挥运输链条上不同运输方式的内在优势,在考虑经济成本的同时也注重环境成本,最终实现运输服务的完整性、高效率和环境可持续性。欧洲的主要港口,如安特卫普和哥登堡港也都采用了岸电。为应对岸电的逐步推广,国际标准化组织出台了岸电标准,规模化、标准化带来的低廉成本使岸电在未来更具吸引力。

(3)航空运输管理

航空业是单位排放量最高的交通运输方式。欧盟还大力改进空中交通管理,争取到 2020 年打造"单一欧洲天空",意在通过一体化的通信、导航和监控,实现对欧盟空域的统一管理,以便最大限度地提高空域安全、容量和效率。

7.交易政策

欧盟碳排放市场于 2013 年将航空运输纳入交易体系。自 2013 年 1 月 1 日起至 2016 年 12 月 31 日,欧洲经济区内部航线的航班被强制要求参与欧盟航空碳排放交易。

8.宣传教育

欧盟高度重视能源统计、建立高效的节能咨询机构、加强宣传教育,增强节约意识;注意提高公众对不同运输方式出行与气候变化间关系的认识,鼓励公众尽量选择更清洁的出行方式。如建立"生态旅客"、"生态交通"互联网平台,为人们计算比较不同出行方式的碳排放提供支持。欧盟建议旅客每乘坐一次飞机,就向从事植树造林或可再生能源研发机构捐赠一笔小额经费,用于"抵消"自己乘坐飞机造成的温室气体排放。注重宣传教育促进驾驶员改进驾驶习惯,芬兰莫迪瓦公司在调查样本中最好与最坏的驾驶员之间的能耗差距达到30%,而对驾驶员开展驾驶培训的节能效果则可达到10%。

(三)主要政策效果

1.运输活动阶段性峰值和交通温室气体排放峰值双双出现

欧盟的一揽子低碳交通政策成效巨大。欧盟交通需求2007年以来呈现减少趋势(图5-5),成为2007年以来温室气体排放减少的重要贡献因素。占交通碳排放7成以上的公路客货运输1990—2007年双双增长,然而小汽车客运于2009年,公路货运于2007年以后呈下降趋势,其他运输方式除航空客运似乎在2007年金融危机后仍有上升趋势外,运输需求2007年后有下降趋势或不再增长。运输需求的阶段峰值也促使交通碳排放出现了阶段峰值(受金融危机、欧债危机影响,目前难以判断该峰值是否是历史峰值)。

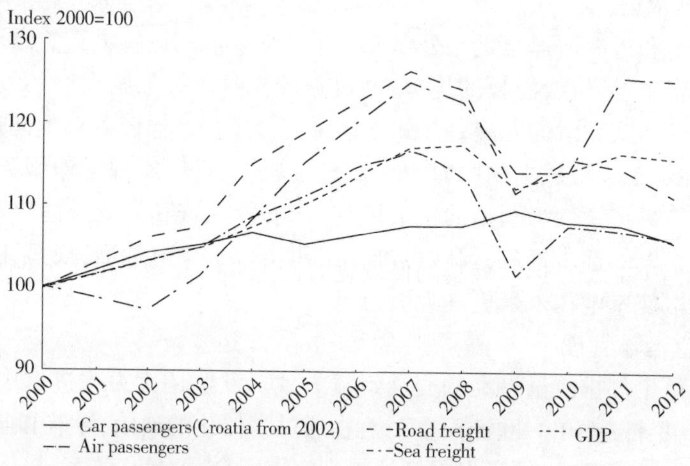

图5-5　欧盟28国各种运输方式交通需求指数(2000=100)

数据来源:EU,EU Climate Action,2014

2.运输工具能效提高

运输工具能效的提高成为交通部门温室气体减少的重要贡献因素。2014年欧洲环境署公布了《2013年监测小客车及厢式货车碳排放情况报告》,显示2013年销售的新机动车已达到每公里行驶排放127克二氧化碳的平均目标,意味着

2015 年的目标已提前两年实现。新能源车和替代能源车稳步增长,2009 年约占车辆总数的 5%,其中大多数是 LPG 车,电动车比例占 0.02%。厢式货车制造商也已经完成欧盟提出的 2017 年碳减排目标。铁路能效也有大幅提高。1990—2012 年欧盟客货铁路运输单位运输量的能源消耗分别减少了 13%和 19%。

图 5-6 是欧洲 1990—2011 年私家车能效及燃油消耗变化情况。

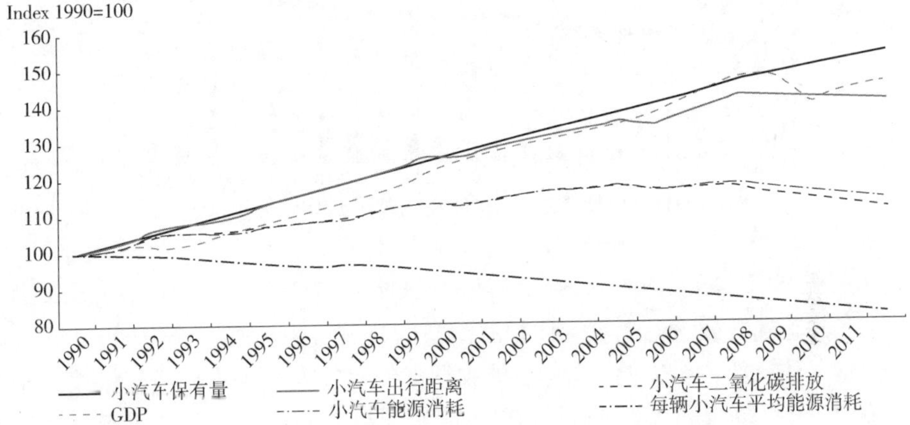

图 5-6　1990—2011 年私家车能效及燃油消耗变化

数据来源：The EU Explained : Transport（2014）

3.交通能源结构改善

截至 2011 年,欧盟可再生能源已占总能源消耗的 13%,正向 2020 年 20%的目标稳步前进。交通部门对石油的依存度已由 1990 年的 98%下降到 2012 年的 96%。铁路电气化里程由 1990 年的 30%提高到 2009 年的 53%,且铁路约 30%的电力来自可再生能源。运输燃料的低碳化对交通低碳发展贡献十分明显。

4.转移效果

虽然欧盟的交通运输转移政策效果难以准确衡量,但在运输总量没有明显增长的同时,德国和英国的铁路货运量在 1995—2007 年却增长 73%,2008—2013 年货物内陆水运量增长 3.5%。可以说欧洲的运输方式转移政策已彰显成效。

二、英国

(一)交通碳排放

根据《英国国家温室气体排放清单 1990—2011》,英国 2011 年温室气体排放总量为 5.565 亿吨二氧化碳当量(不包括土地利用、土地利用变化和林业的排放),较 1990 年的 7.708 亿吨二氧化碳当量下降了 28%。同期交通运输部门温室气体排放量增加了 11%,达到 1.44 亿吨二氧化碳当量,交通运输温室气体排放量占总排放量的比例也从1990年的18%上升为2011年的27%。其中,国际运输的排放同期增长65%,其占总排放的比例由3%上升到6%,见图5-7。

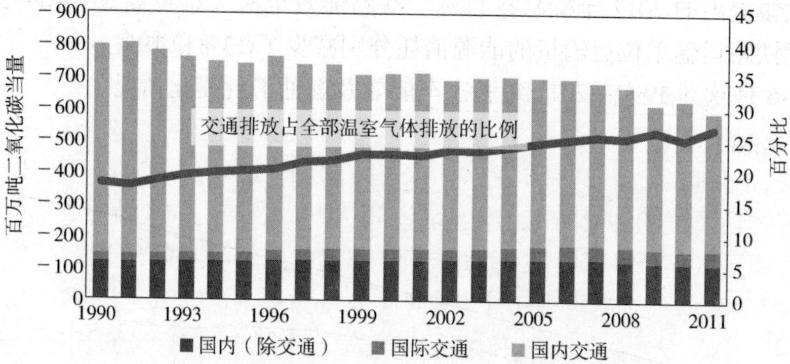

图5-7　英国交通及其他温室气体排放

数据来源:英国交通统计2013(Transport Statistics Great Britain,2013)

从各种运输方式全部温室气体排放(包括国际仓)的构成看,英国2011年公路运输温室气体排放占全体的69%,是排放最多的运输方式。排放增长最快的是航空运输,2011年其温室气体排放已占交通运输总排放的1/5,其中国际航空运输排放达到0.332亿吨二氧化碳当量,比1990年的0.276亿吨二氧化碳当量增长了102%,成为最大的贡献因素(图5-8)。

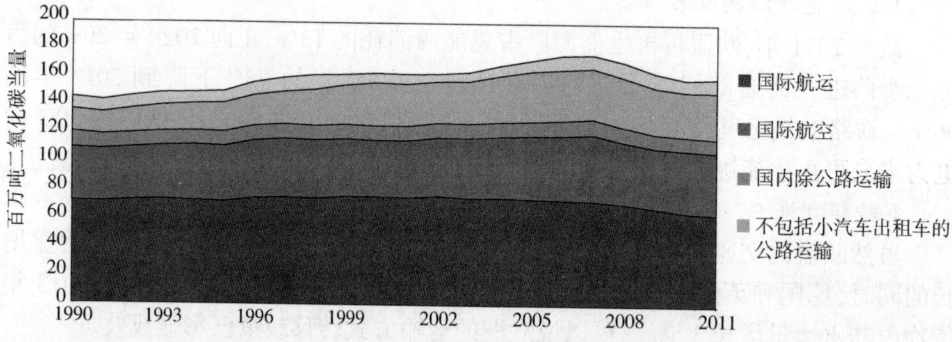

图5-8　1990—2011年英国交通运输分方式温室气体排放

数据来源:英国交通统计2013(Transport Statistics Great Britain: 2013)

从英国国内运输排放的构成看,2011年公路运输排放占到英国国内运输排放的92%,其中小汽车占54.9%,重型货车和轻型货车仅占32.5%(图5-9)。

(二)交通低碳发展政策

英国是解决全球气候变暖问题的积极倡导者,是第一个提出低碳经济概念的国家。英国政府在2000年的《气候变化计划》中就提出“2010年要在1990年的基础上减排20%,2020年减排26%~32%,2050年减排60%”的战略目标。2008年英国出台《气候变化法案2008》,确立了更加积极的降碳目标,即2020年碳排放量比1990年削减26%,到2050年比1990年削减80%。同时,《气候变化法案》规定政府通过提前15年制定每5年一次的“碳预算”,使投资者和政策制定者有明确的目标和方向。2009年7月英国政府公布了国家战略文件“英国低碳转型计划”,提出对温室气体进行预算式控制和管理,对之前提出的“碳预算”概念进行补充,提出到2020年将碳排放量在1990年的基础上减少34%的目标。在经济社会低碳发展的整体框架下,英国在低碳交通发展方面也制订并实施了一系列政策。

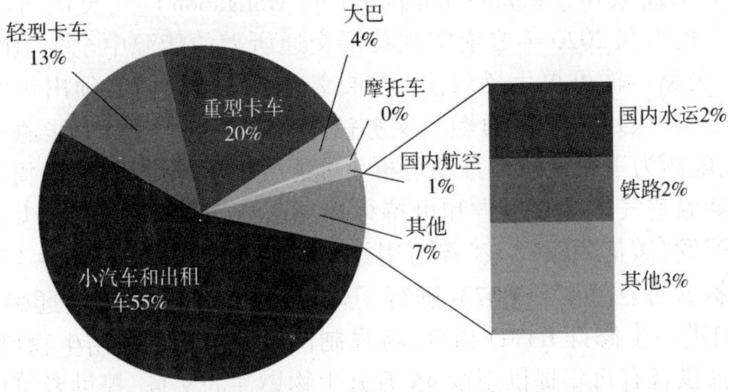

图5-9　2011年英国国内交通运输温室气体排放构成

数据来源:英国交通统计2013(Transport Statistics Great Britain: 2013)

1.战略规划

2007年英国运输部出台《低碳交通创新战略》,最早提出了低碳交通的概念,并为鼓励低碳交通技术创新和研发确定了全面框架,分别对道路、航空、铁路和海运部门的低碳技术进行了梳理,制订了包括市场手段、强制措施、财政支持及信息宣传等方面的低碳交通技术研发和商业化推广政策方案。2009年英国公布《英国低碳转型计划》及3个配套计划,其中的两个配套计划——《低碳交通计划》和《英国可再生能源战略》与交通运输直接相关。《低碳交通计划》提出到2020年英国国内交通行业碳排量减少14%,在2050年基本实现零排放的目标。围绕其目标,提出实现减排的关键途径是:在公路运输、铁路运输、航运等方面支持使用新技术、促进使用新能源;提供更多低碳出行选择;利用市场机制推动低碳交通转型;制定货运行业排放测算、通报和减少排放的方法;与欧洲伙伴合作控制新货车的二氧化碳排放并鼓励开发超低碳货车;为发展电动汽车和混合动力车对消费者给予购买补贴等。英国的交通战略规划注重采用综合运输政策,强调各种运输方式优势互补、有机衔接;重视规划与土地使用规划的整合、与环境的整合,注重交通与社会发展政策的整合。

2.标准标识

(1)欧洲汽车排放标准

英国执行的汽车排放标准是欧洲汽车尾气排放标准,欧洲标准是由欧洲经济委员会(ECE)的排放法规和欧盟(EU)的排放指令共同实现的。汽车排放的标准一般每四年更新一次。执行标准已从1992年的欧洲一号标准发展到2010年开始实行的欧洲五号标准。

(2)可再生交通燃料义务

英国政府2005年出台《公路运输可再生燃料法》,2007年颁布《可再生交通燃料义务法令》(RTFO, Renewable Transport Fuel Obligation)。《英国可再生能源战略》(2009年)提出在2020年之前实现英国交通所需的能源中至少10%来自于可再生能源。《公路运输可再生燃料法》要求交通燃料供应商必须出售一定比例的可再生能源燃料。《可再生交通燃料义务法令》明确了以可再生能源义务制度为核心,以比例配额为手段渐进地推动可再生能源发展的原则,并对配售的生物燃料进行生命周期温室气体排放报告和可持续标准认证,对符合标准的生物燃料经第三方认证后配发"碳信用额",该"碳信用额"可进行市场交易。2009年英国对《可再生交通燃料义务法令》(2007)进行了修订,修改了可再生交通燃料的比例。2011年,英国进一步修订RTFO指令,将强制性标准引入交通用生物燃料领域,规定所有燃油提供者有每年提供至少45万升生物燃油的义务,提供者可申请获得可再生交通燃料证书,该证书可进行交易。供应商达不到义务提供数量的部分,可通过购买可再生交通燃油证书(RTFC),或支付收购基金缺口。规定提出到2014年3月义务提供量将达到道路运输燃料提供总额的4.75%。

(3)汽车能效标识

英国制订的汽车能效标签共分为五个部分。第一部分介绍厂商、型号、类别、燃油种类、传动方式;第二部分是每百公里的油耗(升/100公里);第三部分是汽油费,给出此车行驶10000英里(年平均驾驶里程)的汽油费;第四部分是CO_2排放量,共分为7个级别,从A到G,以克/公里表示,颜色从绿色渐变到黄色,再到红色,A级最优,G级最差,同时在中间给出车辆税的级别,右边给出此车的排放量;第五部分提供更多信息❶。

3.财税政策

(1)车辆使用税

2001年4月,英国政府在其"气候变化计划"中提出征收气候变化税,即通过燃油税、等级车辆消费税和公司汽车税机制,鼓励个人少开车,多选择其他交通工

❶Directive 1999/94/EC, Official Journal L 029, 03/02/1999 P. 0055 - 0059;中国能效标识网:http://test.energylabel.gov.cn/UserFiles/File/2006-3.pdf.

具,购买环保型车辆。2003 年和 2006 年英国对商用车的燃料税、机动车消费税进行了调整,增值税税率从 2008 年 12 月 1 日的 15% 调整到 2010 年 1 月 1 日的 17.5%,2011 年 1 月 1 日又调高到 20%。英国还向车辆拥有者征收其他几种税费,包括车辆执照税、交通拥堵费、公路通行费、车辆首次登记费等。目前英国燃油税税率较高,汽油和柴油的税赋总额约占最终销售价的 78%。

(2)道路拥堵收费

英国是少数征收城市交通拥堵费的国家之一。伦敦市 2003 年实施交通拥堵收费政策,2008 年设置"低排放区"对进入该区域不符合排放标准的车辆收费,收取费用主要用于发展伦敦的人行道、自行车道、公共汽车和轨道交通等(专栏5-2)。

专栏 5-2

伦敦的道路拥挤收费政策和"低排放区"政策

伦敦 2003 年推出了交通拥堵费政策。收费区面积 21 平方公里。在工作日的早上 7 点到下午 6 点 30 分,凡进入规定区域的车辆每天要缴纳 5 英镑费用。收费区居民的车辆及紧急救援车辆等可豁免缴费。司机可通过因特网、电话或附近的杂货店等交费,登记汽车号码。如果未交费,将处以 2 至 16 倍罚款。为进一步改善市中心西部地区的交通拥挤状况,2007 年 2 月开始实施"西扩区域"的道路拥挤收费。收费标准已由最初的 5 英镑逐步提高到目前的 10 英镑。2011 年新任市长取消西部的拥堵收费,保留了第一轮计划的范围。拥堵费制度实施以来收费区域交通量明显下降,区域内道路交通明有效改观,空气质量也得到改善。

伦敦市于 2008 年 2 月 4 日启动"低排放区"计划。"低排放区"的范围大约有 980 平方公里,包括伦敦市区及周边地区。驶入低排放区的重型车辆尾气排放需达到规定标准,否则每天将征收 200 英镑,如逾期不交,还要加罚 1000 英镑。受限车辆有柴油引擎货车、巴士、长途客车、小巴、大型有篷货车以及其他专用车辆,而小汽车、摩托车和小面包车则不受限制。"低排放区"内设置有固定或可移动的监测装置,可对进入该区域的车辆进行监测并读取车辆登记号牌。2012 年 1 月 3 日,伦敦交通局进一步严格了进入低排放区的车辆排放标准。大型货车和小巴的可吸入颗粒物(PM)为欧Ⅲ标准,3.5 吨以上的货车、公共汽车和客车的可吸入颗粒物(PM)排放为欧Ⅳ标准。

(3)财政补助低碳车辆

英国政府对运输企业购买清洁环保大巴车、公共交通设施建设、电动车充电站网络、超低排放车辆技术研发等进行财政补贴。

4.技术政策

2003年英国建立了由300多个政府部门、汽车与能源企业、环境组织、科研机构等参与的咨询性组织“低碳汽车伙伴关系”，形成促进低碳交通发展的初步跨界联合，进行产学研一体化开发。2005年，英国政府决定提供1500万英镑支持氢能和燃料电池技术示范项目。2009年，英国提出到2050年所有小汽车和面包车几乎达到零排放，英国要成为超低排放车辆开发、制造和使用先行者的发展目标，特设立低排放汽车办公室，提出交通“电动”改造计划和10个创新研究项目以及相应的财政支持政策。此外除公路运输外，英国还致力于铁路运输、航运等方面的新技术新能源使用与推广。

5.价格政策

欧盟委员会发布了以《在运输业中实行公平而有效率的定价》为题的绿皮书，详细论证了目前的公路运输成本没有反映其引起的外部成本，因而主张提高公路的使用价格以便有利于公路运量转移到铁路上来，并提出了具体政策措施。根据日本对外贸易组织的一个调查，英国的铁路运费与公路的比价关系是1：6.86。

6.组织管理

(1)交通需求管理

英国政府一方面增加对地方公共交通基础设施的投入，建设便利、人性化的公共交通体系，另一方面加强交通需求管理，通过大幅度提高公共场所的停车费、减少公务用车、倡导自行车和步行等绿色交通方式等，引导小汽车出行向公共交通和非机动交通出行的转移。

(2)鼓励交通共享

2007年英国运输部向地方政府发布了一份指导性文件，允许“私人共乘车辆”使用公交车道，以鼓励人们相互搭便车。一些没有公交车道城市的地方政府开始考虑开辟“私人共乘车辆”的专门车道，还有一些地方政府在城市郊区修建了专供合乘的停车场。

7.交易政策

英国在2002年就推出了英国自愿碳排放交易体系(UK ETS)，是强制性欧盟碳交易体系的先行者，目前英国与欧盟排放交易系统并行运行。

8.宣传教育

英国政府非常注重“软”、“硬”结合，强化信息传播、培训、教育、咨询等软件建设。政府为实施活动投入资金，由实施机构进行政策的宣传、推广工作，如“安全和燃油经济性驾驶标准”的培训项目，是主要针对驾驶大型货物运输车的司机进行的培训，有助于司机更好地控制车辆，减少油耗。

(三)政策效果

1.交通碳排放已于2007年出现峰值

英国运输需求的变化趋势与欧盟类似,旅客运输周转量自2007年出现峰值并开始减缓并下降(图5-10),货物周转量2005年达到峰值,从2005—2012年下降了14%,运输活动的减少使英国交通运输排放的峰值出现在2007年,当年的排放量为1.32亿吨二氧化碳当量,其后的2007—2012年英国国内运输的温室气体排放量比2007年减少10.6%,达到1.18亿吨二氧化碳当量,比基年1990年的1.215亿吨二氧化碳当量减少3.2%。交通需求减少成为交通温室气体排放减少的重要贡献因素。

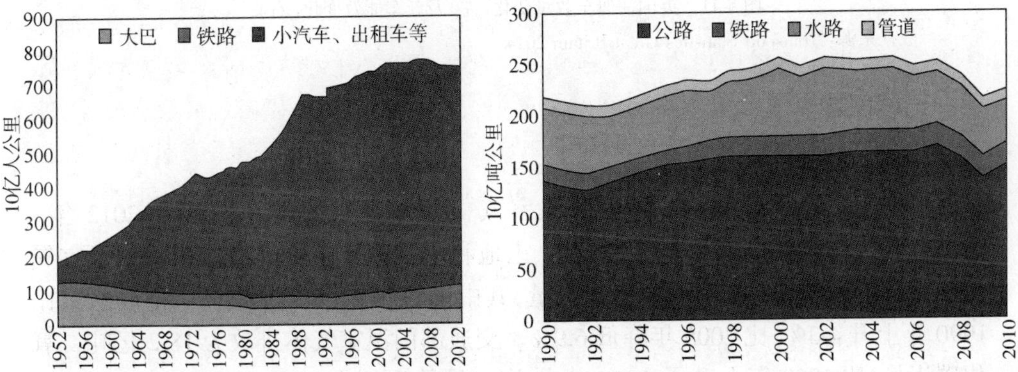

图5-10 英国旅客(左)和国内货运(右)周转量变化

数据来源:Transport Statistics Great Britain 2014

2.可再生能源占交通能源消耗的比例提高

英国交通运输的生物燃油占公路交通运输能源消耗的比例已从2005年的0.2%上升为2011年的2.8%。可再生能源占交通能源消耗的比例相应由2005年的0.1%提高到2011年的2.9%。生物燃料在交通能源中占比的提升成为英国国内交通温室气体排放在2007—2010年下降的重要影响因素之一。

3.车辆能效提高

通过实行汽车能效标准,尽管英国车辆保有量仍在增长,但由于2000—2013年单位里程新柴油车和汽油车能效已分别提高23%和30%,使汽车交通的温室气体排放量在减少。运输工具能效的提高成为交通部门温室气体减少的重要贡献因素,见图5-11。

4.转移效果

2001—2013年英国的铁路旅客运输周转量分别增长51%和26%,货运内陆水运量增长3.5%,私家车出行距离未进一步增长,运输方式转移效果初见成效。

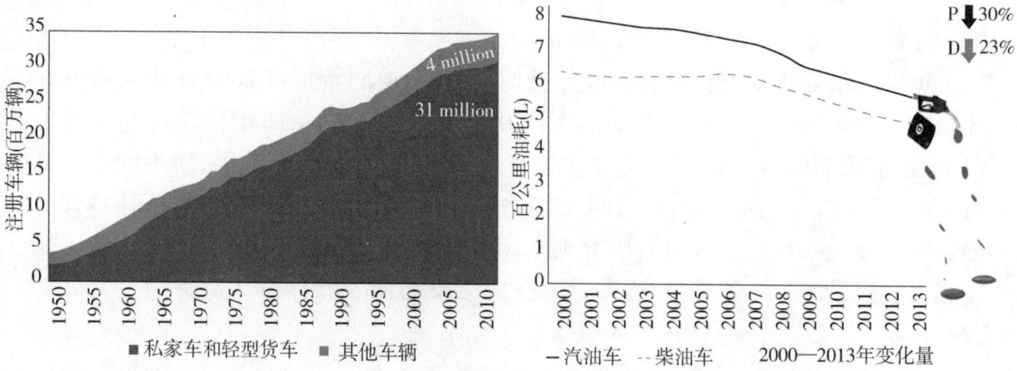

图 5-11　英国注册车数量变化(左)及新车能效变化(右)

数据来源：Transport Statistics Great Britain 2014

三、美国

(一)交通碳排放

根据美国环保部发布的《美国温室气体排放与吸收清单:1990—2012 年》(2012 年),不计入 LULUCF(土地利用、土地利用变化及森林),2012 年美国温室气体排放总量为 65.02 亿吨二氧化碳当量,其中二氧化碳排放占 84%。排放总量比 1990 年上升 4.3%,比 2005 年降低 6.9%。交通部门温室气体排放为 18.2 亿吨二氧化碳当量,比 1990 年上升了 18%,占排放总量的比例由 1990 年的 24.9%上升为 2012 年的 27.9%,是美国仅次于电力部门的第二大排放部门。交通运输部门内,公路运输排放约占 80%。轻型车辆、重型车辆(货运卡车)、航空居交通运输排放量的前三位。见图 5-12~图 5-14。

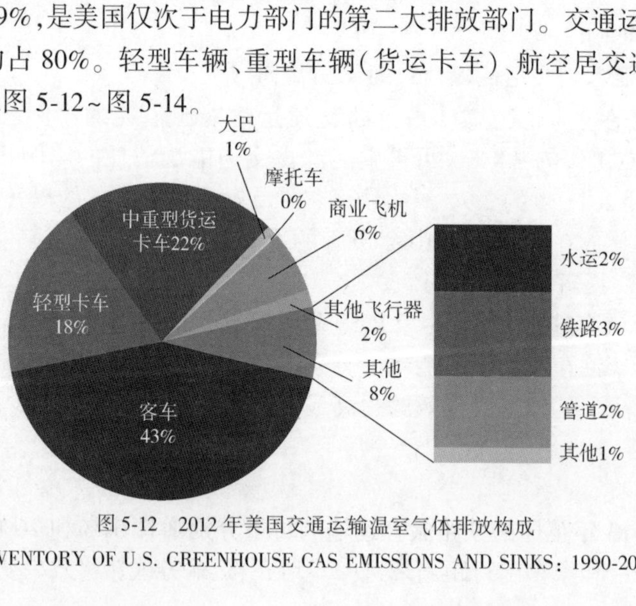

图 5-12　2012 年美国交通运输温室气体排放构成

数据来源:INVENTORY OF U.S. GREENHOUSE GAS EMISSIONS AND SINKS: 1990-2011(April 2013)

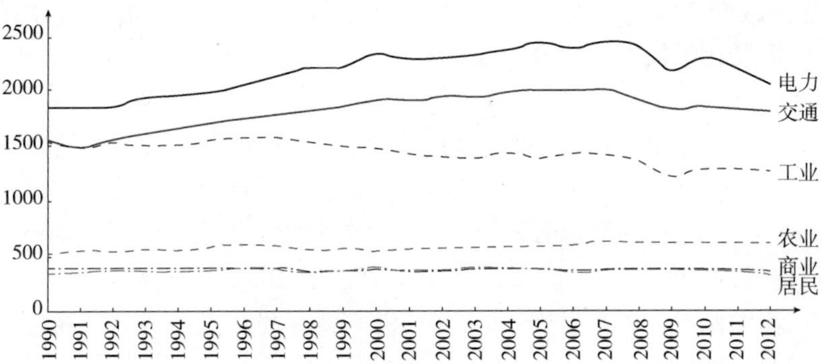

图 5-13　美国温室气体排放(单位:百万吨)

数据来源：DRAFT Inventory of U.S. Greenhouse Gas 6 Emissions and Sinks：1990—2012（April 2014）

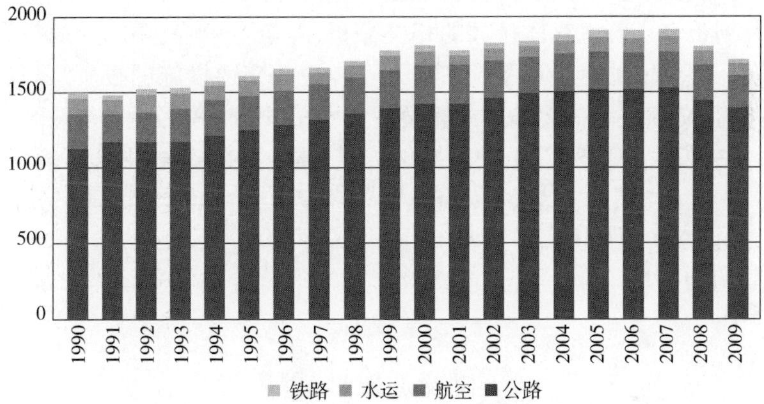

图 5-14　1990—2009 年美国分运输方式交通二氧化碳排放(单位:百万吨)

数据来源:IEA,International Union of Railways,Railway Handbook 2012

美国客运能耗强度经历了降低、波动变化、呈缓慢上升态势的变化过程,并且不同类型交通工具差别较大。以美国为例,航空客运降幅明显,1970 年至 2010 年,单位周转量航空客运能耗从 10185Btu/人英里降至 2691Btu/人英里,降幅高达 74%,目前航空客运能耗甚至低于汽车能耗;长轴汽车和短轴汽车单位周转量航空客运能耗经历了小幅下降后又攀升的过程,2010 年单位周转量航空客运能耗均比 1970 年下降 20%;公交车单位周转量能耗经历了先上升再下降的过程,2010 年单位周转量能耗比 1970 年上升了 22%;铁路客运单位周转量能耗一直较低,2010 年单位周转量能耗比 1970 年下降了 30%。

(二)交通低碳发展政策

2009 年美国众议院通过《2009 年清洁能源与安全法案》,首次对美国企业温室气体排放做出限制,要求到 2020 年之前实现排放量比 2005 年水平减少 17%;到

2050年之前减少83%。法案引入了“总量控制与排放交易”的温室气体排放权交易机制,以市场化手段解决资金问题。在低碳交通领域制订了一系列政策。

1.战略规划

1990年美国就从环保的角度全面反思过去的交通发展政策,交通发展思路也向追求交通与资源的和谐、交通与区域的和谐、交通与社会的和谐和交通与环境的和谐全面转型。美国先后出台的《联运地面交通效率法案1991》(简称ISTEA)、《安全、负责任的、灵活的、有效率的交通平等法案2005》(简称SAFETEA-LU),始终将节能、环境保护作为其发展主线之一,并将这一思路贯彻在美国联邦运输部不定期滚动修订的五年期战略规划中。《美国交通部新一代战略规划——2012—2016财年》继承了上述两个法案的思路,结合应对气候变化的新目标,规划提出要推进综合运输和土地利用的一体化规划,消除低密度、单一用途的土地及交通开发,要求规划中含有温室气体排放的相关分析、对策等内容,要求交通投资是基于绩效的投资,要求增加对公交系统、自行车、步道等交通设施的投资,要求把空运、海运、公路、公交和铁路等运输方式整合成一个安全、高效、公平、节约和环保的综合运输系统来发展,要求提高运输工具能效、推动低碳运输技术研发与应用等。2011年6月美国交通部发表《应对气候变化政策声明》,称交通部将把气候变化影响和应对融入交通规划、运营、政策、项目中。

专栏5-3

美国交通发展战略

2015年3月,美国交通运输部网站发布了题为《超越交通——趋势和选择2045(Beyond Traffic-Trends and Choices 2045)》的报告,对未来30年美国交通发展的趋势进行了分析,并提出运输系统未来可供选择的发展战略,提出建设一个强大、顺畅、智能、环保的交通系统,支持美国国家的经济繁荣,创造美好的未来。

(一)打造顺畅、智能、高效的旅客运输系统

改变单纯依靠基础设施建设来扩大运输能力的思路,实行扩能、挖潜并举,建设交通基础设施、畅通美国运输网络,通过交通需求管理、土地合理利用、发展公共交通等综合战略,提高客运供给能力,适应人口增长及结构、布局变化,打造更加顺畅、智能、高效的客运系统。

增加基础设施能力。在交通量快速增长和高度拥堵的走廊建设新的道路、铁路等基础设施。建设连接巨型都市区域的城际高速铁路系统。加强对

既有设施的养护维修，发挥既有设施的潜力。州际公路交通走廊应用车联网技术进行基础设施改造。应用“完整街道”（complete street）等新的土地利用和城市规划理念，促进机动化出行需求减少。应用下一代飞机导航系统等先进技术提高基础设施使用效率。发布实时公众出行信息，供人们选择最不拥堵、最有效的路径及运输方式，有效平衡交通需求和交通供给的时空分布。

缓解拥堵。通过土地合理利用，实行远程工作制、弹性工作时间、拥堵收费、鼓励使用小型车辆等手段，调节运输供需的时空分布，缓解交通拥堵。进行交通需求管理，引导减少高峰时段出行，减少在高度拥堵区域出行。实行基于不同时段、不同费率的交通服务定价机制。实施商业和居住性土地混合开发战略，促进减少通勤出行量，缩短出行距离，促进出行方式向自行车、步行通勤等转移。推广小型车使用，减少每辆车占用的道路面积。发展汽车共享服务，减少车辆行驶里程数。应用自动驾驶、下一代飞机导航等新技术，通过缩短运输工具安全间距提高基础设施利用率，减少拥堵。

提倡公共交通、自行车、步行等交通出行。加强公交系统的设计和性能改善，建成高质量、高能力、快速、具有吸引力的公交系统，创新公交服务。重点建设纽约、芝加哥、波士顿、费城、旧金山和华盛顿特区的地铁系统、通勤列车系统。完善连接城乡的长途公交网络和交通辅助服务系统建设，服务城市、郊区、农村，发展公交响应式服务。促使包车旅游发展。建造舒适宜人的步行设施系统，鼓励非机动车出行。积极构建与城市发展相适应，与公共交通良好衔接，管理有序的安全、便捷、高效、低成本的自行车系统。

（二）构建高效、顺畅、先进、环保的物流系统

投资新建、扩建公路、铁路、港口、航道、机场等设施，养护、改建老旧、破损基础设施，提高货运承载能力，构建通达全球、连通城乡、高效顺畅、成本合理、先进环保的物流系统，增强美国经济的全球竞争力。

改善货运系统发展规划。制定发展规划和政策，更好地协调政府和民间对货运基础设施、运输工具及相关设备的投资，推进货运运营高效化。联邦政府创造激励机制，为各州和地方机构提供指导和技术援助，统一研究制定货运发展规划，协调跨越州界的设施投资政策。联邦资金重点资助跨越州际、区域的货运一体化发展项目。规划建设关键货运走廊项目，解决货运瓶颈问题、改善港口的连接通道、配送中心、过境通道、并且发展全国范围的货车专用路网。

疏通货运瓶颈。联邦政府通过投资资助、税收减免等手段鼓励民营企业

进行基础设施和设备、技术的更新。疏通港口、物流中心、联运中心与城区，特别是大都市区的城区连接处道路、铁路等货运瓶颈，进行交通基础设施建设、设备更新和服务流程改造，提高运输能力、简化通关手续、提升运输效率、降低物流成本，疏通货运瓶颈。

创新体制机制，解决第一公里和最后一公里货运问题。各州、各城市规划机构、地方政府可以与私人合作伙伴紧密合作，加强协调，解决货运第一公里和最后一公里问题。对配送中心、多式联运中心、“货运村”进行战略布局，促进新的城市商品运输配送网络的构建。使用更小型、噪音更低、更节能的配送车辆。制定车辆在货运走廊和城市地区的停车规划。地方发展智能交通系统(ITS)，提供实时停车及交通信息，实行根据道路流量的动态费率的通行费、停车费等价格政策，鼓励在非高峰时间配送，缓解交通拥堵。取消和调整抑制竞争力和抬高货运成本的相关规定。建立跨区域的货运流程和标准，促进货运流程简化、运单标准化、物流高效化。

(三)推广交通新技术、新设备

鼓励交通新技术、新设备的应用，改进交通性能，促进客货运输在不同运输方式间更有效地连接，促进交通拥堵缓解，实现更强大的交通系统能力，确保交通系统的安全性、适应性、灵活性和可靠性。

解决新技术的应用障碍，建立支持新技术应用的基础设施、运输工具的技术标准制定，推广应用下一代航空导航系统(NextGen)、车联网(V2V)、电动车、自动驾驶、汽车防撞预警(Collision-avoidance Warning Systems)、飞机无人驾驶等的技术政策、技术标准、监管政策，有效控制新技术带来的安全、环境等潜在风险。通过财政补贴、税收减免等政策鼓励交通技术研发，促进前沿技术商业化推广，提高国家竞争力。有效管理新技术在运输领域应用对交通系统的影响，如新技术的法律和司法的影响。从收集管理大数据转向根据大数据进行投资决策。在搜集数据方面设置标准和规范，以保证个人信息安全。应用大数据进行决策，实现其信息价值作用的最大化，提升各种交通方式的效率和安全性。

(四)发展绿色低碳的交通系统，积极应对全球气候变化挑战，减少对石油等化石能源的依赖，减少交通活动对空气、水、土地等环境要素的影响

减少排放。交通运输部门通过提高交通工具的运输效率、使用替代燃料、减少汽车交通量(VMT)等措施，减少对进口石油的依赖并减少温室气体的排放。鼓励铁路、水运、公共交通等低排放强度的客货运输方式发展。发展电动

汽车及可再生能源。提高轻型车、重型汽车和卡车的燃油经济性标准，减少汽车尾气排放。首先设立2025年能效标准，加速燃油效率提升。

调整成本和激励手段。交通规划与土地利用规划相协调，促进土地的混合使用，将更多的出行方式转变为步行、自行车出行或公共交通方式。通过财税政策，鼓励清洁交通工具使用。发展汽车共乘、定制公交等交通组织模式。通过征收碳税等手段提高碳排放成本，引导旅客运输向铁路、公共交通方式转移，促进将重载汽车货运向铁路运输和水路运输转移，实现交通运输结构调整。

设计和构建更好的基础设施。建立新的设计标准，使用更强的建筑材料，设计建造更加坚实、更有弹性的基础设施，抵御气候变化带来的高温、风暴等侵害。基础设施建设选址避免选择易受洪水、高温、风暴等影响的区域，以提高基础设施的寿命，提高投资使用效益。

避免在环境脆弱区域建设基础设施。引导投资方向，提高基础设施抵御环境侵袭的能力，降低脆弱地区的新投入。法律可规定在洪水易发地区居住的人群须购买私人保险，或制定国土主体功能分区规划政策，以限制在环境脆弱地区的建设发展。

(五)改革交通基础设施建设投融资的体制机制

进行交通基础设施建设投融资的体制机制改革，开辟资金来源。改变联邦—各州之间的交通投融资关系，改变一事一议的做法，对交通建设实行前瞻性的投资，为国家经济的蓬勃发展提供强有力的支撑，保持国家竞争力和国际领先地位。

确保足够的收入来源。在既有的收入来源基础上，包括州及联邦汽油税、消费税、用户收费(如车辆注册登记费用)、公路通行费、交通拥堵费、车辆行驶里程费，开辟新的交通投资资金来源。建立鼓励民营资本投资公共设施的激励机制。研究提高燃油税税率，或将燃油税与通货膨胀率挂钩。研究按汽车行驶里程收取碳税、燃油销售税、联邦车辆登记税等新的资金来源。

按照绩效标准进行投资决策。联邦资金优先投资于成本效益高、绩效好、能显著支持国家发展的项目。制定规则要求地方政府充分考虑交通项目的成本效益，并进行详尽评估，优先对人口密集和经济增长能力强的大都市区和超大都市区的交通基础设施进行投资，大幅增加核心高速公路运输项目的投资。重点支持地方交通拥堵收费、智能交通系统创新、交通技术推广等能显著提高交通运输系统效益的项目。

完善投资体制机制。分清政府和私营部门的角色和投资责任，协调不同投资主体间的定位和角色，改革运输管理机构项目投资的衡量标准和准则，提高投资的效率和有效性，以更低的成本、更好的决策建设交通系统。

资料来源：李茜《发达国家及地区交通运输长期发展战略分析》，综合运输 2016(7)

2.标准标识

(1)车辆燃油经济性标准和温室气体排放标准

美国在1975年的“能源政策与节能法规”中提出公司平均燃油经济性CAFÉ(Corporate Average Fuel Economy)标准，要求每家汽车生产厂商每年所出售汽车的平均燃油经济性必须达到国家标准，没有达到CAFE标准的汽车生产厂家必须交纳罚金，对购买未达到最低燃油经济性标准的汽车用户征收汽车耗油超标税，政府公布各种汽车燃油经济性指标。此后数次制订、修订车辆的燃油经济性标准。2011年5月，美国环境保护局和交通部共同制订出台了新的温室气体排放和燃油经济性联合标准，要求轻型车平均温室气体排放量从2008年的平均342克CO_2/英里下降至2016年的250克CO_2/英里，降幅为27%，要求燃油经济性从2008年的平均每加仑26英里(10.3L/100km)提升至2016年的每加仑34.1英里(7.6L/100km)，总改善幅度为31%。2010年8月，美国政府出台首个重型车辆温室气体和燃油经济性法规(2014—2018车型年)，标准适用于从半挂牵引车到大型皮卡和面包车的所有类型货车和客车，要求不同等级、车型的车辆的温室气体排放和燃料消耗量在2010年基础上降低9%~23%，其中柴油车平均燃料消耗量比基准车型降低15%、汽油车降低10%(图5-15)。

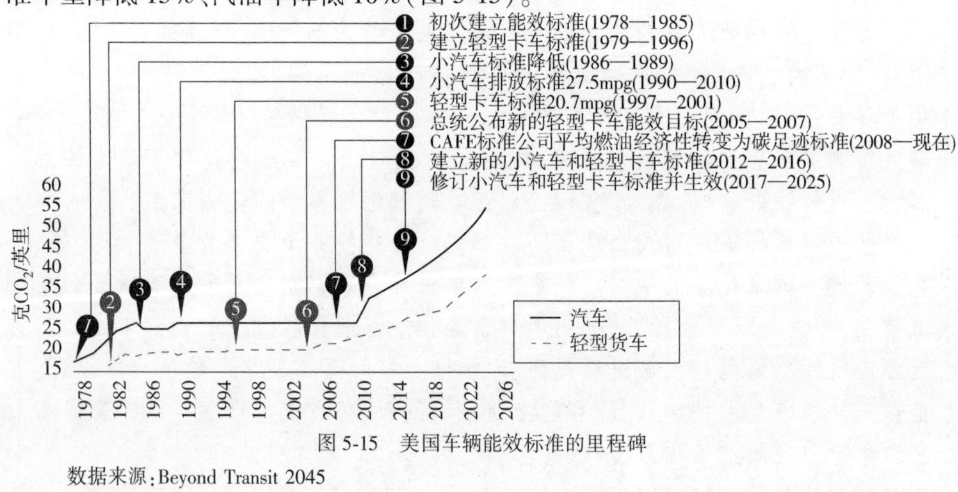

图5-15 美国车辆能效标准的里程碑

数据来源：Beyond Transit 2045

(2)可再生燃油标准

2005年美国通过《能源政策法案》,并建立“可再生燃料标准”,要求美国可再生燃料利用量逐年递增,到2012年达75亿加仑,已提前完成目标。2007年美国实施“可再生燃料标准Ⅱ”。该政策提出新的目标:2022年生物燃料总利用量达360亿加仑(约合1.1亿吨),与基准燃料比,温室气体最低减排要求为20%;纤维素燃料利用量为160亿加仑(约合0.5亿吨),减排要求为50%;先进生物燃料利用量为210亿加仑(约合0.6亿吨),减排要求为60%。

3.财政税收

(1)机动车使用税

美国政府除向车辆拥有者每年收取数额不高的牌照费外,其余税费则通过征收燃油税来实现。燃油税分为联邦税和州税。目前,美国联邦汽油燃油税为18.4美分/加仑(4.86美分/升),柴油燃油税为24.4美分/加仑(6.45美分/升),其余为州税(各州的州税不尽相同,其中加利福尼亚州最高,为48.7美分,阿拉斯加州最低,为零美分)。与其他国家相比,美国燃油税在油价中所占比例是极低的,没有起到有效抑制小汽车出行的作用。

(2)购车补贴

美国联邦政府对于新购混合动力、氢燃料电池等环保车的,政府给予补贴;企业提前将不符合国家环保规定的车辆更新为环保车型的,也可获得政府补贴。如美国政府在2005年颁布的《能源政策法案》中为新型混合动力轻型车提供了高达3400美元的税收抵免。

(3)支持绿色货运

联邦政府和州政府使用财政资金全力支持绿色运输,以SmartWay运输伙伴计划为例,2003—2006年,美国联邦政府专门拨付预算资金100万、130万、160万和185万美元,主要用于绿色货运发展的技术赠款、认证、测试、市场营销,以及项目扩展等方面。

4.技术政策

(1)开发电动汽车

21世纪初,美国将发展电动汽车作为主要国家战略之一,目标是2015年普及100万辆插入式电动汽车。美国对插入式电动汽车和燃料电池汽车给予税收优惠、购置奖励,并加大科研投入等。2009年,美国总统奥巴马宣布安排24亿美元支持电动汽车的研发、产业化示范运行。2013年10月,加州、纽约等八个州公布了零排放汽车联合行动计划,计划到2025年投入使用330万辆零排放汽车,从刺激用户需求、采取适当激励政策等方式实现上述目标。截至2013年年底,美国市场上约有20万辆插入式混合动力车、电动汽车和燃料电池车,其中50%的销售量得益于联合行动备忘录，五分之一的公交车辆使用液化天然气和压缩天然气作为能源（图5-16）。

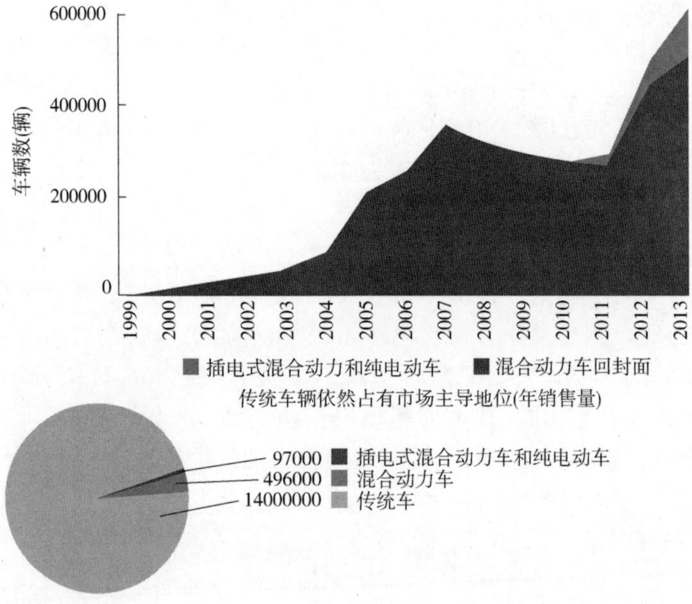

图5-16　1999—2013年美国混合动力车、插电式电动车和纯电动车保有量

数据来源：Beyond Transit 2045

（2）开发下一代飞机

2009年美国联邦航空局和美国宇航局启动了可持续低耗能、低排放、低噪声［The Continuous Lower Energy, Emissions and Noise（CLEEN）Program］项目。CLEEN是下一代航空运输系统项目的一部分，旨在加快环保型飞机技术的发展及可替代燃料的推广应用。联邦航空管理局授予波音公司、通用电气、劳斯莱斯等5家公司参与该项成本共享计划。五年中联邦总投资预计将超过1.25亿元，目标是将清洁技术应用到2015—2017年生产的飞机上，新型飞机燃油比目前的亚音速飞机降低33%。

美国航空倡导和领导整个航空业实施了区域导航（RNAV）计划，以使飞机沿着最高效、通常也是最短的航程来飞行，节约燃料，降低碳排放。

5.价格政策

美国在各种运输方式价格规制方面采取了不断放松价格规制的政策，对各种运输方式的定价制度进行不断调整，规制将更多的定价权下放给铁路运营商，并对部分货类实行特殊运价规制。根据国家发改委综合运输所的《我国铁路运输价格形成机制研究》的成果，美国在1990年后，铁路与公路货运运价比价从1∶5左右逐年下降，一直到1997年降低到1∶5.95后，即保持在1∶5.88左右呈小幅波动。长途货运的铁路与公路货运运价比价较高，2003年后一直保持在1∶5.56以上。煤炭运输作为铁路的俘获货物，其铁路运价一直受联邦政府监管，铁路与公路的货运运价比价也一直低于一般货物。1986年后，比价一直低于1∶7.5，2000年以后甚至达到了1∶20。具体见图5-17、图5-18和表5-4。

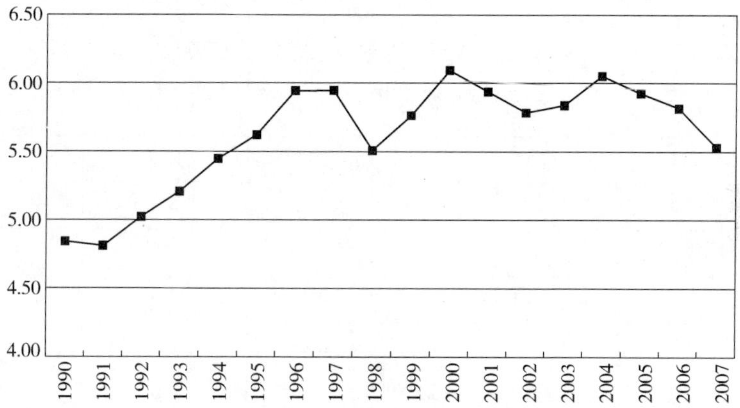

图5-17　美国公路与铁路货运运价比值(铁路为1)

数据来源：2011 national transportation statistics, U.S. Department of Transportation

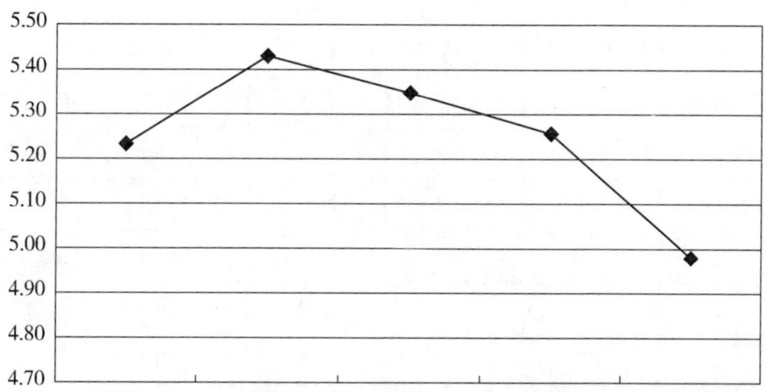

图5-18　美国公路与铁路长途货运价比值(铁路为1)

数据来源：2011 national transportation statistics, U.S. Department of Transportation

美国国内煤运费率　　表 5-4

年度(年)	铁路(美分/吨英里)		公路(美分/吨英里)		公路价格/铁路价格(铁路=1)	公路价格/铁路价格(铁路=1)
	名义价格	2000 年基准价格	名义价格	2000 年基准价格	名义价格	2000 年基准价格
1979	1.5	2.7	6.5	12.1	4.3	4.5
1980	1.6	3.0	7.0	13.0	4.4	4.3
1981	1.8	3.1	10.3	17.4	5.7	5.6
1982	2.1	3.3	9.9	15.8	4.7	4.8
1983	2.1	3.3	13.6	20.9	6.5	6.3
1984	2.4	3.5	25.6	37.9	10.7	10.8
1985	2.2	3.2	11.1	15.9	5.0	5.0
1986	2.3	3.2	17.2	24.1	7.5	7.5
1987	2.3	3.1	16.2	22.1	7.0	7.1
1988	1.9	2.5	16.4	21.7	8.6	8.7
1989	1.8	2.3	16.2	20.6	9.0	9.0
1990	1.9	2.3	24.0	29.5	12.6	12.8
1991	1.8	2.2	14.1	16.7	7.8	7.6
1992	1.8	2.0	17.9	20.8	9.9	10.4
1993	1.6	1.8	14.0	15.8	8.8	8.8
1994	1.5	1.7	12.1	13.5	8.1	7.9
1995	1.5	1.6	13.0	14.2	8.7	8.9
1996	1.5	1.6	14.5	15.5	9.7	9.7
1997	1.4	1.5	14.3	15.0	10.2	10.0
1998	1.4	1.5	24.8	25.7	17.7	17.1
1999	1.4	1.4	21.2	21.6	15.1	15.4
2000	1.2	1.2	23.4	23.4	19.5	19.5
2001	1.2	1.2	23.4	22.8	19.5	19.0

数据来源：Table 2.07Distance-Associated Rates：Average Domestic Coal Transport Rates per Ton-Mile，by Transport Mode，in Mills Using Nominal and Real Dollars，1979-2001，Coal Transportation：Rates and Trends in the United States 1979-2001，Energy Information Administration，2004

6.组织管理

(1)设置潮汐车道

纽约、洛杉矶等城市设置有潮汐车道,根据交通潮汐特点调整车行道行驶方向,充分利用基础设施。如美国洛杉矶的金门大桥潮汐式车道,一般时段设置为双向六车道;早高峰时进城方向由三车道变为四车道,出城方向由三车道变为两车道;晚高峰则进城方向两车道,出城方向四车道。

(2)发展甩挂运输

美国甩挂运输有统一的甩挂运输标准、不同车型和不同公司的挂车能互通共用。通过推广甩挂运输,减少车辆等待和装卸货物时间,可提高运输效率,减少社会货运车辆总数。通过发展第三方物流、共同配送,整合货物运输需求,提高物流社会化程度,提高货运的集约化、规模化程度来促进节能减排。

(3)发展多式联运

美国1991年颁布《多式联运法》,历次的交通运输发展规划也将多式联运作为重要任务。美国制订了统一协调的联运工具标准(集装箱、挂车)(长挂车53英尺、北美标准53英尺集装箱和国际海运标准集装箱),并建设了发达的联运基础设施,港口都具有配套的铁路和道路运输基础设施。联运机制完善,铁路可直接将53英尺挂车(连箱带轮)放到列车上运输、大型第三方物流企业为主导的联运物流体系,汽车列车承担的货物周转量占卡车运输的比重已经达到90%以上。

(4)高水平信息化、降低空驶率

建立了公共物流信息平台和企业物流信息平台。美国公共物流信息平台将区域内所有物流基础设施资源视为系统内诸要素,融合了地理信息系统(GIS)、智能交通系统(ITS)、无线射频识别技术(RFID)和电子标签等先进技术,推动物流信息化和现代化,实现卡车运输的高度信息化,降低货车的空驶率。目前美国道路货运空驶率已降至20%~25%,节能减排作用巨大。在美国所有规模化的物流运输企业都拥有着发达的信息网络系统,这也成为甩挂运输长效运转不可缺少的条件。

(5)大容量车行道

HOV车道,即大容量车行道,是美国为提高道路使用效率、缓解交通拥挤、促进交通节能减排而采用的道路交通管理措施。美国交通部联邦公路局立法规定公共汽车、承载不少于一定人数的合乘车辆、贴有HOV标志的新能源车车辆、按固定线路运营的运输公司车辆、校车、公益性客运车辆、摩托车和自行车等可在HOV车道上行驶。HOV的发展趋势是向HOT发展,即对上述车辆以外的车辆,允许缴费使用该车道(专栏5-4)。

专栏 5-4

美国 HOV 车道的驶入规定和执法措施

HOV 车道(high occupancy vehicle lanes),即大容量车行道,是美国等发达国家为提高道路使用效率、缓解交通拥挤、促进交通节能减排而采用的交通管理措施。

一、HOV 车道的车辆驶入规定

美国交通部联邦公路局立法规定下列车辆可以使用 HOV 车道:公共汽车;车辆承载不少于一定人数的合乘车辆;8 座或 8 座以上客车(不限人数);经向当地交通管理部门申请、审批,获得许可,在车体上张贴有 HOV 标志的车辆,包括按固定线路运营的运输公司车辆、校车、公益性客运车辆等;经申请、批准、在车体上张贴有 HOV 标志的新能源车;摩托车和自行车原则上可驶入 HOV 车道。

交通部授予各州交通局在确保 HOV 车道车速维持在 45 英里/小时(约 72 公里/小时)以上的前提下,根据实际情况决定 HOV 车道驶入车辆的限制条件,包括是否允许新能源车、摩托车驶入 HOV 车道等。以华盛顿州为例,该州除规定公交车、合乘车可使用 HOV 车道外,还有以下规定:混合动力车和其他新能源车与普通车同样,须承载 2 人以上才可驶入 HOV 车道;执行紧急任务的车辆可不受乘坐人数限制使用 HOV 车道;总重量超过 1 万磅的货车不得使用 HOV 车道;拖车在能保持一定速度,且总重量不超过 1 万磅的情况下可使用 HOV 车道。

二、HOV 车道的执法措施

HOV 车道多设于最内侧车道,以标线、软质弹性杆或护栏与普通车道区隔。HOV 车道上行驶车辆需遵守交通规则,在 HOV 车道进出口路段和有白虚线、可变道的路段驶入或驶出 HOV 车道。

各州巡警担负 HOV 车道的执法职责。巡警发现不符合 HOV 车道使用规则的车辆驶入 HOV 车道,可拦截并开具罚单,一张罚单罚款金额为 124 美元。同时 HOV 道路使用者被赋予相互监督检举的权力。HOV 车道使用者可以通过互联网或拨打专用电话检举违规使用 HOV 车道的车辆,提供车牌号、车辆详细特征、违法时间、地点等信息。车主第一次被举报,将收到交通管理部门寄给的 HOV 宣传手册,第二次被举报将收到州交通局的信件通知,第三次被举报将收到州巡警寄出的信件通知。巡警可利用这些检举信息有针对性地执法。

三、HOV 车道的发展趋势

美国 HOV 经过 40 余年的发展,已呈现出以下变化趋势:一是合乘人数限制数量逐步提高,已由 2 名以上发展到 3 名甚至 4 名以上。二是 HOV 车道运行时间由全天 24 小时运行逐渐转变为一天中部分时段或一周中部分天数的运行。三是由 HOV 向 HOT 发展,所谓“HOT 专用车道”是指对 HOV 适用车免费,其他车辆在缴费后也可使用的车道。自动车辆识别和电子收费等技术的成熟和应用为 HOT 车道的规划、建设、实施创造了良好条件。这不仅为行车人员避开交通拥挤车道提供了选择,而且还解决了 HOV 专用车道利用率不高的问题,实现了道路资源的充分合理利用,同时还为公路管理部门增加了收益。

7.交易政策

美国加州空气资源委员会为控制交通排放、提高空气质量,于 1990 年出台零排放汽车(Zero Emission Vehicle,简称 ZEV)法规,启动 ZEV 积分政策,1998 年正式实施至今,经多次修订,但减排目标始终保持长期性和强制性,且相关指标每年都有提高。2012 年 3 月加州签发州长令,提出加州交通温室气体排放到 2050 年在 1990 年基础上消减 80%,到 2025 年零排放汽车保有量达到 150 万辆等目标。

专栏 5-5

加州的零排放汽车积分政策

美国加州在 2012 年 1 月通过第二阶段温室气体标准,并制定了新的零排放汽车目标,即 2025 年零排放汽车销量占比提高到 15.4%,并以过渡零排放汽车(TZEV)替代之前的升级版部分零排放汽车(Enhanced PZEV),强调了零尾气排放和氢/电燃料的重要价值。

零排放汽车总的积分计算由不同车型,不同 ZEV 积分,以及 PZEV 能获得的具体津贴(如上所述)共同确定。

该政策的核心内容是要求汽车生产商在加州销售的乘用车、小型车车辆中,必须含有一定比例的零排放(ZEV)或者部分零排放车辆(PZEV)。加州根据企业规模的大小设定不同的 ZEV 要求,规模越大的企业要求越严格。企业可以通过销售各种零排放汽车来实现零排放汽车积分目标,为此,加州根据不同类型技术将零排放汽车界定为金、银+、银、铜车,其中纯电动和氢燃料电池汽车为金车,插电式混合动力为“银+”车,普通混合动力和压缩天然气汽车等为银车,其他清洁汽车为铜车。2018 年后加州 ZEV 积分仅包括纯电动、燃料电池车、插电式混合动力车。不同的车型可以获得不同的积分。大型企业除了应达到总体积分目标,还应实现金车积分目标。如 2012—2014 年零排放汽车积分的总体比例必须达到 12%,其中金车比例要达到 0.79%。2015—2017 年零排放汽车的总体比例提高到 14%,其中金车比例提高到 3%。

各类零排放汽车积分及最低要求 表 1

<table>
<tr><th rowspan="2">类别</th><th rowspan="2">零排放汽车类型</th><th rowspan="2">ZEV 积分级别</th><th colspan="2">ZEV 基准排放量年度最低要求(注)</th></tr>
<tr><th>2012—2014:
基准路径</th><th>2012—2014:
新路径</th></tr>
<tr><td>ZEVs</td><td>零排放汽车(ZENs)</td><td>金
最高达 7 分</td><td>0.79%</td><td>0.93%~3%</td></tr>
<tr><td rowspan="3">PZEVs</td><td>零排放汽车(TZEVs)</td><td>银+</td><td>2.21%</td><td>2.07%</td></tr>
<tr><td>先进技术部分零排放汽车(AT PZEVs)</td><td>银</td><td>3%</td><td>2%</td></tr>
<tr><td>部分零排放汽车(PZEVs)</td><td>铜</td><td>6%</td><td>6%</td></tr>
</table>

注:该法规不断提高零排放汽车比例,从 2018 年的 2%增加到 2025 年的 16%。

根据车辆排放和技术水平将车辆分为以下几类车,每类车型的积分不等,根据车型销量和单车积分加权计算企业的 ZEV 总积分。

零排放汽车类型要求及对应积分 表 2

<table>
<tr><th>ZEV 级别</th><th>定义:行程
里程(英里)</th><th>快充能力</th><th>每辆车的积分
2009—2011</th><th>每辆车的积分
2012—2017</th><th>每辆车的积分
2018+ *</th></tr>
<tr><td>Ⅴ</td><td>≥300</td><td>15 分钟充电
行驶 285 英里</td><td>7</td><td>2012—2014:7
2015—2017:9</td><td>3</td></tr>
<tr><td>Ⅳ</td><td>≥200</td><td>15 分钟充电
行驶 190 英里</td><td>5</td><td>5</td><td>3</td></tr>
<tr><td rowspan="2">Ⅲ</td><td>≥100</td><td>10 分钟充电
行驶 95 英里</td><td rowspan="2">4</td><td rowspan="2">4</td><td rowspan="2">3</td></tr>
<tr><td>≥200</td><td>N/A</td></tr>
<tr><td>Ⅱx</td><td rowspan="2">≥100</td><td>—</td><td>N/A</td><td rowspan="2">3</td><td rowspan="2">3</td></tr>
<tr><td>Ⅱ</td><td>N/A</td><td>3</td></tr>
<tr><td>Ⅰ.5x</td><td rowspan="2">[75,100]</td><td>—</td><td>N/A</td><td rowspan="2">2.5</td><td rowspan="2">2.5</td></tr>
<tr><td>Ⅰ.5</td><td>N/A</td><td>2.5</td></tr>
<tr><td>Ⅰ</td><td>[50,<75]</td><td>N/A</td><td>2</td><td>2</td><td>2</td></tr>
<tr><td>0</td><td><50</td><td>N/A</td><td>1</td><td>1</td><td>1</td></tr>
<tr><td>低速电动汽车</td><td>无要求</td><td>N/A</td><td>0.3</td><td>0.3</td><td>0.3</td></tr>
</table>

零排放汽车积分计算方法　　表3

汽车类型	对应积分量(注1)	+附加的积分津贴*	X加倍数(注2)
纯电动汽车(ZEVs)	范围0.3~7	无	1.25(不包括NEVs和0型)
增强型先进技术部分零排放汽车(Enhanced AT PZEVs)	0.2	+行驶里程(1.39 or 1.5)+先进技术(Ranges 0.15~0.95)+低碳燃料(0.3)	1.25(PHEVs)
先进技术部分零排放汽车(AT PZEVs)	0.2	+先进技术(Ranges 0.15~0.95)+低碳燃料(0.3)	无
部分零排放汽车(PZEVS)	0.2	无	无
计算公式	(X+	Y)	*Z = 积分

注:1.零排放汽车在加州交付可挣1分,正式投入使用后可获得额外积分;
2.加倍数仅适用于2011年之前的车型。

大多数汽车企业选择不同积分类型加以组合来满足ZEV法规的要求(满足每种积分类型所需的最小值),这也是履行ZEV规定的最具成本效益的方式。达不到积分目标的企业可以向其他企业购买,或者向政府购买ZEV积分。加州运行汽车制造商进行积分交易。制造商超过积分目标的富裕积分可以被储存转为将来使用,也可以出售给任何企业。为避免受到政府的处罚,未达到要求的汽车企业一般向其他企业购买积分。企业未达到积分目标,则有额外2年的时间来弥补零排放汽车辆赤字。如果企业仍不满足规定,必须接受健康安全法(HSC)所规定的经济惩罚,即5000美元/积分。美国有9个州模仿加州,陆续实施ZEV积分政策,覆盖了美国28%的汽车市场。

加州零排放汽车法规在推动零排放汽车产业发展和普及,尤其是扩大零排放汽车市场方面效果显著。近200万加州人正在驾驶部分零排放汽车(PZEVs)和先进技术部分零排放汽车(AT PZEVs),这些车辆平均碳排放比2002年减少了80%。同时,推动了技术进步和成本的迅速降低,带动了电动汽车相关零部件的发展。特斯拉、谷歌、苹果等创新公司逐渐成长。法规的实施也带动了充电设施等行业的发展,加州充电桩目前已经达到6048座,其中Google公司就拥有1000多个充电桩。

资料来源:能源与交通创新中心(iCET)《加州零排放汽车(ZEV)积分交易机制及其在中国城市适用性评估报告》,2014年11月

8.宣传教育

美政府和公众采取多种需求管理措施提高非机动出行比例,如民间组织举行的“无车日”活动等。此外,美国政府对公共交通进行了大量投资及优化升级,联邦公路管理局办公室还通过《自行车和步行计划》,促使人们更多地选择非机动出行方式。

(三)政策效果

1.排放峰值出现在2007年

美国旅客运输周转量指数2007年达到100后开始下降(图5-19),2012年为87,货物周转量指数由2008年达到最高的105,2011年下降到103,运输活动的增长放缓甚至停滞使美国交通运输排放2007年达到阶段性峰值,之后缓慢下降,2011年交通碳排放为2007年的95%。交通需求减少成为交通温室气体排放增减少的重要贡献因素,见图5-19、图5-20和图5-21。

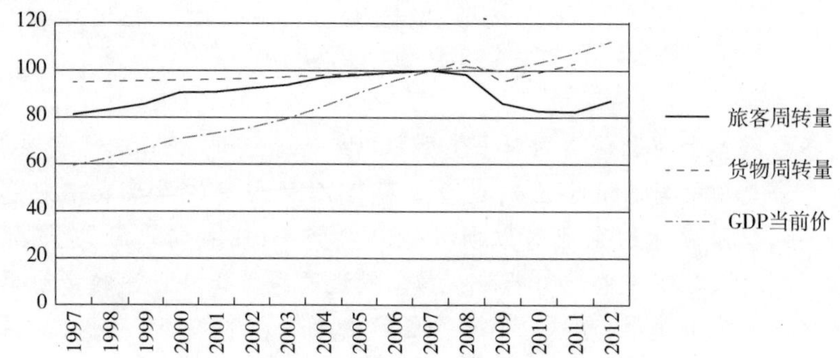

图5-19 美国交通运输周转量指数(2007年=100)

数据来源:DOT(美国交通部)统计数据

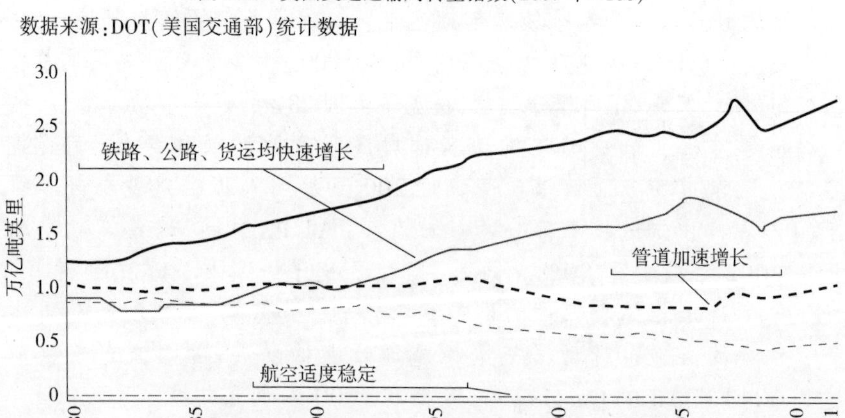

图5-20 1990—2009年美国分运输方式货运周转量

数据来源:Beyond Transit 2045

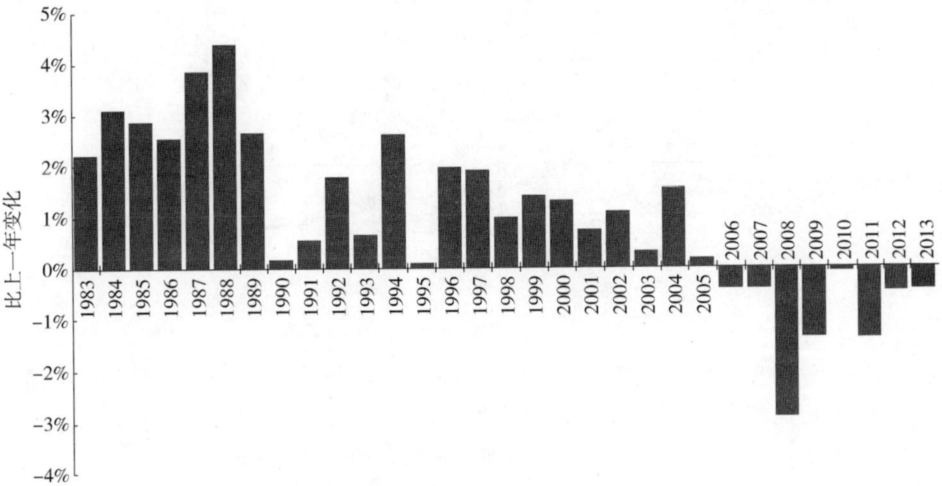

图 5-21　人均旅行车公里变化情况

资料来源：美国交通展望 2045（Beyond Traffic 2045）

2.运输能效提高

根据美国交通部发布的《年度绩效评价 2012》，2012 年美国航空运输能效比 2000 年提高 14.76%，车辆石油使用比 2005 财年基准年降低 14.5%，水运能源使用比 2007 年基准年降低 0.9%，设施和车辆温室气体排放比 2008 年基准年减少 29%。运输能效的改善使交通向低碳方向发展，参见表 5-5 和图 5-22。

交通发展政策效果　　　　表 5-5

措　施	2007 年	2008 年	2009 年	2010 年	2011 年	2012 年目标	2012 年实际	是否达到
航空能源效率比 2000 年基准年（每英里消耗能源）提高百分比	-13.87%	-13.52%	-14.03%	-15.25%	-14.50%	-14.00%	-14.76%	是
车辆燃油使用比 2005 财年基准年降低百分比	11%	8%	14%	5%	4.9%	14%	14.5%	是
水运能源使用比 2007 年基准年降低百分比	N/A	2%	3.3%	（1.2%）	（9.7%）	10%	9%	否
设施和车辆温室气体排放比 2008 年基准年减少百分比	N/A	N/A	N/A	7.9%	15.4%	4%	29%	是
绿色出行的排放减少百分比	N/A	N/A	N/A	（4.7%）	0.1%	2%	14%	是
可替代能源和混合动力车在公共交通中的比例	39%	42%	43%	44%	45%	46%	—	是

资料来源：美国交通部，ANNUAL PERFORMANCE REPORTFISCAL YEAR 2012

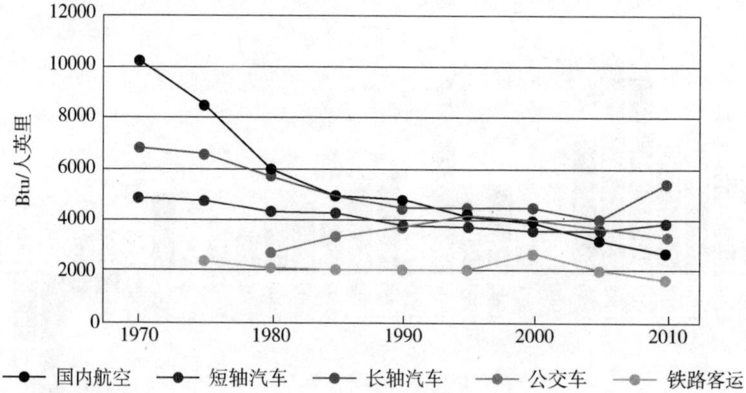

图 5-22　美国各种客运方式能效变化情况

注：Btu 为英国热量单位：1Btu 约等于 251.9958 卡路里/0.293 瓦特时/1.055 千焦。

3.可再生能源和新能源车辆

交通可替代能源（包括燃料乙醇、液化天然气等）使用量在 1992—2011 年间增长了 1.25 倍，其在交通能源中的比重由 1992 年的 0.17%增长到 2011 年的 0.30%。2011 年美国可替代能源和混合动力车在公共交通中的比例达到 45%，比 2007 年提高 6 个百分点（表 5-6）。

混合动力车销售量　　表 5-6

年份（年）	1999	2005	2010	2011	2012	2013	2014
合计	17	205828	274431	269178	470383	547097	507272
国内（辆）	0	15960	64893	52356	140126	210413	206030
进口（辆）	17	189868	209538	216822	330257	336684	301242

注：国内包括加拿大和墨西哥的销售数据。

资料来源：美国交通部统计数据，National Transportation Statistics

四、日本

（一）交通碳排放概况

根据《日本统计年鉴 2014》，日本 2011 财年不包括碳汇的温室气体排放量为 13.08 亿吨，比 1990 年增长 3.7%，其中二氧化碳排放 12.41 亿吨，占温室气体排放的 94.9%。2011 财年日本交通运输部门的二氧化碳排放为 2.3 亿吨，比 1990 年增长 5.9%，比 2010 年减少 1.0%，约为日本总排放的 20%左右。与 1990 年相比，2011 年日本私家车的二氧化碳排放增长了 8.4%。运输部门内汽车排放约占运输部门温室气体排放的 90%（图 5-23）。

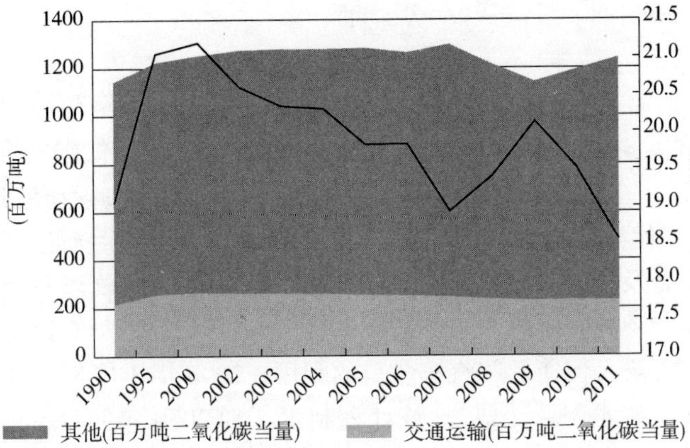

图 5-23　日本交通二氧化碳排放量变化及其所占比例

数据来源：日本统计年鉴 2013

2011 年货运的二氧化碳排放量比 1990 年减少 17.1%，据分析这是货运由自营运输向营业性运输转移影响的结果。而旅客运输需求仍不断增长，其中家庭用车的增长等使客运碳排放在 1990—2011 年间增长了 27.6%（图 5-24）。

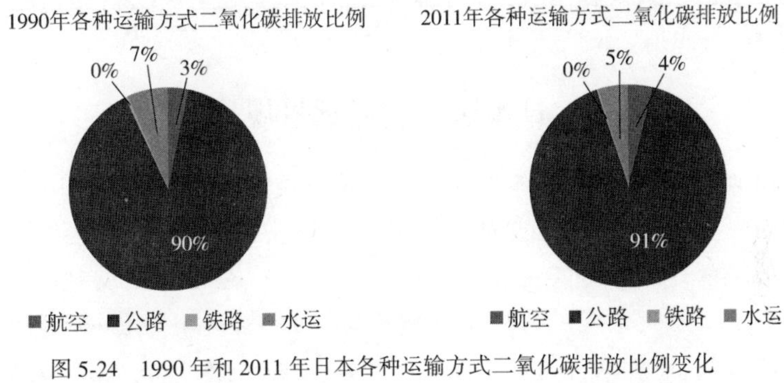

图 5-24　1990 年和 2011 年日本各种运输方式二氧化碳排放比例变化

数据来源：日本统计年鉴 2014

（二）交通低碳发展政策

日本 1998 年制定《气候变暖对策促进法》，2009 年通过《气候变暖对策促进法》（1998 年）的修订，2009 年 12 月日本环境省制定《气候变暖对策基本法》，明确规定从 2010 年起实施温室气体排放量的计算、报告、公布制度。改变以往以公司为单位的报告制度，以港口、厂家、连锁店等为单位，对温室气体排放量做到准确计算与报告，并向全社会公布。这些法律为日本发展低碳经济提供了法律框架。2008 年 6 月，日本首相福田康夫以政府的名义提出新的防止全球气候变暖的对策，即著名的“福田蓝图”，提出了日本温室气体减排的长期目标是：到 2050 年日本的温室气体排放量比目前减少 60%~80%的目标。低碳交通是日本低碳经济发展的重要组成部分，其政策手段包括以下几方面。

1.战略规划

日本政府重视应对气候变化等环境问题，制定了“21 世纪环境立国战略”，将应对气候变化战略列为环境战略之首，把发展低碳经济、创建低碳社会作为应对气候变化有效途径。在日本政府 2008 年 7 月发布的“低碳社会行动计划”中提出到 2020 年日本下一代混合动力车、电动汽车将占新车的 50%的目标。日本还制定了“低公害车开发普及行动计划”，建立了完整的“低燃耗低排放汽车”认证体系，推动压缩天然气汽车、低碳甲醇汽车、混合动力电动汽车、纯电动汽车、燃料电池车等低排放汽车发展，从而促使低碳汽车燃料的利用。2008 年 3 月 5 日，日本政府公布了“凉爽地球能源技术创新计划”。该计划制定了到 2050 年的日本能源创新技术发展路线图，明确了 21 项重点发展的创新技术，其中包括先进道路交通系统、燃料电池汽车、生物质能替代燃料等交通相关技术。日本还计划制定《能源环境技术革新方案》，加速研发节能技术，推广生物燃料的生产技术以及燃料电池的商业化运用，并且长期探索温室气体零排放的划时代技术。

专栏 5-6

日本国土交通远景规划

2014 年 7 月日本国土交通省出台了国土交通远景发展规划——《国土大设计 2050——形成促进对流的国土形态》，国土规划是以交通体系等国土基础设施的规划建设作为其主要实现手段的。该规划虽不是交通专项规划，但基本反映了日本交通发展的战略方向选择。为支持“集约化+网络化”国土空间布局的实现，即形成可持续发展的“大都市圈+地方中小城市”集聚模式，加强交通基础设施网络发展，为客货流的长途位移提供支持。

（一）建设由磁浮新干线和新联络线支撑的巨型都市圈

建设时速 600 公里/小时的磁悬浮中央新干线，连接东京、名古屋和大阪三大都市圈，融合东京都市圈的国际功能、名古屋城市圈的制造业优势，以及大阪都市圈的历史、文化底蕴、商业功能，构建东京到大阪 1 小时交通圈；强化磁浮交通与其他交通网络的连接，将磁悬浮中央新干线的效果向日本全境波及，支撑世界超级大都市圈利用 4 个国际机场、2 个国际港口等交通资源，更好发挥全球人才、物质、资金、信息等要素的集聚扩散功能，创造出新的价值，领先世界发展。

（二）打造国际客货运输大通道，支持国际之间客货运交流

在日本地理政治学位置改变的趋势背景下，不仅要重视太平洋侧的发展，也要重视日本海一侧国土的利用。利用北冰洋航路、西伯利亚铁路等形成连接亚洲和欧洲的西伯利亚大陆桥、巴拿马运河扩建等契机，在日本海和太平洋两侧加强与世界各国的联系，构建国土两侧的国际资源、能源物流海上运输通道，并进一步降低物流成本。为适应不断增长的国外观光客流，加强首都圈的机场的吞吐能力。发展低成本航空，增加直达航班，积极利用各地机场和沿海水运资源，发展游轮旅游。

（三）提升交通运输功能，促进高密度流动社会的形成

实施高效率、高效果管理，构建世界一流的交通基础设施系统。以磁浮新干线为主干，新建公路、铁路等交通基础设施连接日本北部、西部和南部的大中城市，建立各种运输方式无缝连接、流动顺畅的交通系统，支撑“集聚+网络”的国土构架，促进人员、物资、信息更顺畅地流动。推进铁路、公共汽车等公共交通设施及运输工具的无障碍化，适应老龄社会发展需求。完善大容量城间客运网络、城市公共交通网络，实现各铁路公司相互直通运行。构建顺畅、准点性高、损失小、枢纽功能强大、无缝衔接的客运服务系统。推进大型船舶运输、大型车辆运输，实行共同配送、扩大次日配送圈范围，提高物流服务的便利性和时效性，构筑跨越国境的供应链，高效支持经济社会发展和人民生活水平提高。

（四）推广应用先进技术，建设安全、智能、环保型交通系统

为灵活应对巨大灾害危机，保持日本国际竞争力，积极运用先进技术，与既有交通基础设施网络相融合，促进基础设施的智能化发展，发挥基础设施的最大作用。道路运输方面，通过交通情报通信系统（ITS），灵活运用大数据，精细控制交通量，抑制交通拥堵，保证道路交通安全顺畅。灵活应用卫星技术，实现精准的交通工具定位。推进自动驾驶技术的推广使用，推进超小型交通工具的推广普及。道路死伤事故率降低到一般道路的1/10，二氧化碳排放量为一般道路的2/3。航空方面，实行航空管制区域重组，最大限度利用既有设施，积极引进出发-到达最优化的跑道技术，构建未来航空交通系统，改善机场的集疏运。水运方面，配合港口设施的更新，推进码头重组、岸线深水化、增强抗震性能，提升港口功能，改进港口集疏运系统，有效缓解交通拥堵。应用IT技术，使集装箱物流信息在业务相关者间公开共享，促进物流高效化。推进起重机械的远距离操作系统建设，实现港口码头高效运作。

(五)吸收民间活力,推进融资模式改革

最大限度利用民间资本、技术、技能,基础设施建设采取 PPP、PFI 模式。以技术创新为基础,构建举国技术开发体制,开发适应社会需求的技术。创建财政投融资支持的制度,应用大数据支持地方公共交通的经营改革,地区铁路的安全性和灵活性。

资料来源:李茜《发达国家及地区交通运输长期发展战略分析》,综合运输 2016(7)

2.标准标识

(1)领跑者制度

日本根据《节能法》实施“领跑者”制度,是以能效最佳产品的能效值(即消耗单位燃油可行走距离,单位为公里/升)为基本设定目标值,也就是确定产品现有最高节能标准,并根据产品技术进步不断修订标准值,产品须在规定年限内达到目标,否则将受到警告、公告、命令、罚款等处罚。对达到油耗限值要求的汽车颁发“低排放车”认可证书,低排放车的购买者可获得 1. 5 万日元的购置税和第一年50%的汽车税减免。2013 年,日本继续设定 2020 财年的燃效目标。

(2)绿色标识制度

日本政府通过“汽车能效评价公布制度”、“低排放车认证制度”和“超低 PM 柴油车认证制度”,对在最新限值的基础上进一步提高能效、降低 NO_x 或 PM 的汽车实施认证,且为促进民众对油耗性能的理解,对优先达到能效标准的汽车也张贴相关标志,方便消费者选择比较。对于达到 2015 年燃效标准的车辆上贴上“达到 2015 年基准燃效”的标识(图 5-25)。

(左:达到2015年能效标准的车辆标识,右:比2015年能效标准高5%的车辆标识)

图 5-25　日本油耗性能相关的车身标志

(3)燃料多样化

日本《质量控制法》轻质柴油标准规定,从 2007 年 3 月起,轻质柴油中生物柴油比例不得低于 5%,以满足汽车燃料安全与排放标准。

3.财税政策

(1)环境税

从2012年10月1日起,日本开始对石油、天然气等化石燃料征收"地球温暖化对策税",即环境税。所征环境税将主要用于节能环保产品补助、可再生能源普及等。现阶段环境税征收标准为289日元/吨CO_2。

(2)促进生物质燃油的税收减免政策

2006年3月,日本修订《生物质发展战略》,提出将生物燃料作为交通燃料加以推广的目标。2008年日本开始实施生物乙醇减税刺激机制,对添加3%生物乙醇的化石燃料减免1.2日元/升的燃油税;乙醇生产企业在前三年半可减免资产购置税;能源原料种植农户十年内可获得无息贷款。

(3)财税支持节能型汽车普及

为了鼓励使用小排量、节油型汽车,日本从2004财年实施汽车绿色化税制,减免电动车、天然气车、甲醇汽车的车辆税,对使用期超过11年的柴油车、超过13年的汽油车则课以重税。2009年4月1日至2011年3月31日,日本对于低能耗车、低公害车等(新车),引入临时减免机动车重量税❶及购置税❷的措施。对电力汽车、混合动力汽车等免税。对排放比2005年标准值低75%且能效比2010年能效标准值提高25%的,减税75%。对排放比2005年标准值低75%且能效比2010年能效标准值提高15%的,减税50%。对符合2009年排放标准,且达到2015年能效标准值的重型车减税75%。对排放比2005年标准值低10%,且达到2015年能效标准值的重型车减税50%。同时日本政府推出"环保车新购及以旧换新补助制度"。同时日本政府为还推出"环保车新购及以旧换新补助制度"。2012年日本根据新的车辆燃油经济性基准进行重新分组,将能达到混合动力车相同性能的传统车也列为免税对象,并对卡车、大巴、出租车、天然气车、混合动力车、电动汽车以及超小型车等新种类车辆实施补助。

(4)促进交通运输需求向海运、铁路转移的税制特例

2012年10月日本开征地球温暖化对策税,为推进运输向大容量、环境负荷小的海运、铁路等交通方式转移,在税制设计上实施了特例措施,即减免环境税。

(5)补贴公共交通发展

日本中央及地方政府对公共交通运营商提供利息补贴、低息贷款等财政补贴,资助公共交通事业发展。表5-7是2010财年日本对公共交通的补助金支持制度。

---

❶汽车重量税:根据汽车中两所征收的国家税种,定期车检时按年征收,征收标准为6300日元/0.5吨。

❷汽车购置税:购买汽车时一次性交纳的税种,家庭用车的征收标准为车辆购入价格的5%,营业用车及轻型车为车辆购入价格的3%。

此外，日本还对公交企业实行税收优惠政策。一是所得税、法人税优惠，对无阶梯大巴实行特别折旧20%的优惠。二是汽车税（资产课税）优惠：公交车汽车税比私家车税率低约35%。三是汽车购置税（消费课税）：公交车税率为3%，而私家车税率为5%。

2010 财年日本对公共交通的补助金支持制度 表 5-7

制　　度	补助目的	补助率	预算额
维持地方公交线路措施	国家和地方适当分担，国家主要支持广域的、干线线路的公交运输，地方政府配合支持	1/2	68 亿日元
公共交通运行顺畅化（无障碍化措施）	为促进高龄者利用公共交通，对购入无阶梯大巴的经营者给予支援	1/2（差额补助）	8 亿日元
普及环保车措施	促进环保车普及，对购入 CNG 汽车和混合动力汽车给予补助	1/2（差额补助）	10 亿日元
安全、顺畅等综合措施	对购入大巴定位系统、BRT 等给予补助	1/3	13 亿日元
提升地域公共交通活力	对促进地区发展的项目给予补助	1/2	40 亿日元

4.技术政策

（1）发展下一代汽车

日本颁布了“下一代汽车发展战略”，提出把日本建成“下一代汽车研发生产基地”的目标及“系统战略”新思路，规划了车用电池、生产资源、基础设施、国际标准化等发展目标及行动路线图。并设定2020—2030年分车种推广目标：到2020年下一代汽车推广目标为20%～50%；到2030年达到50%～70%。混合动力车从简易型到高度型，燃效可比传统汽油车提高10%～200%，电动车的二氧化碳排放仅是汽油车的20%～30%。其发展发展战略思路是：①保持内燃机汽车技术的先进性，同时加快开发推广下一代汽车。②在传统内燃机汽车和下一代汽车技术开发的技术选择上，综合考虑技术成熟度、成本以及市场情况等制订技术研发优先顺序。努力保持电动车及插电式混合动力车方面的领先地位。继续支持有潜力、有发展空间的技术研发活动，并在不同发展阶段，制订适宜政策，保证其技术研发的持续性，应对未来技术发展的不确定性。在“二氧化碳零排放汽车”和“低碳排放汽车”的选择上，“零排放汽车”对于技术和资金等要求高，虽然是将来的努力方向，但在较长时期内，可能只能在特定范围（用途和地区）推广应用。中短期来看，“低碳排放汽车”是现实的、重要的研发方向。

（2）推进铁路节能技术研发

日本在铁路领域推进混合动力机车等节能车辆及高效电力设备的技术研发。

(3)推进低碳船舶研发制造

日本推进超级节能船舶的研发、进行船舶能耗指标的标准化研究等。日本2012年确立高效率船舶无空转技术(二氧化碳可减排3成),2016年前实现超导线性技术的实用化。日本提出“超级生态船2030”计划,邮船装有风帆,整个甲板被太阳能储电膜覆盖。船主要以液化天然气(LNG)为动力,辅以太阳能电池及风帆推动,每标箱公里所释放二氧化碳量,可由目前的195克降低至62克,整体可排二氧化碳量降低69%。

(4)发展智能交通系统

日本1996年制定的智能交通系统规划提出用15~20年使日本的道路更智能化,实现人、车、路三者和谐互动发展的目标。目前道路交通情报通信系统不停车自动收费ETC系统、路车互动❶、动态导航(VICS系统)等智能交通系统已经在首都圈广泛使用,逐步实现人车互动❷、车车互动❸,保障安全行车、道路畅通、高效行驶和环境保护,对区域内的交通流的畅通、安全提供了保障。如东京智能交通系统(ITS)处于世界先进水平,有最大的道路控制中心,为有序的交通模式提供了巨大的支持。ITS主要在以下领域应用广泛:汽车导航系统(VICS),可指导驾驶人员选择适合的交通路线;电子收费系统(ETC),可自动收取高速公路通行费,减少车辆在收费口的滞留时间;辅助驾驶(ASV)系统,可通过汽车上安装的高智能的电子设备感应车距、路况等辅助驾驶人员安全驾驶;公交优先系统(PTPS),可使信号灯感应装置根据公交车的接近而改变信号灯,保证公共交通的优先权。

5.价格政策

日本在经过一系列货运价格放松规制后,各种运输方式的比价关系逐步稳定。公路与铁路的货运比价在国铁改革后至2005年前稳定在3.0~5.0之间。从价格绝对水平的基本规律角度看,公路运输价格最高,水运价格最低,反映了各种运输方式在运输成本水平上的差异特点(图5-26)。

日本客运方面,1995年后,各种运输方式运价比价具有相对的稳定性。公路与铁路比价稳定在(2.3~2.6):1航空与铁路比价稳定在(1.1~1.3):1,参见表5-8。

---

❶有太阳能交通标识灯、道路监测传感器的智能公路可通过交通资讯信息的收集和传递,实现对车流在时间和空间上的引导、分流,实现路车互动。

❷驾驶人员可使用车辆自身安装的自动巡航系统、自动驾驶系统在道路上行驶,并通过车载信息系统接收交通实时信息,逐步实现人车互动。

❸车辆在高速移动中,通过车载移动终端、沿道路分布的路侧智能设施和控制中心系统协调、反馈、信息交换,再通过车辆控制系统实现车辆与车辆在低延时条件下的互操作,实现车车互动。

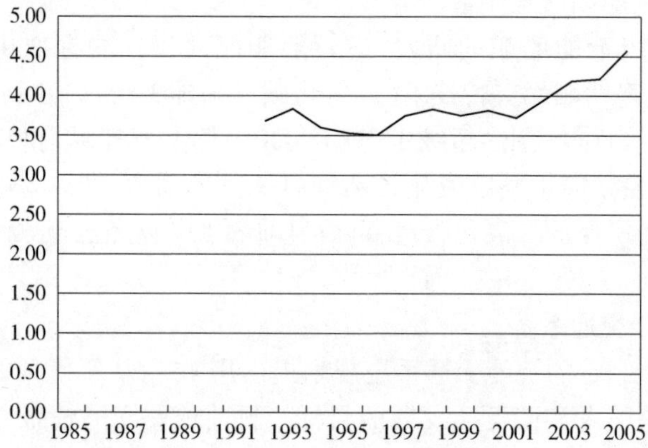

图 5-26　公路货运费率/铁路运费

资料来源:国家发展和改革委员会综合运输所报告:《我国铁路和其他运输方式比价关系研究》

客运运费率比价　　表 5-8

年度（年）	运费率			比价		
	铁路	公路	航空	铁路	公路	航空
1955	1.29	3.38	—	1	2.6	—
1960	1.59	—	—	1	—	—
1965	2.16	3.71	—	1	1.7	—
1970	4.15	7.04	—	1	1.7	—
1975	5.71	15.04	—	1	2.6	—
1980	11.09	23.52	—	1	2.1	—
1985	14.54	33.48	—	1	2.3	—
1989	15.49	—	—	1	—	—
1990	—	35.32	21.6	1	—	—
1991	—	—	21.9	1	—	—
1992	—	—	21.6	1	—	—
1993	15.33	—	21.1	1	—	1.4
1994	15.25	—	20.6	1	—	1.4
1995	15.31	38.98	19.8	1	2.5	1.3
1996	15.43	—	19.3	1	—	1.3
1997	15.57	—	18.2	1	—	1.2
1998	15.43	—	17.3	1	—	1.1

续上表

年度（年）	运费率			比价		
	铁路	公路	航空	铁路	公路	航空
1999	15.35	40.12	16.8	1	2.6	1.1
2000	15.06	39.07	17.8	1	2.6	1.2
2001	15.42	37.99	16.8	1	2.5	1.1
2002	15.36	36.14	16.6	1	2.4	1.1
2003	15.30	35.92	17.6	1	2.3	1.2
2004	14.91	35.67	19.2	1	2.4	1.3
2005	14.99	35.00	18.2	1	2.3	1.2
2006	—	—	18.5	1	—	—
2007	15.39	—	19.6	1	—	1.3
2008	15.26	—	20.4	1	—	1.3
2009	14.90	—	—	1	—	—

资料来源：国家发展和改革委员会综合运输所报告：《我国铁路和其他运输方式比价关系研究》

6.组织管理

(1)采用系统化方法疏通交通。一般汽车在低速运行时单位行驶里程的能耗及排放均高于在经济运行时的30%～100%，通过完善交通运输系统的各个环节，疏通交通，提高交通流速度，可有效实现交通节能减排。日本采取的主要措施包括：①改善交通基础设施。解决城市道路的瓶颈问题、道路交叉点的立体化、道路空间的再分配、收费方法的多样化及弹性化等。②发展公共交通，以增强公共交通的吸引力，建立起全国范围的新干线系统、城市轨道交通系统、按时间表定点运营的公共汽车系统，一些城市还建立了BRT，且实现了各种运输方式有效衔接，便于换乘。全部车辆实现空调化，冬天车辆座椅还能自动加温，车上安装了显示目的地——下一站站名的电子显示屏。③运输枢纽的效率是决定客货流速度的重要一环。日本本着“无缝衔接、零换乘”的原则，不断完善交通枢纽功能，对交通量大的枢纽车站不断进行改扩建，在站前广场增设公交换乘站，使城市轨道交通、常规公交和国铁JR线等各种运输系统融为一体，也使城际交通与城市交通间实现无缝衔接。东京市内交通换乘枢纽，基本可以实现各种交通方式之间同站零换乘。枢纽车站往往有若干层，与大铁路相连接的车站站台多达十几个，出租车、市内公共汽车分布在枢纽两侧地面一层，自行车、私家车、客车停车场设计在地面以下。人流与地面公交线路、轨道交通线路各行其道，没有交叉干扰，客流组织合理、高效有序。

(2)提高交通管理水平、推进ITS智能交通系统、强化停车管理,减少占用道路的工程,及时提供道路交通信息等。

(3)推出汽车共享服务。在东京等大城市,日本汽车租赁公司开发出适合年轻人的"汽车共享"服务。缴纳入会费就可以立即获得会员卡,并通过手机开始预约使用。会员可从电脑、智能手机设置车载导航,检索附近可预约的车辆、时间以及停车场,非常简单方便。汽车使用费用则是从事先登记的信用卡中扣除。

(4)推进货运向节能环保型运输方式转移。2005年起,由货主企业和物流企业自主行动,与经产省、国土交通省及相关团体设立了"绿色物流伙伴会议"机制,推进物流向海运、铁路运输方式转移,推进共同配送,推广使用重型卡车,通过车辆重型化使单位运输量的排放降低。经产省实行财政补助支援。

(5)共同配送。日本通过建立共同配送模式、制订共同配送标准、制订《中小企业流通业务效率化促进法(中小企业物流效率化法)》、设定城市货运优先通行车道以及收费车道的政策、积极应用高新物流技术等综合措施打造了优秀的城市共同配送体系。

7.交易政策

2010年4月,亚洲首个碳交易体系——日本东京都总量限制交易体系正式启动。这是日本首个地区级的总量限制交易体系,也是世界范围的第一个城市总量限制交易计划,它专门针对大型办公建筑、工厂的强制性的二氧化碳减排。

8.宣传教育

日本对运输从业者全面普及绿色驾驶管理系统(EMS)。倡导人们使用公共交通工具,并广泛宣传低碳理念。

(三)政策效果

1.交通排放已于2001年达峰

日本交通运输业一系列的低碳发展政策,使交通发生量有所减少,日本旅客运输周转量自2007年开始减缓增长并出现小幅下降,碳排放已于2001年左右达到峰值2.67亿吨,之后缓慢下降,至2011年交通碳排放仅为2001年的86%。交通需求减少成为交通温室气体排放增减少的重要贡献因素(图5-27)。

2.运载工具能效提高

日本自家用乘用车呈现稳中有升的趋势,1965年为8.1kgce/百人公里,2005年上升到8.6kgce/百人公里;航空旅客运输能耗强度降幅最大,从1965年的21.6kgce/百人公里降低到2005年的6.8kgce/百人公里,年均下降3%;铁路能耗强度一直维持在较低水平(图5-28)。

2011年日本生产的汽油客车燃油经济性比2004年上升约30%。2012年节能车销售占到销售总量的73%。

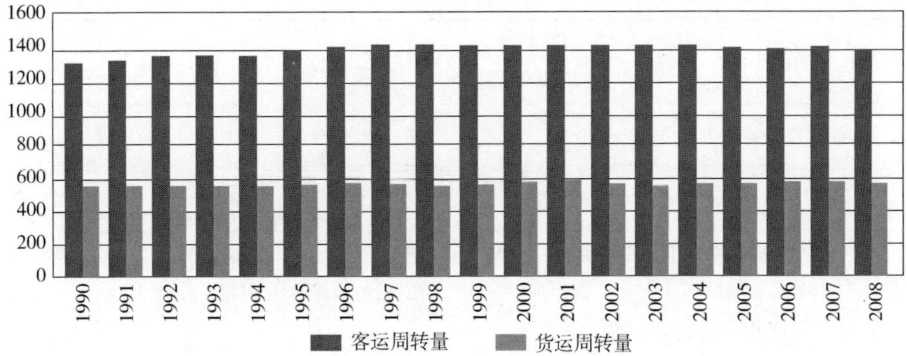

图 5-27　日本 1990—2008 年运输周转量变化(单位:10 亿人公里、10 亿吨公里)

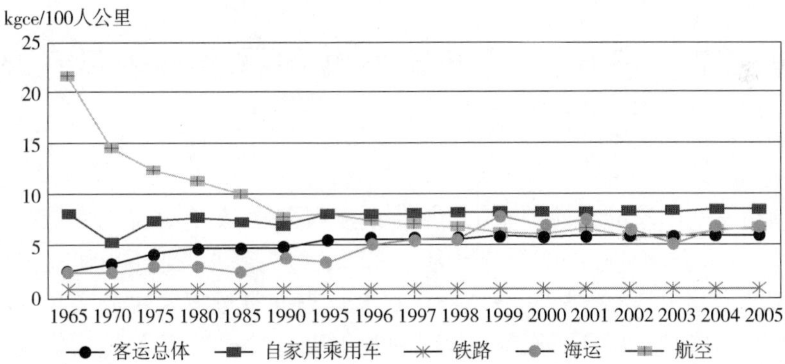

图 5-28　日本不同运输方式客运能耗强度

3.转移效果

截至 2013 年 3 月底已有 99 类商品(153 种)、78 家作业企业贴上《绿色轨道标识》,12 家货主、13 家物流企业获《绿色船运标识》认证,运输方式转移效果已显现,公路运输向铁路、国内沿海运输的转移量有所增长(表 5-9)。另外,由于日本公共交通快捷、方便、准点,日本小汽车的出行分担率已持续多年下降。

日本部分低碳交通发展指标　　表 5-9

项　目		初值	2008 年	2009 年	2010 年	2011 年	目标值
企业能耗降低	货运企业	—	−2.43%	−2.41%	−1.30%	−1.33%	比上年减少 1%
	客运企业	—	−0.48%	−0.79%	+0.04%	−0.25%	比上年减少 1%
	航空运输企业	—	2.40%	−2.10%	−0.39%	+3.47%	比上年减少 1%

续上表

项　　目		初值（2002 年）	2008 年	2009 年	2010 年	2011 年	目标值（2015 年）
重型车燃油能效改善情况		0	6.7%	8.1%	9.2%	13.1%	12%
项　　目		2006 年	2008 年	2009 年	2010 年	2011 年	2012 年
运输结构转变指标	公路向铁路货运转移的集装箱增量	21 亿吨公里	16 亿吨公里	0.2 亿吨公里	0.7 亿吨公里	-5 亿吨公里	36 亿吨公里
	公路向海运转移的增量	301	287	267	315	305	320

数据来源：国土交通省综合政策局《国土交通省关于推进环境政策的意见》

第二节　各国交通低碳发展历程及产业政策的经验和启示

我国与发达国家的交通运输业处于不同发展阶段，具有迥异的发展阶段特征，包括：发达国家交通基础设施系统已基本完善，我国基础设施还在快速发展阶段；发达国家城市化、机动化进程已经完成，私人汽车拥有量不再快速增长，我国城市化、机动化正在快速进行中，汽车拥有量还处于快速增长期，峰值期远未到来；发达国家客货运输及其能源消耗、排放等已由增长期经过拐点开始下降，我国客货运输及其能源消耗、排放等还处于上升阶段。虽然我国和这些发达国家运输发展阶段及特征不同，但我国运输业发展与它们有着相似的发展路径，这些国家低碳交通的发展历程及经验教训无疑对我国有着重要借鉴。

一、综合性系统性政策实现节能减碳

美、欧、日都明确提出建立资源节约型和环境友好型的交通运输系统的战略。如欧盟将低碳交通作为交通的核心战略，美国强调转变发展方向和发展方式，既要扩展运输网络能力，服务于人口和经济增长，也要降低交通发展对环境的影响，实现交通可持续发展。美、欧、日在建设低碳交通系统的战略指引下，利用规划、标准、财税、技术、运输组织等综合性、系统性政策分别作用于运输活动、运输方式选择、燃料碳强度、能源强度四个交通碳排放的影响因子（交通碳排放＝运输活动×方式选择×燃料碳强度×能源强度），着力于避免（Avoid）运输活动、转移（Shift）运输方式和改善（Improve）能源效率 3 个目标，实现交通运输节能减碳。部分发达国家

交通碳排放正在进入峰值期,交通碳排放也随其他经济部门之后,出现与经济脱钩的端倪。这些国家的全局性、系统性、短、中、长期相结合的顶层政策设计值得我国借鉴,其碳排放路径和规律也值得我国研究、对比、借鉴,见表5-10。

美、欧、日不同产业能耗及二氧化碳排放达峰时间　　　　表5-10

项　目	美国	欧盟	日本
工业部门 CO_2 达峰时间(年)	1973	1995	1990
建筑及商业部门 CO_2 达峰时间(年)	2005	2010	2005
交通部门 CO_2 达峰时间(年)	2007	2007	2001
总能耗达峰时间(年)	2007	2006	2005
总 CO_2 排放达峰时间(年)	2005	1990	2005
交通部门 CO_2 达峰时最终能源消费占总最终消费比例(%)	39.9	26.3	25.6

未来几十年随着我国工业化、城镇化、机动化的发展,交通排放、环境压力会进一步增强,交通和环境协调发展的问题将日益突出,经济发展和资源、环境间关系的变化需要从互竞、互斥逐步走向互补、互适。我国交通发展应借鉴先进国家发展经验,加快提出我国交通低碳发展的长期战略,构建节能型、环保型、集约型综合交通运输体系,转变交通发展方式,实现交通可持续发展。

二、集约型交通发展模式有利于节能减碳

综合交通能耗与排放虽然直接体现在运输生产过程中,但交通能耗与排放的大小,不仅由交通运输生产过程决定,还与综合交通系统的发展模式密切相关,即交通与国土空间形态、功能分区和土地利用密切相关。相同经济发展水平的国家,由于交通发展模式不同,交通碳排放结果大相径庭。欧洲、日本等国家形成集约化交通发展模式,而美国则形成蔓延式交通发展模式,不同模式人均交通碳排放差距巨大,美国人均交通碳排放是欧洲、日本的3倍以上。因此进行合理的与产业、城镇、人口、土地相适应的交通规划,以方便、快捷的大容量交通方式为主导的集约型交通供给模式,有利于交通节能减碳。

相比于发达国家基础设施网络相对成熟,我国未来几十年交通基础设施还在快速发展阶段。我国应借鉴国外交通发展的经验教训,在城市间增加高速铁路、城际铁路,在城市增加低碳、轻轨、磁浮、市郊铁路等设施的规划建设,以节能型大容量快速交通方式引导城市、城市群集约布局,形成以大容量交通系统为骨干的交通设施网和集约、低碳的交通供给模式。

三、运输结构调整具有巨大节能减碳潜力

运输结构的演变有其一般性的逻辑，总体上看是向着更快速、更便捷的方向发展，但这种趋势并非一定会走向低碳发展。因此要促使交通结构按照低碳发展的要求改变，政府就必须作为一国整体利益的维护者，起主导作用。发达国家普遍实行了规划、价格、投资、宣传、教育、运输组织等手段促进客货运输需求由小汽车、卡车运输等碳排放强度高的交通方式向铁路、水运、公共交通等碳排放强度低的运输方式转移，而实现在货物、乘客运输量相同的前提下，减少二氧化碳排放的目的。此类政策的交通结构调整效果虽难以定量衡量，但从长期看减排潜力巨大，值得我国大力借鉴。

未来我国交通运输结构减排拥有巨大的潜力，我国应该借鉴国外的经验，综合运用规划、价格、投资、宣传、教育、运输组织等手段促进交通结构减排。

四、综合注重运用科技政策

发达国家注重发展交通新技术、优先发展替代燃料、新材料、信息技术和智能交通管理，注重在科技研发和应用方面的投入，具有明确的相关技术发展路线图。这些国家将先进的技术应用于交通运输，作为其支撑国土空间布局、支持国内经济、对外贸易发展，实现经济社会可持续发展、提高国家经济竞争力的必要条件。如欧洲、日本在小汽车节能减排技术方面处于世界领先地位，美国在下一代飞机制造中处于领先地位，使其成为该领域标准的制定者和主导者，主导国际交通领域标准制定。

未来几十年，我国将进入到工业化中后期发展阶段，新型工业化、智能制造、信息化共同交织，交通新技术、新燃料、新材料将为交通发展带来新的变革，互联网与交通的融合将会带来交通行为模式、交通产业发展、交通行业管理方式的变革。我国应顺应这一新趋势，大力发展信息技术和智能交通，重点推进移动互联、物联网、云计算、新一代移动通信和北斗定位导航等先进信息技术在交通运输领域的应用，注重在智能交通方面的科技研发和应用投入，以“互联网+”等技术促进交通空间、时间的合理分布，形成节能减碳的交通系统。

五、注重交通发展理念创新和体制机制建设

美、欧、日在将发展交通硬件设施作为战略之外，非常重视交通规划理念的创新与新体制机制的建立。美国提出“完整街道”(complete street)的土地利用和规划理念、按照绩效标准进行投资决策、征收碳税等理念。欧盟提出按照“谁使用谁付费，谁污染谁付费”的原则，将外部成本内部化，由使用者承担的理念。另外这些

国家注重低碳交通理念的宣传与普及,在改变交通行为模式方面实施了旅客及货物的碳足迹计量、节能驾驶培训教育及道路限速等措施。

在交通发展理念和体制机制方面,我国还在不断地跟随、借鉴、摸索中,交通体制机制改革不断推进。未来三十余年,将是我国交通体制机制进一步完善、交通理念进一步创新的转型发展期,需要我国进一步加强交通规划与土地利用、产业和人口布局的衔接,需要我国遵循"使用者付费"及"污染者付费"的原则改革交通税费,综合运用价格、税收、财政、收费等经济手段推进交通发展,使交通服务价格真正反映能源供求关系和环境代价;需要我国进一步完善交通管理的体制机制。

第六章
我国交通运输低碳发展的政策建议

Woguo Jiaotong Yunshu Ditan Fazhan de Zhengce Jianyi

第一节　交通运输低碳发展的政策框架

促进我国交通运输低碳发展，要以满足经济社会发展的交通需求为前提条件，建立包括目标层、路径层和政策层的政策体系，主要通过控制交通需求、提高能效、结构转移及改变能源结构等路径，实现交通低碳发展。具体来说包括四个层次。

（一）目标层

根本目标是以适应甚至引领经济社会发展为前提条件，以适度的减排成本，实现交通低碳发展，2030—2040 年交通碳排放达到峰值。

（二）路径层

路径层包括控制交通需求、提高运输能效、调整运输结构（向低碳方式转移）、能源结构低碳化四个实现低碳发展目标的主要路径。

（三）政策层

低碳交通政策体系主要由八个方面的政策构成，即：战略规划、投资政策、标准标识、经济政策、技术政策、交易政策与宣传教育政策。

（四）对象层

对象层包括国内交通运输的各种方式，即铁路、公路、水运、航空、管道运输、城市交通（包括私人小汽车）。

交通运输低碳产业政策框架见图 6-1。

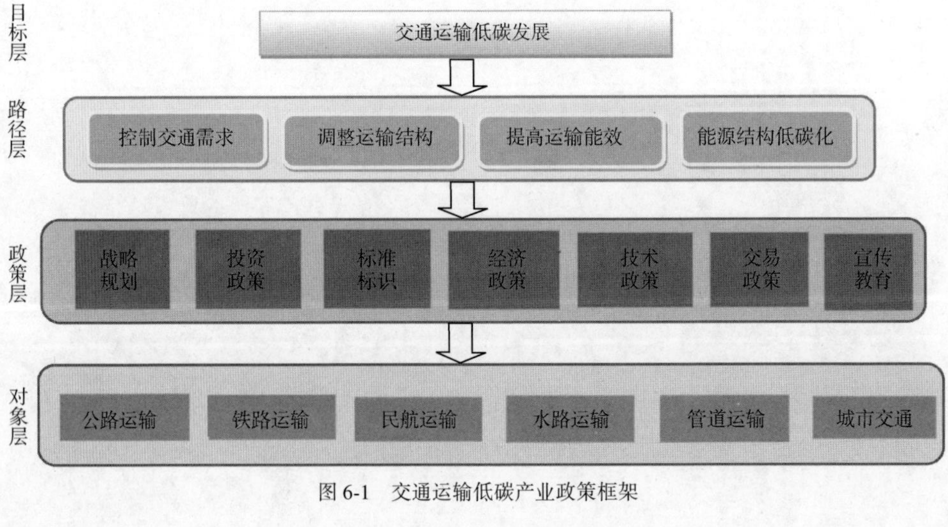

图 6-1　交通运输低碳产业政策框架

第二节　交通运输低碳发展目标的设定

一、总目标

我国提出了“2030年左右二氧化碳排放达到峰值且将努力早日达峰”的目标。发达国家发展经验也证明交通碳排放达峰要晚于国家总体碳排放峰值时间。在研究2020年我国交通低碳发展政策时，需要从我国交通低碳发展的中长期视角，针对未来我国交通低碳发展特征提出相关目标和政策。

我国交通运输低碳发展的目标是：交通运输二氧化碳排放在2030—2040年进入峰值平台期，构建竞争力强、便捷高效、结构合理、节能减排、可持续发展的交通运输体系，二氧化碳排放峰值控制在16亿吨。

二、分阶段目标

由于交通高碳的发展模式、基础设施、利益格局、技术路径、消费行为具有一定的锁定效应，需要以总目标为导向，及早调整发展战略部署。实现中国交通低碳发展应分阶段、分步骤、分区域地统筹布局、重点推进，实现自上而下的政府规制创新和自下而上的市场机制创新相结合。其中分阶段目标为：

第一阶段(2016—2020年)——全面战略布局阶段，目标是实现交通排放总量和强度的双控目标，即2020年中国交通运输CO_2排放的总量控制在12.8亿吨以内，单位GDP交通CO_2排放比2010年下降12%，铁路、公路、水运、航空、管道每单位换算周转量能耗分别比2014年下降8%、8%、7%、6%和7%。这一阶段是技术减排发挥重大贡献的时期。重点任务是：我国交通低碳发展的中长期战略规划制订完成；相关规范标准体系完善；财政、税收、价格、交易等市场机制不断完善；结构减排政策开始形成合力；公众参与及舆论监督机制建设完善；重点开展低碳货运行动计划、低碳城市交通行动计划等示范工程。

第二阶段——全面攻坚阶段(2020—2030年)。到2030年，中国交通运输CO_2排放的总量目标为：16.1亿吨，单位GDP交通CO_2排放比2010年下降30%左右，2030年铁路、公路、水运、航空、管道每单位换算周转量能耗分别比2020年下降12%、10%、11%、10%和10%。2030年新能源车销售占乘用车销售总量的20%以上。实现超过20%运距在300公里以上的公路货运转移至铁路或水路运输。这一阶段是结构减排发挥重大贡献的时期。重点任务是：建立适宜交通移动源的碳税制度；交通节能减排技术广泛应用；较大幅度优化交通运输结构和交通用能结构，以节能低碳的交通方式承担交通需求增量的大部分；电力驱动的交通系统更多采用清洁电力。

第三阶段——创新优化阶段(2030—2050年)。交通能效达到国际一流水平，现代化的节能低碳的交通系统形成，2050年单位GDP交通CO_2排放比2010年下降50%~60%，交通CO_2排放达到峰值随后有所下降。其中东部地区交通排放达峰时间早于中西部地区，部分运输方式的CO_2排放达峰时间早于其他运输方式。2050年新能源车销售占乘用车销售总量的50%以上，传统燃料汽车全部退出城市，城市客货运输系统实现零排放。实现超过50%运距在300公里以上的公路货运转移至铁路或水路运输参见表6-1、表6-2。

单位GDP交通CO_2排放计算 表6-1

年份(年)	2005	2010	2014	2020	2030	2040	2050
交通运输能源消耗(亿吨标准煤)	1.94	3.2	5.1	6.1	7	7.5	7.7
交通运输CO_2排放(亿吨)	4.1	7.3	10.6	12.8	16.1	16.3	16
GDP(万亿元,2010年不变价)	24.2	41.3	56.4	82.61	128.3	164.2	210.2
单位GDP交通能源消耗(吨/万元)	0.080	0.077	0.090	0.101	0.055	0.046	0.037
单位GDP交通CO_2排放(吨/万元)	0.169	0.177	0.188	0.155	0.125	0.099	0.076
单位GDP交通能源消耗与2005年相比(2010年为1)	1.03	1	1.17	1.31	0.70	0.59	0.47
单位GDP交通CO_2排放与2005年相比(2010年为1)	0.96	1	1.06	0.88	0.71	0.56	0.43

注:交通排放为本研究交通运输节能减排政策情景预测结果。

交通碳排放不同政策情景的重要指标设定 表6-2

年份(年)	项目	内容
2020	目标描述	2020年中国交通运输CO_2排放的总量控制在12.8亿吨以内,单位GDP交通CO_2排放比2010年下降12%
	车辆燃油经济性	燃油经济性比2014年提高8%
	铁路综合能耗	铁路每单位换算周转量能耗分别比2014年下降8%
	航空综合能耗	每单位换算周转量能耗分别比2014年下降6%
	水运综合能耗	每单位换算周转量能耗分别比2014年下降7%
	新能源车	纯电动汽车和插电式混合动力汽车生产能力达200万辆、累计产销量超过600万辆

续上表

年份(年)	项　目	内　　容
2030	目标描述	中国交通运输 CO_2 排放的总量目标为:16.1 亿吨,单位 GDP 交通二氧化碳排放比 2010 年下降 30%左右
	车辆燃油经济性	燃油经济性比 2014 年提高 17.2%
	铁路综合能耗	铁路每单位换算周转量能耗分别比 2020 年下降 12%
	航空综合能耗	航空每单位换算周转量能耗分别比 2020 年下降 10%
	水运综合能耗	水运每单位换算周转量能耗分别比 2020 年下降 11%
	新能源车	新能源车销售占乘用车销售总量的 20%以上
	运输结构	超过 20%运距在 300 公里以上的公路货运转移至铁路或水路运输
2050	目标描述	交通运输二氧化碳排放于 2030—2040 年达到峰值,单位 GDP 交通二氧化碳排放比 2010 年下降 50%~60%
	车辆燃油经济性	燃油经济性比 2014 年提高 27%
	铁路综合能耗	2030—2040 年和 2040—2050 年间单位周转量能耗比前期下降 9%和 7%
	航空综合能耗	2030—2040 年和 2040—2050 年间单位周转量能耗比前期下降 7%和 5%
	水运综合能耗	2030—2040 年和 2040—2050 年间单位周转量能耗比前期下降 8%和 6%
	新能源车	新能源车销售占乘用车销售总量的 50%以上,传统燃料汽车全部退出城市
	运输结构	超过 50%运距在 300 公里以上的公路货运转移至铁路或水路运输

第三节　交通运输节能减碳路径

交通运输完成的客货运输量、交通运输结构、能源排放强度和运输工具的排放强度是决定交通运输业碳排放总量的四个主要因素。交通运输节能减碳的主要路径是通过影响上述四个因素来实现的(表6-3)。

交通碳排放的影响因素　　表6-3

影响因素	运输活动	运输结构	能源强度	燃料碳强度
决定因素	运输量 运输距离	交通基础设施 运输方式选择	轻型车 重型车 火车 轮船 飞机 步行和自行车 装载率提高	汽油 柴油 LPG 生物燃油 电力 氢动力

一、控制交通运输活动总量

运输活动是交通排放的重要影响因素之一。在技术条件、运输结构不变的情况下,客货运输活动直接决定交通运输的碳排放水平。我国交通需求在未来的增长是难以抗拒的趋势,但如无所作为,交通运输量将以更高速度发展,因此迫切需要限制交通量的增长。主要途径包括:

(一)交通设施与工业及人口布局合理衔接

目前我国交通运输规划存在一个突出问题,就是与国土规划、产业布局规划、城镇发展规划等相关规划的衔接程度不高,各个部门基本是基于各自的职责范围、从行业自身发展的需要去制定规划,较少考虑与其他规划的衔接。例如,一些大中型机场在规划时缺少与区域发展规划、城市发展规划的衔接,没有预留轨道交通建设条件,导致机场集疏运主要依靠公路完成,既造成集疏运体系不畅,又为社会带来较高的资源和环境成本。再如,地方在进行产业发展规划时,如果不充分考虑交通支撑条件,则可能出现产业发展过度依赖于非绿色交通方式,或者产业发展带来高运输成本等问题,也不利于交通运输低碳发展。

从国外的经验看,将交通规划与国土规划统筹考虑,不仅有利于形成均衡的国土开发格局,而且有利于形成快捷高效、绿色低碳的交通网络,实现交通的绿色低碳发展。

我国可从综合交通运输系统的角度,从交通设施与土地利用一体化、交通引导产业和人口布局的角度,加强交通运输规划与土地综合利用规划、产业布局规划、城镇发展规划的协调和对接,提高交通运输规划的科学性和合理性,使交通发展既能适应经济和社会发展的需要,又可引导产业和人口合理布局,有效促进运输次数、运输距离的减少。

在城市规划领域可引入公交系统引导的城市发展理念（TOD），同步制定城市总体规划和城市综合交通发展规划，把公交发展、土地利用和城市可持续发展有机结合起来，通过城市公交系统尤其是大容量轨道交通建设引领城市发展。这样可以合理布局城市功能，鼓励混合用地，形成多中心的城市结构，从源头上避免交通出行强度大、方向集中、潮汐交通等问题，有效减少机动化出行。

专栏 6-1

日韩国土规划、产业规划与交通规划

在日本和韩国，全国性的综合国土规划是一个将城镇体系、土地利用等空间规划综合起来的规划，全国性的综合国土规划和经济计划（规划）并列为指导国家经济社会发展的重要依据，很多的法规都据此制定，例如日本制定的《示范定居圈计划策定纲要》和《多极分散型国土形成促进纲要》等。

日本正式的国土规划是始于 1950 年的《国土综合开发法》，此后，日本分别于 1962 年、1969 年、1977 年、1987 年和 1998 年先后编制和实施了五次"全国综合开发规划"。2005 年是日本国土规划的一个分水岭，此时，日本认为经过五次全国国土开发规划之后，其国土开发的任务已经基本完成，其标志是将《国土综合开发法》修改为《国土形成计划法》，其侧重点由国土开发转向国土的可持续发展。韩国国土规划的历史与日本类似，从 1972 年开始先后编制和实施了四次综合国土规划，韩国的国土规划通常以 10 年为规划期，在规划期内也适当予以动态调整。

日本和韩国有一个较为统一和综合的国土空间规划体系，其国土空间规划能比较综合地反映国家或者地区未来经济社会发展、土地利用、城市功能、大型基础设施等方面的要求，这样的规划体系有利于将多个空间规划之间的协调转化为同一个空间规划内部的一致性，既便于规划的编制也便于规划的监督和实施。在其国土规划中，一方面高度重视促进空间政策和产业政策融合，如，日本通过实施产业集群计划和企业选址促进法努力将空间政策和产业政策相结合，以此提高政策的效率；另一方面高度重视交通基础设施在国土开发、产业发展、人民生活中的重要作用。在国土开发初期，以增加交通基础设施为主要手段，带动落后地区发展，随着国土开发逐渐均衡化，日韩交通规划的重点转向建设高科技和高速的交通网络，低碳节能的交通方式和多种交通方式的便捷联系，为社会经济发展和改善公众生活提供交通保障。

(二)通过需求侧管理影响交通需求总量及结构

各种经济政策可以影响交通需求总量及结构,因此可通过财税政策、碳排放交易政策、价格政策引导运输需求合理增长。

通过财税政策,将交通外部成本内部化,能够降低公众对机动化出行方式的需求,能够从源头上促进交通运输低碳发展。我国目前汽油、柴油等交通用燃料价格由国家定价,加之燃油税水平较低,小汽车使用成本中没有将空气污染、噪声、拥堵等外部成本纳入,没有形成燃油外部成本内部化的机制。欧洲一些国家通过遵循“谁使用谁付费,谁污染谁付费”的原则,建立了可反映外部成本的道路使用收费机制,包括征收与排量关联的车辆购置税、燃油税、高额停车费、拥堵费等,可有效提高私人车辆使用环节的成本,引导公众利用公共交通出行,减少私人轿车出行。美国通过鼓励轿车共乘的措施(收费车道对共乘车辆免费),提高车辆利用率,减少出行总量。这些都能有效实现交通的节能减排。

发达国家的经验证明碳税是未来可以考虑的调节交通碳排放的政策手段之一,且是更适合分散或移动的中小排放源的政策手段,相对于碳排放交易是更适合调节移动性运输工具碳排放的经济性制度。另外,碳税收入能够实现内循环也可以用于鼓励减排技术创新。参考相关研究判断,征收交通碳税有利于减少机动车尾气污染物排放,环境协同效应明显,同时不存在工业碳税影响企业竞争力和碳泄漏的问题,因而尽管存在许多批评声音,机动车碳税却在欧洲等发达国家普遍采用。碳税相对于碳交易制度在控制碳排放方面具有理论方法完备、操作简便、交易成本低等特征,更适合交通工具移动源的碳排放控制。

(三)通过交通信息化提升减少无效运输

交通信息化和智能化是提高运输效率,降低无效运输的重要途径。目前,我国公路客货运输信息化、组织化程度较低,造成大量客货车辆实载率低甚至空驶。提高以运输信息服务系统为核心的运输组织水平,可显著提高运输效率,减少无效交通流对能源的消耗和环境的影响。提高交通运输信息化智能化水平,加强现代客运信息系统、客运公共信息服务平台、货运信息服务网和物流管理信息系统建设,实现运输信息共享,可有效优化交通流的时空分布,减少无效运输。另外通过提高交通系统的信息化,发展互联网交通导航、实时公共交通信息系统,大力开展顺风车、拼车合乘、网络约车租车、共享单车等服务,可有效提高公共交通的运行效率,减少车辆空驶等现象,减少迂回运输和无效运输。

二、促进交通运输结构优化

运输结构,指每种运输方式运输周转量占总周转量的比例。对于综合交通运输,是指铁路、公路、水运、航空以及管道运输所占的比例,对于城市交通,是指小汽车和公共交通各自所占比例等。根据测算，在等量运输下，铁路、公路和航空的能耗比为1∶9.3∶18.6，二氧化碳排放量比为1∶2∶4。促进运输方式转移是交通低碳发展是重要途径。

（一）促进城际交通向节能型运输方式转移

一国交通运输能耗和排放总量与交通运输发展模式（交通运输结构）有密切关系。其他条件相同的情况下，以公路、民航等高能耗、高排放运输方式为主导运输方式的国家，其资源消耗总量和污染物排放总量必然要高于以铁路、水运为主导运输方式的国家。

从我国人均资源占有量低、环境脆弱的现实国情出发，我国交通运输发展模式显然应该选择节约低碳型发展模式，即充分发挥铁路、水运这两种运量大、低耗能、低排放运输方式的技术经济比较优势，使其在综合运输体系中发挥骨干作用，在充分满足运输需求的同时，可以通过对高耗能、高排放运输方式的替代，使综合交通运输体系结构更合理。在客运发展模式上，可吸取日本客运模式节能低碳的优点，大力发展高速铁路和轨道交通系统，提倡人们选择以轨道交通为主的出行方式。我国经济社会快速发展，运输需求十分旺盛，小汽车进入家庭势不可挡。应借鉴日本客运模式发展经验，应对小汽车大发展而带来的日益严重的交通拥堵问题，以高速铁路和轨道交通分流私人汽车的客流量，也可大力发展共享汽车、顺风车、定制公交等新交通方式。在货运发展模式上，吸取美国货运模式节能低碳的优点，充分利用铁路、水路和管道进行货物运输，提高其市场份额。由于我国人多地少，应避免美国铁路粗放式的经营模式，走铁路集约化、规模化经营之路。

专栏 6-2

日本、美国交通运输模式选择

美国是一个资源十分丰富的国家，在客运发展模式上选择了“公路+飞机”作为主导运输方式，且对于机动车的消费和使用持鼓励政策。在当前的资源环境压力下，虽然美国政府和有识之士也认识到汽车交通过度发展带来种种弊端，但积重难返。而美国货物运输模式与客运相反，以铁路、水运和管道为主，美国铁路、国内水运、管道三种运输方式占有国内货物周转量在70%左右，是一种节能低碳型运输模式。

日本由于人均资源占有量低，在客运发展模式上选择了轨道交通作为主导运输方式，且对于私人机动车的使用实行一定的限制政策。日本铁路动力以电力牵引为主，全国铁路电气化率接近60%，主要干线全部实现电气化。在东京都,轨道交通客运量占总客运量的比重一直保持在70%以上,而私家车出行比重只占总量15%~17%,这种客运结构模式成为东京都大客流量而不拥堵的根本举措和重要原因。此外,京阪神交通圈客运也是轨道交通唱主角,其客运比重50%左右。日本货运结构模式是汽车加沿海运输。日本国土面积小,货物运距短,汽车运输仍是货运市场的主角,所占比重90%以上;日本重化工业多分布在沿海,内航海运货运构成比较稳定,所占比重8%以上;铁路全年货运量只有6000万吨,所占比重不到1%。早在20世纪70年代两次石油危机之后,日本政府就提出把过分依赖汽车的货物运输转向铁路和沿海运输的物流政策。1990年日本政策审议会报告提出,为减轻能源、环境压力而必须货运转型。但由于政策力度不够,铁路货运设施建设滞后,铁路货运市场份额始终难以提高。虽然如此,日本朝野仍在不断推进货运转型工作。

(二)促进城市交通向公共交通转移

提高公共交通的便捷、舒适度,可有效增强其对私人机动交通工具出行的替代,引导城市居民出行向公共交通方式转移。主要可通过以下途径实现:一是加强由市域(郊)铁路、城市轨道交通、BRT、准点运行的公共汽车、定制公交以及高效衔接交通枢纽组成的无缝衔接的大容量城市客运系统,大量开辟城市公交专用道,给予合乘车辆、大巴和城市公交以优先路权。加强公交系统的设计和性能改善,提高地面公交系统的舒适度、便利性和吸引力。二是加强公交系统的设计和性能改善,开辟城际大容量车行道(HOV、HOT)和城市公交专用道,给予合乘车辆、大巴和城市公交优先路权,提高地面公交系统的舒适度、便利性和吸引力,参见图6-2。三是通过征收碳税等财税手段提高私家车的使用成本,引导小汽车合乘,或向轨道交通、公共交通方式转移,减少汽车交通量(VMT)。

(三)促进运输方式间高效衔接,增强低碳交通方式的吸引力

机场、港口、铁路站点是重要的综合交通枢纽,其集疏运体系是否完善、结构是否合理,不仅直接影响着枢纽功能的发挥,而且影响着区域综合交通体系的效率和能耗排放。目前,我国集装箱海铁联运仅占港口集装箱集疏运量的2%左右,其余84%左右为公海联运,14%为水水联运。这与欧洲20%以上、美国30%~40%的集装箱海铁联运比重差距甚远,甚至低于印度海铁联运比例。大量依靠公路疏港,不仅对城市交通产生巨大的干扰,而且产生了巨大的能源消耗和污染排放,对社会来讲是不经济的。此外,我国机场对外交通方式以公路为主,轨道交通集疏运方式发展滞后,随着民航运输业的快速发展,部分枢纽机场集疏公路拥堵较为严重,机场集疏运体系能力不足的问题日益突出。2013年我国旅客吞吐量1000万人以上的机场共24个,其中仅有11个机场连接有轨道交通,轨道交通拥有率为45.8%。美国2010年旅客吞吐量大于1000万人次的机场共35个,其中21个连接有轨道交通,轨道交通拥有率为60%。欧洲2010年旅客吞吐量大于1000万人次的机场共35个,其中33个连接有轨道交通,轨道交通拥有率为94.3%。可见,我国机场轨道交通拥有率不仅远低于欧洲,还明显低于美国。改善运输枢纽设施,提升枢纽功能,改善低碳交通方式的便利性和衔接性,可促进客货运输向低碳运输方式转移。如对于枢纽机场和枢纽港口,大力发展轨道交通为主的集疏运体系,是提高综合运输效率、推动客货运输结构转移的重要途径。

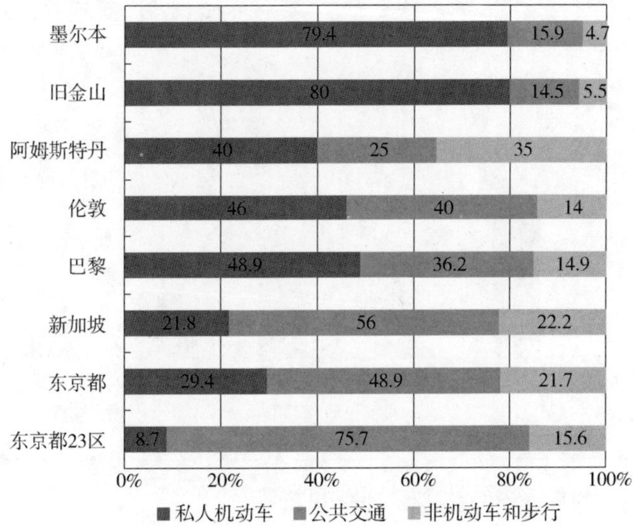

图6-2　国外部分城市通勤出行采用公共交通的比例(含步行)

专栏6-3

国外机场轨道交通衔接情况

据国际机场轨道组织(IARO)统计,截至2010年,全球与轨道衔接的机场共计158个(含14个采用摆渡车的方式连接机场与轨道交通)。其中,欧洲78个,北美洲34个,亚洲36个,非洲6个,大洋洲4个。上述机场衔接的轨道交通类型主要包括:高速铁路专线(High speed dedicated)、高速铁路网(High speed network)、轻轨(LRT)、地铁(Metro)、区域铁路(Regional)、市郊铁路(Suburban)等六种。此外,全球至少还有140多个机场正在筹划建设机场轨道交通。

在已经衔接轨道交通的机场中，采用市郊铁路方式的机场67个，占机场总数的47%；采用区域铁路方式的52个，占机场总数的36%；采用地铁方式的40个，占机场总数的28%；采用高铁方式的29个，占机场总数的20%；采用轻轨方式的23个，占机场总数的16%。

全球2010年机场年旅客吞吐量前50名的机场中有轨道交通衔接的机场38个，未建轨道交通的机场12个，轨道交通衔接率达76%。其中年旅客吞吐量排名前10位的机场均建有机场轨道交通。38个已经建立机场轨道交通形式的机场中，市郊铁路所占比重最大，其后依次是地铁、高速铁路（高速专线、高速铁路网）、区域轨道、轻轨。

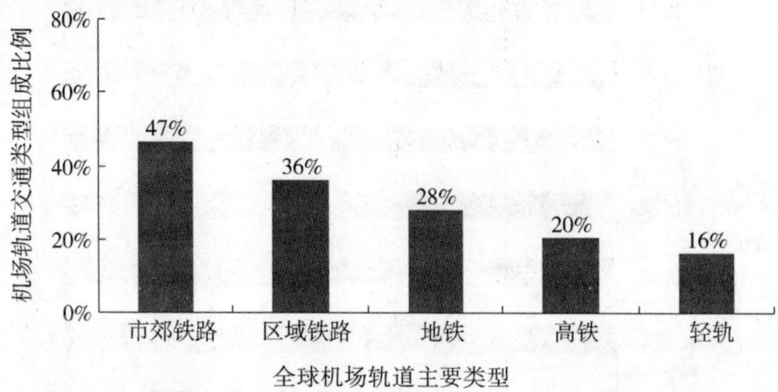

（四）以慢行交通替代短距离机动化出行

慢行交通是指行人交通和非机动车交通的总称，城市慢行系统包括自行车系统和步行系统。通过构建舒适的慢行交通体系可促进短距离出行、最初一公里、最后一公里出行向低碳交通方式转移。具体途径包括：

首先，结合城市功能，针对旅游、休闲、交通等不同目的的慢行交通需求特征，完善慢行系统，充分体现城市当地的自然与人文环境，使慢行活动成为一种愉悦身心而又具有审美情趣的体验。加强慢行交通系统网络化建设，尤其是城市中心城区的慢行系统的网络化建设，打造良好的慢行交通环境。

其次，以人为本，设置专用路权。注重道路交通基础设施的慢行交通设计，推动“快慢分行”。在慢行道和机动车道通过绿带、路缘石等进行硬隔离，在隔离条件不具备的地方通过明显的标志、标线划分路权，避免混行；在市政道路的改造当中，也要加强自行车专用道设置。在具备条件的道路上开辟人行道和自行车专用道；潮汐性明显的道路上设置时间性和方向性自行车专用道路。

第三，优化出行，倡导“慢行+公交”。应通过设置慢行出行圈等方式，吸引短距离的慢行出行,调控中长距离的慢行交通向公共交通转化。以优先发展公共交通为基础,大力推广"慢行+公交"的出行方式,在大型居住小区、旅游景区推行共享单车、公共自行车,大型公交站点附近设置共享单车或公共自行车的停放点。

三、运输能效提高

另一个影响交通碳排放的因素是交通运输工具的能源强度,即单位运输周转量消耗的能源,其单位为亿焦耳/人公里。这与运输工具的种类、制造水平和能效技术水平直接相关。运输工具种类包括轻型车、重型车、火车、轮船、飞机。运输工具的技术水平决定车辆的燃油效率,用单位周转量消耗能源量计算。根据2020年我国交通碳排放预测,技术减排降碳是2030年前最大的贡献因素。提高能效的途径包括:

(一)推动交通工具的技术进步,不断提高能效

目前,各种交通工具都处于技术不断创新之中,这些创新型技术的发展方向在提高其运输效率、经济性和增强安全性的同时,主要集中在节能与减排领域。运输工具能效的提高成为交通低碳发展的重要途径。

据日本相关研究表明,通过汽车节能技术的应用并采取严格的奖惩措施,汽车单耗水平有30%~40%的降低潜力,我国汽车单耗水平要高于日本20%左右,未来节能减排的潜力巨大。

在机动车领域,主要的节能减排技术包括:改变车辆构成,提高燃油效率;开发应用新材料、新工艺,实现车辆轻量化、小型化;提高车用燃油质量,提高发动机功效;开发应用高品质润滑油以及添加剂,提高汽车节油率;加强车辆检测维护,保持车辆良好状况;推广应用成熟的车辆净化技术;宣传推广汽车节油驾驶操作技术;大力研发和推广应用替代能源汽车等汽车节能技术。

在民航运输领域,主要的节能减排技术包括:引进节能型客机;提高国产客机节能技术的应用水平;此外,通过完善航线网络,优化运输资源配置,提高飞机利用效率,充分有效地利用空域资源等技术和管理措施,提高民航运输效率。

在铁路运输领域,主要的节能减排技术包括:改进牵引结构,增加电力牵引的比重,降低内燃机车牵引比重;提高线路的建设标准、加强既有线改造和依靠先进的设备工艺提高线路维修质量,提高运输效率;通过换用低油耗柴油机、装用新型节能增压器、主传动与辅助驱动交流化、提高电力机车总传动效率、主传动交流化并降低辅助驱动功率消耗等技术应用,提高铁路机车能效水平,挖掘节能减排潜力;通过提高供电系统输送效率挖掘节能减排潜力;实施机车向客车直供电改造,实现以电节油。此外,开发新能源机车也是铁路节能减排的方向之一。尝试铁路沿线利用光伏发电技术,使用清洁电能以部分替代煤电。

在水路运输领域，主要的节能减排技术包括：继续推动船舶大型化，优化船队结构；推广应用成熟的船舶节能技术，如主机优化技术、船舶减阻和主机加装减速齿轮箱；气象导航等。此外，通过改善内河航道，优化运输组织，提高船舶载重量利用率，可提高能源使用效率，降低排放水平。

在管道运输领域，主要的节能减排技术包括：采用新型高效节能设备，改造或淘汰老旧低效设备；优化运行方案，减少节流损失，实现系统经济运行；采用添加原油改性剂输送工艺，改善原油低温流动性；采用高分子聚合物紊流减阻技术，降低原油输送过程中的摩阻损失；采用先炉后泵流程，可使站内管道及输油泵均处于高温下运行，降低原油黏度，减少站内摩阻，输油泵效可提高3%~4%。

（二）发展"互联网+"交通，提高运输能效

相关研究表明，车辆在拥堵时，能效比匀速行驶时降低10%~130%（图6-3）。以"互联网+"思维和技术调节交通时空分布，可在完成相同交通量的情况下实现能耗和碳排放降低。因此，推进综合交通运输服务的信息化、现代化，大力发展ETC、移动互联网车路导航系统等智能交通技术，发布实时公众出行信息，供人们选择最不拥堵、最有效的路径及运输方式，有效平衡交通需求和交通供给的时空分布，以提高运输能效。

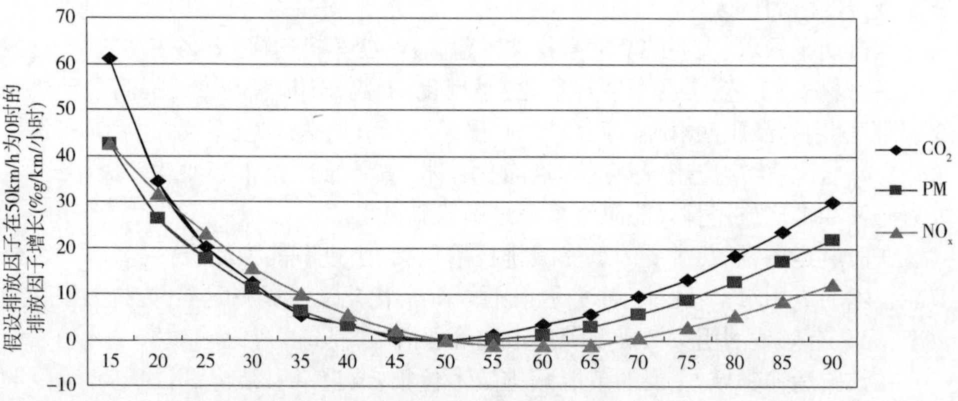

图6-3 小汽车在不同速度情景下的排放效果

资料来源：Independent Evaluation Department estimate based on empirical research

四、能源结构调整

第四个影响交通碳排放的因素是燃料的碳强度。运输工具使用能源包括汽油、柴油、LPG、生物燃油、电力、氢动力等。使用含碳量少的新能源及可再生能源，亦可实现碳减排。主要途径包括：

(一) 推广清洁能源和新能源交通工具

从全生命周期考量,电动汽车在能效、排放和经济性上比常规汽车具有更大优势,新能源车相对城市环境而言属于零排放清洁汽车。另外,如果采取可再生能源发电技术或清洁燃煤发电技术,将进一步降低电动车的CO_2的排放。从长期看,新能源车可能会取得减排等净效益,但是由于插电式汽车使用电力能源,增加了生产电力的排放,而我国以煤电为主的电力能源结构,也会使能源转换过程中消耗能源,产生排放。

促进清洁能源交通工具的发展是低碳的重要途径。随着我国电力结构中风电、太阳能、水电等可再生能源发电比例的提高,发展和推广以电动汽车为代表的新能源汽车,可以节省石油资源,提高能源效率,有助于交通低碳发展。同时,电动车发展可消耗大量电网夜间低谷电量,夜间充电可有效利用低谷负荷的蓄能设备能力,并将为电力产业发展节约大量蓄能电站的投资成本。

此外,大力推广天然气车船、进行铁路电气化改造,进一步提高电能在运输结构中的比重,提升其主导地位,实现能耗结构的优化,在城市大力推广城市的节能型和替代燃料型交通工具,大力发展地铁、轻轨、无轨电车等非燃油消费类交通方式等,也是通过能源结构调整实现交通低碳发展的重要途径。

(二) 运输能源结构调整

交通运输的能源结构调整可直接通过能源的改变而实现低碳发展。主要途径包括:增加对乙醇汽油、其他可再生能源的应用推广,提高低碳能源在交通能耗中的比例;充分利用风能、太阳能、地热能等可再生能源的分布式能源作为交通系统新能源,打破对石油资源的依赖。

第四节　我国交通运输低碳发展的政策措施建议

交通运输巨大减排潜力能否发挥很大程度上依赖于是否制订实施了适当的政策,而政策调整需以成本效益比为核心考虑要素。斯特恩报告指出,温室气体减排成本有正有负,一些减排政策可提供净社会效益。Todd Litman(2009)认为,存在一些低成本和负成本(即产生净效益)的减排政策,土地合理利用、交通需求管理(机动化管理)都是净效益巨大的政策手段,应优先选择。土地合理利用规划、严格交通需求管理,节能减排宣传教育、纤维素生物燃油、燃油经济性等政策是具有社会净效益的政策,宜优先采用,而充电式电动车等高减排成本的政策则应谨慎使用❶。

---

❶Todd Litman:*Transportation Cost and Benefit Analysis*, Victoria Transport Policy Institute.,2009.http://www.docin.com/p-406817029.html.

一、以 2030 年实现交通碳排放峰值为前提制订战略规划

根据我国 2030 年碳排放达到峰值的国际承诺,建议以 2030—2040 年实现交通碳排放峰值为前提,按照空间布局优化、交通结构优化和交通消费优化三大合理减排原则制订我国交通低碳发展战略规划,以便形成具有全国、全运输方式统一的低碳交通理念和顶层政策指导。促进东部地区和部分运输方式排放先行达峰。

(一)适度超前发展节能低碳方式的交通基础设施

针对我国大城市和城市群地区、中西部地区存在交通供需矛盾的情况,应坚持交通适度超前发展的原则,加快完善我国综合交通运输网,特别是要加快建设以轨道交通为主的高效、可持续的交通运输系统,引导人口和产业向轨道交通沿线布局,在促进经济社会发展的同时实现交通运输体系低碳绿色发展。针对机场、港口等重要交通枢纽集疏运体系效率不高、资源环境成本过大的问题,应超前谋划,大力发展轨道交通为主的集疏运体系,在提高旅客和货物中转、换乘和换装效率的同时,实现资源节约和环境友好。合理规划、梳理铁路、水运、城际运输通道,在连接能源、矿建、工业、农业等领域大运量产品的生产地与消费地之间,实现通道匹配、枢纽衔接的交通基础设施规划。规划建设铁路货运通道,充分利用铁路、水路和管道进行货物运输。加强铁路货运网络建设,大力发展沿海海运及长江等内河水运,实现大中型海港与铁路网和内河水运系统无缝衔接。促进中长途货运向铁路、水运、管道方式转移。加强城市群内城市间的轨道交通全联通、全覆盖,规划建设由城市轨道交通、BRT、公共汽车、市郊铁路以及高效衔接的交通枢纽组成的大容量城市公共交通为主体的旅客运输系统和慢行交通系统。

(二)以交通设施与国土空间和经济要素协调布局的新理念指导交通规划

加强交通与国土空间布局、产业、人口布局等的协调发展,集约、节约利用土地、线位、岸线、空域等资源。从交通设施与土地利用一体化、交通引导产业和人口布局的角度,加强交通运输规划与土地综合利用规划、产业布局规划、城镇化发展规划的协调和对接,提高交通运输规划的科学性和合理性,使交通发展既能适应经济和社会发展的需要,又可引导产业和人口合理布局,有效促进运输次数、运输距离的减少。按照新型城镇化建设发展理念,推行 TOD 交通建设模式,鼓励混合用地,形成多中心的城市结构,破除院墙阻断交通的用地格局,实现城市发展功能、城市群落与交通功能的有机融合。

(三)规划建设铁路、水运等货物运输主通道网络体系

在发挥市场作用的基础上,国家应加强对交通运输发展模式的宏观引导,采取有效措施加快节能环保型交通方式发展,进一步提高其在综合交通运输体系中的比重,以结构优化促进交通运输向低碳方向发展。建设功能齐全、多运输方式组成

的货运交通走廊网络。建设运输能力大的铁路货运核心网络，提高运达速度和服务质量，增加集装箱运输比重。加快内河高等级航道建设，推动内河港口规模化、集约化、现代化发展。建设水系沟通、干支相连、标准统一、通江达海的高等级航道网，整治浚深航道，改善通航条件。大力发展沿海海运及长江、珠江、西江等内河水运系统，打通实现大中型海港与铁路网和内河水运系统的无缝衔接。加强管道运输的规划建设，2050 年管道运输里程达到目前的 3 倍。

客运方面，加快发展城际铁路和市郊铁路。抓紧编制主要城市群城际铁路规划和都市圈市郊铁路网规划。城际铁路和市郊铁路网规划应该做到分工合理、优化布局，既要推动建立起优势互补、方便快捷的交通体系，又要推动城市群和都市圈城镇布局的优化。

（四）在综合枢纽的衔接方面进一步提升轨道交通的作用

加强综合交通枢纽建设。

机场集疏运体系方面，应加强机场与高铁、城市轨道交通等不同规划的对接，提高规划的指导性和约束力。一方面，在编制高速铁路网规划、区域综合交通规划、城市交通规划时，应将大型机场作为重要的枢纽节点，充分考虑各种轨道交通方式、公路、城市道路等与机场的衔接问题。另一方面，在新建或改扩建大型机场时，原则上应在机场总体规划编制和机场改扩建项目设计中，预留轨道交通用地并考虑一体化设施集约布局。对于预测航空业务量标准达到或超过 1000 万人次/年的机场，应当规划连接城市轨道交通。在实现基础设施衔接的基础上，依托枢纽机场大力开展“国际航线/国内航线+高铁”的空铁联运服务，在一定范围内将轨道交通作为支线航空的替代方式来集疏运旅客，这样既可以将枢纽机场紧张的时刻资源更多地分配给中远程航班，同时还可充分发挥轨道交通节能环保、准时、通达性好的优势。

港口集疏运体系方面，大力推进疏港铁路建设，解决铁路与港口衔接上的“最后一公里”问题，着力提升铁路在港口集疏运体系中的作用。在实现基础设施衔接的基础上，完善多式联运政策，促进集装箱多式联运等运输组织方式发展。

二、推进交通工具能耗排放标准体系建设

运输工具燃油经济性是降低单位行驶里程排放量的重要途径和关键指标，不仅需要在技术上进行创新突破，而且有赖于企业对技术改进的投入，如果政策对路、标准引导得力，将产生直接的成本效益。

（一）不断完善运输工具能效标准

进一步完善我国各种运输方式、不同载重等级运输工具能效标准的制定、修订工作，建立适应绿色发展理念的运输工具燃油消耗限值标准体系和排放限值标准

体系。特别要推行公路车辆“领跑者制度”,不断提高轻型车、卡车的燃油经济性标准和尾气排放标准。应加快出台重型货车的能效标准和排放标准、柴油的燃油质量标准。

(二)不断完善运输工具能效评价认证制度

在完善标准制度的基础上,研究建立“汽车能效评价公布制度”“低排放车认证制度”,加快低碳促进机制的建设。将机动车碳排放指标——“百公里碳排放”作为交通运输工具必须公示的车辆技术性能指标范围。

(三)积极开展运输工具能效标准国际合作

积极开展运输工具能效标准国际合作,尤其在新能源汽车等我国处于世界领先的发展方面,加强开展国际政府间、研究机构间的合作,参与相关国际标准制订。

三、形成财税和价格政策共同发力的格局

遵循使用者、污染者付费的原则改革交通税费和运输服务价格形成机制,发挥好经济政策在推进交通低碳发展上的综合作用。

(一)调控各种运输方式发展速度和建设投资规模

推进供给侧结构性改革,调控各种运输方式建设规模和投资规模,对铁路(含轨道交通)、水路交通建设给予适当的投资扶持政策,包括财政补贴、设立产业发展基金、土地综合开发政策,并积极鼓励社会资本参与铁路(含轨道交通)、水路交通建设。此外,还应借鉴欧盟经验,积极探索交通建设资金交叉使用的制度安排。长期以来我国各种交通建设资金在征收和使用方向上有着严格的部门分隔,交通建设资金使用缺乏通盘考虑和统筹安排,铁路、水运等建设资金来源有限,制约了其建设发展步伐。为体现综合运输、低碳交通的战略发展意图,提高国家对不同交通方式发展速度、投资建设的调控力度,可积极探索将公路建设资金(车辆购置税、燃油附加税、碳税等)中的一定比例用于铁路、水运基础设施建设,进一步拓宽铁路、水运的资金来源,促进其加快发展。

(二)实行按照不同时空的交通服务定价机制

按照放松规制、分类管理、理顺运价、补贴公益、调整结构的思路推进改革,让市场在交通运输服务价格形成机制中发挥更大作用。实行不同时段、不同费率的交通服务定价机制,分流高峰时段、高度拥堵区域交通流,引导减少私人轿车出行,减少汽车流交通量(VMT)。

(三)用好财政政策调节运输结构

利用好财政政策,有效调节运输结构,对铁路、水运、城市公交等低碳运输方式给予补贴,促进运输结构向更集约、更低碳的方向演进。将财政政策重点用于标准建设、共性关键技术攻关、公共服务平台建设、多式联运等方面,发挥引导和扶持等

作用。针对铁水联运,建议由交通部和中国铁路总公司联合各省(区、市)政府设立铁水联运发展专项资金,有效支持铁水联运相关的铁路线路、港口码头、场站等基础设施建设;制定加大对铁水联运的补贴扶持政策,促进铁水联运班列经营者的积极性,降低物流成本。建立以能效为标杆的差额补贴政策框架,避免过度补贴。

(四)用好税收政策调节运输需求的总量和结构

利用好税收政策,包括征收与排量关联的车辆购置税、车辆消费税、燃油税、轮船税、停车费、拥堵费等,引导小汽车合乘,减少私人轿车出行,或向轨道交通、公共交通方式转移,减少汽车交通量。降低印花税,或者取消印花税。对涉及国计民生的铁路运输物资实行补贴;借鉴国外经验,对能耗大、排放严重的运输方式征收碳税,以补贴铁路货物运输。

四、推进我国交通运输技术减排跨越式发展

通过制造技术改进可有效提高运输工具的能源效率,并实现交通工具燃料消耗结构的调整优化,通过应用智能交通、移动互联等新技术可以更高效地调节交通供需的时空分布,提高交通资源利用水平,减少碳排放。综合考虑长期、短期成本效益,大力推广成熟的、成本效益高的技术,研发、储备尖端技术,充分挖掘技术减排的巨大潜力和活力,激活科技创新在交通低碳发展中的作用。

(一)创造有利于“互联网+智能交通”普及推广的政策环境

成立“互联网+智能交通”的研究、开发、推进、协调机构,制定完善的智能交通系统框架体系。推进移动互联、物联网、云计算、定位导航、新一代移动通信和北斗定位导航等先进信息技术在交通运输领域的应用,并开展无人驾驶、交通物联网等智能交通前沿技术的研究和推广。

建设智能交通基础设施,提高交通基础设施监控与管理的范围和水平,实现全天候、多渠道、广覆盖的实时动态监测。依托基础设施物理网络,广泛应用现代科技手段,提升交通基础设施的信息化水平,构建智能交通运行环境,为交通低碳发展奠定坚实基础。

大力发展“移动互联网+”公交(定制公交)、专车、快车、共享单车、共享汽车、共享停车、共享物流等运输服务,发展可分享的车辆共乘,优化交通流的时空分布,减少无效运输、不合理运输和交通拥堵等带来的能源浪费及碳排放增长。

(二)加强智能环保的交通基础设施建设

与能源智能网、分布式可再生能源系统建设布局相结合,推进新能源车的充电、充能基础设施建设,优先在城市公交、出租、邮政、清洁等公共服务车辆推广使用电动车、混合动力车等,引导物流配送车辆使用清洁能源。提高交通基础设施监控水平和范围,实现全天候、多渠道、广覆盖的实时动态监测。依托基础设施物理

网络,广泛应用现代科技手段,提升交通基础设施的信息化水平,构建智能交通运行环境。

五、探索应用碳交易及碳税政策

(一)加强适合交通运输排放交易的制度研究

由于交通运输业的移动源碳排放不同于电力和钢铁等固定排放源,导致交通运输行业的碳排放具有排放边界不固定、排放源多而杂、减排成本高等特征,且不易于管理和监测,碳交易缺乏科学的方法学,既有的方法学中也存在管控范围、核算方法、配额分配、抵消机制、核查机构等方面的争议和难题。建议不断总结经验,推进理论创新,开发方法学,结合全国碳排放交易市场的建立,逐步将公共交通、货物运输等纳入交通碳交易试点并推广,以市场力量促进低碳交通发展。

(二)适时实施碳税制度促进交通运输低碳发展

碳税是更适合分散或移动的中小排放源的政策手段。参考相关研究判断,征收交通碳税有利于减少机动车尾气污染物排放,环境协同效应明显,同时不存在工业碳税影响企业竞争力和碳泄漏的问题,因而尽管存在许多批评声音,机动车碳税却在欧洲等发达国家普遍采用。鉴于碳税相对于碳交易制度在控制碳排放方面具有理论方法完备、操作简便、交易成本低等特征,更适合交通工具移动源的碳排放控制,建议适时研究我国交通碳税实施的政策框架,包括实施方案、效果、时机等,以推进交通运输的碳成本内部化,从而推进交通运输节能低碳发展。

专栏 6-4

碳交易和碳税制度

碳交易和碳税制度是市场性规制政策的重要手段。市场性规制政策根据政策重心可以区分为数量规制和价格规制,其中数量规制主要指碳排放许可交易制度,价格规制主要是碳税(费)政策。

碳排放配额许可交易制度:碳排放配额许可交易制度是一大类制度的统称,常见的包括总量-交易制度、基准-信用制度等。

总量-交易制度:首先确定一段时期内一个明确的、强制性的碳减排总量目标,然后通过某种方式(拍卖或者政府无偿配给)将可交易的排放信用或许可配额在碳源主体之间进行初始分配,并允许这些配额在碳交易市场中自由交易,由市场供求关系决定配额的真实价格,但可交易的配额总量不会超过碳减排的目标值,因此是一个封闭的市场体系。尽管碳源主体可以交易配额,但却并没有产权,因为配额仅仅是政府颁发的许可,这也是其他交易制度共有的特点。由于不同企业的减碳成本不同,愿意为配额支付的价格也就不同。总量-交易机制允许减碳成本高的企业向减碳成本低的企业购买配额,而不必安装成本过高的减碳设备。如果企业的减碳成本低于配额价格,那么企业的最优策略就是减少碳排放并卖出碳排放许可,只要企业的减碳成本与配额价格不相等,交易就会一致持续下去。总量-交易制度的有效性取决于对碳排放量的准确测量和监督。规制机构会在政策实施期末审查碳源主体持有的配额和实际碳排放量,如果企业无法上交与实际排放量相等的配额,那么企业不仅要弥补排放缺口,还要缴纳按超额部分征收的罚款。这一制度安排的优点在于:确定了明确的降低碳排放的总量目标,同时降低了实现目标面临的财政风险,并可利用配额或者拍卖所得收入来支持减碳,成本效率更高。但这一制度也存在一些缺点及实施上的困难,其效果首先取决于限额设定的水平;由于碳排放配额许可的价格完全由市场决定,因而价格波动必然给市场主体带来一定不确定性;同时建立起碳交易市场并非易事,而需要相关制度的配套,对于发展中国家而言更需要进行大量的研究和前期准备工作,中国的情况恰证明了这一点。

基准-信用制度:不同于总量-交易制度确定总量目标,基准-信用制度确定的是排放基准,最常见的碳排放率(碳排放强度)-信用制度。规制机构为每个纳入基准-信用制度的碳源主体确定相应的排放基准,并规定实际碳排放不得超过基准水平:如果碳排放低于基准,那么碳源主体可以在经过规制机构认证后获得与其削减碳排放量相当的可交易的信用额度;反之,则必须在规定时内向规制机构提交与其超过基线排放量相当的信用额度。通俗地讲,只要不超过基准,可以随便排放;透支基准,则必须偿还。由于未确定排放限额,因此这一制度是一个开放的市场体系。与总量-交易制度类似,基准-信用制度允许高于基准的碳源主体向低于基准线的碳源主体购买信用额度,而不必采取实际的减碳措施。如果企业的减碳成本低于信用价格,那么企业的最优策略就是减少碳排放并卖出信用额度,只要企业的减碳成本与信用价格不相等,交易就会一致持续下去。这种制度的优点在于:能够激励碳源主体采取碳排放水平更低的生产技术或生产流程,而且根据具体的制度设计,还可能降低对产业或家庭的额外支持。缺点在于:难以控制碳排放的总量,基准定得过低可能会因未达标而增加财政风险,从而政府可能需要从国际市场上购买排放单位;而如果政府为购买国家配额而调整基准,则可有给投资者带来不确定性;基准的设计可能会存在复杂性、交易成本和随意性;难以分辨是否存在真实减排,缺乏透明性。此外,这种机制很难与其他总量控制下的交易机制相融合,比如说欧盟碳交易机制和北美区域排放量交易机制。

碳税制度:碳税是以化石燃料中的碳含量或者燃烧化石燃料所产生的二氧化碳排放量为计税依据所征的税,目的是抑制碳源的化石燃料消耗和二氧化碳排放行为。与总量-交易等配额许可交易制度是由规制机构限制碳排放总量并由市场机制决定许可(或信用)的价格不同,碳税是由政府决定排放权的价格而由市场决定碳排放总量。碳税政策在抑制高排放行为上具有重要作用,因为碳税增加了碳源主体的排放成本,碳源主体需要在考虑碳排放成本的基础上调整生产和消费决策:若边际成本低于税率,那么碳源主体会继续降低碳排放;若边际成本高于税率,那么则会选择缴税。碳税制度的优点包括:碳税实际会提高企业在传统生产路径上的成本,从而提高了高排放企业的市场准入门槛;能够促使企业选择成本最低的减排措施;稳定短期的碳排放价格,从而有助于稳定能源价格;可以稳定的财政收入。碳税制度的缺点在于:碳排放的控制效果存在不确定性;如果税率定得过低,那么政府仍可能面临财政压力,若调整税率则会提高投资者面临的不确定性;如果税率定得过低,那么风险可能更大。

六、加强运输组织管理及宣传教育在节能减碳中的作用

依托管理创新,充分应用宣传教育、组织管理等成本小、效益大的低碳交通发展手段,发掘管理制度在交通低碳发展中的作用。

(一)推进交通运输组织的信息化、智能化发展

运用"互联网+"思维,推动移动互联网、云计算、大数据、物联网等,推动建立统一的交通信息服务系统的应用服务平台,将各种交通模式全部整合在统一的服务体系与平台中,从而充分利用大数据决策,调配最优资源,满足客货流需求。

(二)推进交通一体化发展

创新运输组织模式是综合运输系统发展到一定阶段的内在要求,也是交通一体化发展的关键,能起到充分发掘存量潜能,全面发挥增量效能,显著提高运输服务质量和效率,促进交通低碳发展的作用。通过市场力量、政府力量和科技力量的有机结合,促进运输组织模式的创新,充分发挥各种交通方式的技术经济优势,按照客货流活动各环节之间的内在联系和内在逻辑,合理布局和配置交通

运输资源，推进各种运输方式服务由竞争向竞合发展，由分立向一体发展。以以人为本为思维构建旅客出行服务链，重点发展旅客空铁联运、空轨联运、空路联运、公铁联运。以供应链思维构建物流服务链，重点发展货物铁水联运、公铁联运、空路联运。

建议政府层面进一步放松运输的市场准入管制，运输价格管制等，提供信息公开、相互对接的信息等公共服务，促进企业发挥能动性，释放改革潜能。如对网约车、共享汽车、共享单车、共享停车等共享交通方式的管理保持开放、鼓励其健康发展的态度。

（三）加强交通运输能耗排放的统计及报告制度建设

建议：一是加强交通运输能耗统计、监管和核查制度，推行重点行业能耗和排放报告制度，进行交通能源消耗的精确统计、科学统计，填补社会车辆能源消耗统计空白。二是将民航重点行业能耗和排放报告制度推广到铁路、航运、规模以上道路运输企业中，完善交通行业能耗和排放监管体系和监测考核体系建设，提升能耗和排放监管能力。

（四）大力发展集装箱多式联运等高效运输组织模式

大力发展甩挂运输、海上滚装运输、多式联运等节能环保型运输组织方式，提高运输组织化程度和物流效率。集装箱多式联运是一体化运输服务最具代表性的实现形式，同时也是一种高效低碳的运输组织方式。目前由于铁路运输与水路运输在管理方式、业务规则、信息共享等方面的差异和不畅，发展国际集装箱多式联运遇到许多现实困难和障碍。建议加快制订和出台相关政策，完善多式联运政策，以货物运输的集装箱化为突破口，促进铁水联运、公铁联运、公水联运等发展。加强铁路双层集装箱系统建设。创新铁路、水运的运输组织方式和营销模式，积极开辟适合铁路运输的城际、跨区域非大宗商品的运输市场，扩大快运班列开行范围，提高班次密度，积极开拓汽车、电器、果蔬等商品的运输市场，大力发展铁路快运、高铁快运、电商班列等附加价值高、市场潜力大、可集装箱化运输产品，促进货运向铁路运输转移。引进吸收、发展先进的运输组织技术❶，如美国的无缝货运中转站（thruport）技术，允许起重机从铁路到铁路的运输，不再需要在火车站外隔夜存储货物。消除不必要的作业环节，提高作业效率，降低物流成本。促进中长途货运向铁路和水运方式转移，提高运输组织化程度和物流效率。

---

❶美国的无缝货运中转站（thruport）技术，允许起重机从铁路到铁路的运输，不再需要在火车站外隔夜存储货物。该技术减少了铁路货运的中转，步骤从13步减少到1步。通过消除火车站之间不必要的运输，使铁路车站的效率提高97%。

(五)加强交通低碳的宣传

发展、普及、宣传、推广节能驾驶。

运用宣传教育、行政等政策引导交通运输低碳发展。大力宣传低碳交通理念,推进实施旅客及货物的碳足迹计量,培育低碳环保的观念和行为模式,促进交通节能减排。引导公众采取步行、自行车、电动车、公交车、地铁等低碳交通方式出行,降低自身碳排放。鼓励企事业单位实行远程办公制和弹性工作时间制,促进减少交通总量或拥堵时段交通量,促进交通行为模式低碳转型。

在城市交通发展中坚定不移地贯彻落实“公交优先”理念。首先是根据城市功能形态的变化优化既有公交线路和站点布局结构,提高公交运营的组织管理水平,减少线路重复或绕行造成的部分行驶里程浪费。在增加交通供给的同时,在大城市可采取开辟公交快速专用通道,利用智能交通系统实施自动控制,建立出租汽车调度信息系统等管理措施。根据城市交通需求的发展,提供定制公交服务。采取激励性政策鼓励居民绿色出行,包括鼓励发展基于互联网技术的车辆共享,给予共享车辆可使用公交车道等扶持政策。

鼓励企事业单位实行远程办公制和弹性工作时间制,促进减少交通总量或拥堵时段交通量。

参 考 文 献

[1] Department for Transport, UK. Renewable Transport Fuel Obligation statistics [R].2013.

[2] European Environment Agency. Annual European Union Greenhouse Gas Inventory 1990–2010 and inventory report 2012 [R].2012.

[3] McKinsey & Company. Reducing US Greenhouse Gas Emissions: How Much at What Cost? [J].US:McKinsey & Company,2008(11):107.

[4] International Energy Agency (IEA). CO_2 Emissions from Fuel Combustion[M]. Paris:IEA Publication, 2009:117-180.

[5] International Energy Agency(IEA). Energy Technology Perspectives 2010[EB/OL].http://www.doc88.com/p-143805616942.html.

[6] IPCC.2006 IPCC Guidelines for National Greenhouse Gas Inventories [R].2006.

[7] OECD/International Transportation Forum. Full Account of the Costs and Benefits of Reducing CO_2 Emissions in Transport, Stef PROOST Center for Economic Studies[R].Belgium:Catholic University of Leuven,2008.

[8] Timilsina G R, Shrestha A. Transport Sector CO_2 Emissions Growth in Asia:Underlying Factors and Policy Options[J].Energy Policy,2009,37(11):4523-4539.

[9] Todd Litman. Efficient Vehicles Versus Efficient Transportation. Comparing Transportation Energy Conservation Strategies[J]. Transport Policy, 2005, 12(2): 121-129.

[10] Todd Litman. Transportation Cost and Benefit Analysis. Victoria Transport Policy Institute[R]. 2009.

[11] Todd Litman. Climate Change Emission Valuation for Transportation Economic Analysis[R]. Victoria Transport Policy Institute,2012.

[12] US Environmental Protection Agency. Draft Inventory of U.S. Greenhouse Gas Emissions and Sinks: 1990-2012[R]. 2014.

[13] 蔡博峰,冯相昭,等.交通二氧化碳排放和低碳发展[M].北京:化学工业出版社,2012.

[14] 戴彦德,朱跃中,等.中国2050年低碳发展之路:能源需求暨碳排放情景分析[M].北京:科学出版社,2009.

[15] 戴彦德,胡秀莲.中国二氧化碳减排技术潜力和成本研究[M].北京:中国环境出版社,2013.

[16] 冯相昭,邹骥,许光清.中国燃油经济性标准的经济研究[J].环境保护,2008(6):23-26.

[17] 郭杰,陈建营,欧阳斌.中国区域低碳交通评价指标体系研究[J].综合运输,2012,(6):15-20.

[18] 国际能源署(IEA).电动车及插电式混合动力汽车路线图 2012.[J/OL] http://www.iea.org/media/translations/chinese/ev_phev_brochure_cn.pdf.

[19] 国际能源署(IEA).技术路线图:道路运输车辆燃油经济性 2012[J/OL].http://www.iea.org/.

[20] 国际能源署(IEA).交通用生物燃料 2012[J/OL].http://www.iea.org/chinese/.

[21] 耿勤,佘湘耘,朱虹,等.我国交通运输能源消费的初步分析与探讨[J].中国能源,2009,3(10):28-34.

[22] 何吉成,吴文化.中国实施铁路电气化的节能减排量估算[J].气候变化研究进展,2011,7(1):29-34.

[23] 经济合作与发展组织/国际能源署(OECD/IEA).2011 技术路线图——交通用生物燃料[J/OL].http://www.docin.com/p-495095645.html.

[24] 江玉林,姜克隽.中国城市交通节能政策研究[M].北京:人民交通出版社,2009.

[25] 潘家华.低碳转型的背景与途径——从哥本哈根会议说起[J].阅江学刊,2010,2(4):85-29.

[26] 施晓清,李笑诺,杨建新.低碳交通电动汽车碳减排潜力及其影响因素分析[J].环境科学,2013,34(1):385-394.

[27] 李惠民,齐晔.中国 2050 年碳排放情景比较[J].气候变化研究进展,2011,7(4):271-280.

[28] 李连成,吴文化.我国交通运输业能源利用效率及发展趋势[J].综合运输,2008(3):16-20.

[29] 李茜.日本节能及新能源汽车产业发展动向[J].综合运输,2009(11):72-75.

[30] 李茜.我国交通发展战略转型的必要性[J].综合运输,2011(12):23-29

[31] 李茜.发达国家及地区交通运输长期发展战略分析[J].综合运输,2016(7):86-90.

[32] 李茜.我国发展低碳交通迫在眉睫[J].宏观经济管理,2016(4):40-43.

[33] 李茜.民航与其他运输方式一体化发展的运输组织研究[J].综合运输,2015(B12):36-39.

[34] 李茜.英美两国交通运输低碳发展的政策效果及启示[J].综合运输,2014

(8):66-72.

[35] 李茜.我国交通运输低碳发展政策梳理与建议[J].综合运输,2014(6):26-32.

[36] 李茜.我国交通发展战略转型的必要性[J].综合运输,2011(12):23-29.

[37] 李茜.日本下一代汽车发展战略及其启示[J].综合运输,2010(10):79-83.

[38] 李茜.日本交通运输节能减排经验对我国的启示[J].综合运输,2010(9):73-77.

[39] 李茜.日本节能及新能源汽车产业发展动向[J].综合运输,2009(11):72-75.

[40] 李茜.我国交通基础设施的投资格局及政策建议[J].综合运输,2005(11):31-34

[41] 李茜,冯浩.我国交通运输发展战略的选择[J].综合运输,2003(10):8-9.

[42] 李茜,冯浩.我国 GDP 再"翻两番"的交通运输战略[J].宏观经济研究,2003(9):16-19.

[43] 卢会芬.大城市低碳客运交通系统评价指标体系研究[D].北京:北京交通大学,2011.

[44] 齐晔.中国低碳发展报告(2011—2012)[M].北京:社会科学文献出版社,2012.

[45] 沈满洪,池熊伟.中国交通部门碳排放增长的驱动因素分析[J].江淮论坛,2012(1):31-38.

[46] 薛亮,马健霄,余伟.甩挂运输具体应用分析[J].交通运输系统工程与信息,2011,(10):200-205.

[47] 吴文化.我国交通运输行业能源消费和排放与典型国家的比较[J].中国能源,2007,2(10):19-23.

[48] 闫琰,周嗣恩,杨新苗.基于反推方法的交通运输行业碳排放评估研究[J].华东交通大学学报,2012(5):62-67.

[49] 叶祖达.低碳城市规划建设成本效益分析[J].城市规划,2010(8):18-23.

[50] 岳超,王少鹏,朱江玲,等.2050 年中国碳排放量的情景预测——碳排放与社会发展[J].北京大学学报(自然科学版),2010(7):517-524.

[51] 赵学涛,於方,马国霞.战略环评和费用效益分析方法在环境规划中的应用[M].北京:中国环境科学出版社, 2012.

[52] 政府间气候变化专门委员会.2006 年 IPCC 国家温室气体清单指南[R].2006.

[53] 朱跃中.中国交通运输部门中长期能源发展与碳排放情景设计及其结果分析[J].中国能源,2001(11):25-27.

[54] 孙国忠.铁路运输节能减排技术[M].北京:北京工业出版社,2009.

[55] 叶峰.交通领域 CDM 开发现状及发展前景[C].中国大城市交通规划研讨会

论文集,2010.

[56] Maya Ben Dror,安锋,康利平,丁烨, Ayaka Habu(能源与交通创新中心,iCET).加州零排放汽车(ZEV)积分交易机制及其在中国城市适用性评估报告[R].2014.

[57] 长安大学运输科学研究院.2015 年中国高速公路运输量统计调查分析报告[M].北京:人民交通出版社股份有限公司,2016.

[58] 长安大学运输科学研究院.2014 年中国高速公路运输量统计调查分析报告[M].北京:人民交通出版社股份有限公司,2015.

[59] 吴敬琏,俞可平,罗伯特·福格尔.中国未来 30 年[M].北京:中央编译出版社,2011.

[60] 乔根·兰德斯.2052:未来四十年的中国与世界[M].南京:译林出版社,2013.

[61] 汪鸣泉.城市低碳交通发展政策与技术研究[J].交通与港航,2013 , 27 (2) : 15-19.

[62] 管菊香, 李安勋.低碳交通发展模式对策研究——以深圳国际低碳城为例[J].工程技术(文摘版), 2016 (6) :298-299.

[63] 黄威文,单樑,荆万里.绿色 TOD 单元空间模式研究——以深圳国际低碳城空间总体规划为例[C].中国城市规划年会文集,2014.

[64] 高洁.交通运输碳排放时空特征及演变机理研究[D].西安:长安大学, 2013.

[65] 荣朝和.运输化阶段性与加快铁路发展的关系——探究铁路经济问题[M].北京:经济科学出版社,2004.

[66] 宋金鹏,马天山.工业化进程中货物运输需求变化分析[J].武汉理工大学学报(社会科学版),2008,21(6):857-861.

[67] 叶玉瑶,张虹鸥,许学强,等.面向低碳交通的城市空间结构:理论、模式与案例[J].城市规划学刊, 2013(5):37-43.

[68] 国家信息中心,中国互联网协会分享经济工作委员会.中国分享经济发展报告[R].2017.